NICHT VON HIER
UND NICHT VON DORT

Inhalt

Südafrika – Kern und Hülle

In einem Satz fasste der Urliberale Alan Paton schon vor einem halben Jahrhundert sein und anderer Verhältnis zu Südafrika zusammen – es sei ein Land, in dem man am Montag hoffe und am Dienstag verzweifle. Die Vielgestaltigkeit spiegelt sich in den Einschätzungen wieder, die hier wiedergegeben werden – Stimmen radikaler oder hoffnungsfroher junger Schwarzer, Einschätzungen von Kirchenführern, Brückenbauern, Politikern, Musikern, Satirikern. Aus ihnen werden Hoffnung oder Verzweiflung deutlich, jedenfalls aber Leiden am schwierigen Land, das der Dichter Breyten Breytenbach das vergiftete Paradies nennt. Vergiftet wurde es durch zwei oder mehr Generationen von Unterdrückung, Rassendiskriminierung und Entzug von Bildung, die zu überwinden lange dauern wird. Nicht nur im Zeitpunkt des wirklichen Umbruchs in den Jahren 1989 und 1990 in Südafrika wie auch in Deutschland zeigen sich Übereinstimmungen mit dem Fall der Mauer, der sichtbaren und der unsichtbaren, und der Vereinigung. Hier waren es zwei Landesteile, dort Hautfarben, jeweils aber geteilte Erfahrungen und Denkwelten. Das Zusammenwachsen war und ist schwieriger, als viele hoffnungsschwanger dachten. Selbst scheinbar zweitrangige Dinge verliefen ähnlich – beide Umbrüche trafen die Welt unvorbereitet, und in beiden Ländern begann „alles" mit einer krankheitsbedingten Schwächung des jeweils autoritären Machthabers, was ihr zuvor ängstliches Umfeld zum anfangs sanften Aufbegehren nutzte.

Der Buchtitel mag zunächst rätselhaft scheinen. Der Satz der Künstlerin Marlene Dumas, sie sei „nicht von hier und nicht von dort", bezieht sich zunächst auf ihre Biografie. Sie fühlt sich weder voll ihrem Geburtsland Südafrika noch ihrer Wahlheimat Niederlande zugehörig. Dieses Gefühl der inneren Zerrissenheit, der gespaltenen Loyalität, auch der Heimatlosigkeit, ist vielen Südafrikanern, vor allem Künstlern, eigen, die ihr schwieriges Verhältnis zu Südafrika zu schildern versuchen, einem Land, das nicht ganz Afrika ist, aber gewiss auch nicht ganz Europa. Breytenbach, wegen der Apartheidpolitik seines Landes ging er ins Exil, mag nicht mehr in Südafrika leben, er kehrt aber häufig zurück. Der Literaturnobelpreisträger John Coetzee wählte erst die innere Emigration und dann, indem er nach Australien zog, die wirkliche – er glaubt, dass auch nach drei Jahrhunderten in Afrika die Weißen dort noch immer Fremde seien. Er fühlt mit den Unterdrückten und weiß doch, dass er als Weißer Teil der einstigen Sklavenhaltergesellschaft war. Der Satz von Marlene Dumas bündelt sich in der Frontstadt Johannesburg, in der alles verschmilzt – jeder will lieber woanders sein, aber niemand geht. Der Dichter Wolf Biermann, der auch in Johannesburg war, schrieb dereinst zu dieser Zerrissenheit, die ein Mensch empfinden kann, die Liedzeilen „Ich möchte am liebsten weg sein/Und bleibe am liebsten hier".

Dieser Band ist ein Auszug aus einigen Tausend Artikeln des Autors, die er für die Frankfurter Allgemeine Zeitung zwischen 1988 und 2009 schrieb – zugefügt wurde nichts, wohl aber gestrafft, um mittlerweile Überholtes, nur Tagesaktuelles, um wiederholende Erklärungen. Dabei war ihm wichtig das, was auf den Kern des Zweifelns und Hoffens weist – einer Gesellschaft im Übergang. Sie sucht nach sich selbst und einer gemeinsamen Zukunft für Menschen und Gruppen, die nach Hautfarbe, Wohlstand, Bildung, Erfahrung, Religion so zerklüftet sind wie wenige. Haben die eingängigen Worte von einer Regenbogennation Gültigkeit und Bestand, oder ist das ein rasch zerfließender Traum? Ein Schwerpunkt sind Beiträge aus den Jahren zwischen 1989 und 1995, in denen Südafrikaner und die Welt mit ihnen bangten, das Land am Kap zwischen Bürgerkriegsgefahr und einem Traumgebilde wankte. Spätere Beiträge spiegeln die manchmal betrübliche, aber vermutlich gesunde Ernüchterung wider – Bilanzen des Denkens und der politischen Realität. In den Text eingestreute Fotos des Autors sollen diese Momente und Gestalten noch sichtbarer machen.

Der Bogen beginnt mit Momentaufnahmen des Lebensgefühls – Bedrückendes wie die Kriminalität, Rauschgifthandel und Aidstote ebenso wie Vergnügliches, von der Vorfreude auf die Fußball-Weltmeisterschaft mit einer „Geheimwaffe" bis zum Kapstädter Karneval. Orte, die Geschichte und Selbstverständnis der Südafrikaner prägen, vom Kapstädter Hafen, an dem „alles" begann, und der vorgelagerten Robben Island bis zu Townships wie Soweto und District Six, leiten über zur qualvollen Suche nach einem Umgang mit der Vergangenheit, ein Weg der Selbstfindung mit dem Wahrheitsausschuss, den viele als Vorbild für andere Gesellschaften im Umbruch empfanden. Dass Spuren, die Jahrzehnte der Unterdrückung hinterließen, sich zwar nicht in Wohlgefallen auflösen, wohl aber im Geist der Vergebung, ist einigen Leuchtgestalten zu verdanken, mit denen Südafrika gesegnet ist – Nelson Mandela und Desmond Tutu vor allen anderen, aber auch Frederik Willem de Klerk und Helen Suzman. Dass ein Land mit mehr Trägern der Nobelpreise für Frieden wie auch für Literatur bedacht wurde und mit großen Künstlern gesegnet ist als andere, viel größere Staaten, trug bei zum Wunder am Kap. Aber auch die starke Rolle der Religion wirkte nachhaltig. Südafrikanische oder mit Südafrika eng verbundene Künstler erklären das Besondere, die Anfechtungen, den Schmerz eines Landes, das sie alle berührt und geprägt hat. Die Bilanzen am Ende zeigen das Wellenbad der Einschätzungen – wenige Wochen, ein Jahr, einige Jahre, ein Jahrzehnt nach dem Umbruch, versehen mit Brüchen allerorten. Ein Land, das spätestens mit dem Amtsantritt seines vierten demokratisch gewählten Präsidenten seine Unschuld verloren hat und seine Strahlkraft in der Welt. Weite Teile der neuen Elite verlieren immer mehr – wie diejenige, die bis 1989 herrschte – die Bodenhaftung und die Nähe zu den Idealen, für die sie einst kämpften.

Auch die neue Generation von Schriftstellern spiegelt die Zerrissenheit wider – und das wie vieles in Südafrika über Rassengrenzen hinweg. Mandla Langa, der den Commonwealth Preis für das beste afrikanische Buch erhielt, beschreibt in seiner Allegorie „The Lost Colours of the Chameleon" leere Versprechungen, eine wachsende Kluft zwischen Arm und Reich, doppelte Standards – angesiedelt auf einer fiktiven afrikanischen Insel, aber Südafrika zuordenbar: Sieht Langa Südafrika als Insel innerhalb Afrikas? Und Dalmond Galgut zeichnet in seinem Roman „Der Betrüger" eine Gesellschaft, die auch lange nach dem Ende der Apartheid, der erzwungenen Rassentrennung, gespalten und innerlich zerstört ist, und die sich selbst und andere betrügt, mit einer unterschwelligen Atomsphäre der Bedrohung, auch Gewalt.

Der Chefredakteur der Wochenzeitschrift „Financial Mail" Barney Mthombothi – ihm fühlt sich der Autor auch durch einen gemeinsam überlebten Flugzeugabsturz im angolanischen Busch verbunden – beschreibt in einem Leitartikel die Wellen der Auswanderung aus Südafrika in den letzten drei Jahrzehnten als Spiegel des Lebensgefühls junger Weißer. Erst gingen junge Männer, die der Wehrpflicht in der ungeliebten Apartheidarmee entfliehen wollten und dann dem erklärten Notstand, unter dem die Armee nicht nur in Nachbarländer wie Angola und Moçambique einmarschierte, sondern auch in die Townships schwarzer Landsleute. Mehr gingen, als die Sorge vor einem Bürgerkrieg wuchs. Die nächste Welle wollte der wachsenden Kriminalität entfliehen und dem Verfall im Nachbarland Zimbabwe. Schließlich trug die Wahl des Populisten Jacob Zuma zum Präsidentschaftskandidaten des Afrikanischen Nationalkongresses und zum Staatschef und der Zusammenbruch der Stromnetze – das gefühlte Abgleiten Südafrikas zu einem „normalen afrikanischen Land" – zu Auswanderungsplänen bei. Mthombothi mahnt, Südafrika sollte das nicht wohlfeil als unpatriotisch oder gar rassistisch abtun, zumal die Zahl auswanderungswilliger junger Schwarzer steige. Ähnliche, aber andere Wellen des Lebensgefühls erfuhren Schwarze und Farbige in diesen Jahren des Umbruchs.

Dass der Autor als Buchtitel die Worte von Madeleine Dumas wählte, hat auch mit seinem eigenen Leben zu tun. Er verbrachte zwei Jahrzehnte, ein Drittel seines Lebens, in Südafrika – als Schüler in Kapstadt und als Afrika-Korrespondent der Frankfurter Allgemeinen Zeitung zwischen 1987 und 2001 in Johannesburg. Davor, auch als Herausgeber einer juristischen Fachzeitschrift zu Afrika, und danach reiste er oft in den Süden Afrikas. Es gibt kaum einen Tag, an dem Afrika nicht sein Leben berührt – dank einiger ehrenamtlicher Aufgaben, der wunderbaren Musik des Kontinents, oder der Freundschaft und Zugewandtheit von Menschen, die nicht nur sein Leben bereichern, sondern ihn auch vertrauensvoll teilhaben lassen an Trübsal und Freude zugleich, die Afrika ausstrahlt. Dennoch ist er nicht von dort, aber auch nicht nur von hier.

Das gilt wohl auch für Jürgen Schadeberg, den begnadeten Fotografen, den und dessen Arbeit der Autor über zwei Jahrzehnte hinweg beobachten durfte – seine Bilder aus sechs Jahrzehnten Südafrika bereichern in zwei Bildteilen diese Artikel, wofür ihm Autor und Verlag dankbar sind. Auch Schadeberg lebte über zwei lange Lebensabschnitte hinweg in Südafrika und kehrte am Ende doch zweimal nach Europa zurück. Lassen von Afrika kann und will aber auch er nicht.

Robert von Lucius
Johannesburg, im Mai 2009

Lebensgefühl

Verloren für immer?

Schwarze Vorschulkinder wurden gebeten, Bilder zu zeichnen, die ihr Leben darstellen. Fast alle wählten dasselbe Motiv: Gewalt. Gewehrfeuer, Speere, Polizisten, die ein Dorf angreifen, fliehende Menschen, brennende Häuser waren die häufigsten Motive. Gewalt, so scheint es, prägt das Leben des schwarzen Südafrika und besonders seiner Jugend. Wirklich?

Die Jugend der Townships trug den Kampf gegen die Apartheid, der mit den ersten freien Wahlen in der Geschichte des Landes im April 1994 ein symbolisches Ende fand. Danach aber denkt kaum jemand an ihren Einsatz. Einen Moment des Sieges, des Heldentriumphes, spüren die „Junglöwen" allenfalls beim Machtübergang. Sonst stehen sie unbeachtet abseits. Ohne die blutigen Schüleraufstände in Soweto 1976 und 1986 sähe Südafrika anders aus. Ihre Opfer waren gewaltig, eine abgebrochene Ausbildung, zerbrochene Familien, Narben, die nicht heilen werden. Sind sie die Freiheitshelden, als die sie sich selber sehen, oder selbstzerstörerische rebellische Nichtsnutze, wie die Mehrheit weißer Südafrikaner glauben dürfte?

Die „verlorene Generation" wurde zum Schlagwort, mit dem nicht selten fast ein Drittel der Bevölkerung bedacht wurde: Jugendliche ohne Ausbildung, ohne Geld, ohne Hoffnung. Wenn aber Politiker über ihr Programm nach der Wahl sprechen und ihre Ziele, erwähnen sie die Wohnungsnot, Strom und sauberes Trinkwasser für alle, eine bessere Ausbildung für die nächste Generation, Arbeitsplätze. Über die Verlorenen sprechen sie nicht.

Haben auch sie die Hoffnung aufgegeben, dass sie etwas verändern könnten, weichen sie dem vielleicht schwierigsten Problem der südafrikanischen Gesellschaft aus? Die ausufernde Kriminalität, die Welle politischer Gewalt, die Arbeitslosigkeit, der tiefe Pessimismus, der viele Südafrikaner befallen hat: sie alle lassen sich zurückführen auf die Verlorenen unter den Jugendlichen. Mehr als neunzig Prozent aller Gewalttaten in den Townships werden von Jugendlichen zwischen vierzehn und fünfundzwanzig Jahren begangen.

Eine Khmer-Noir-Generation werden sie bisweilen genannt. Junge Menschen, die mit der Gewalt aufgewachsen sind und nichts anderes kennen als Brutalität und Rohheit. Sie sind Opfer und Täter zugleich. Aber ist dies das wahre Bild des jungen schwarzen Südafrika? Umfragen zeigen: Ein Fünftel aller Jugendlichen beschreibt sich als ehrgeizig, dann folgen glücklich, fürsorglich, zuversichtlich, ehrlich. Nur vier Prozent sieht sich als verwirrt, nur jeder fünfzigste als zornig, jeder hundertste als gewaltbereit. Und kaum jemand hat ein Bild eines politischen Führers an seiner Wand hängen. Wer sich in den Häusern oder Wellblechhütten umsieht, findet Poster von Whitney Houston, von einem schwarzen Fußballstar oder Boxer, einem weißen Pin-up-Girl oder ein Kreuz. Spürbar ist in den meisten Gesprächen mit jungen Schwarzen die Sehnsucht nach einer neuen Ausrichtung, einem festen Wertebild, nach Frieden.

Die meisten Jugendlichen, die in fester Umgebung leben, lehnen Gewalt ab. Sie verüben sie nicht, sondern fürchten sie. Materielle Werte und eine gute Ausbildung sind ihnen wichtiger als politische Ziele. Fast die Hälfte gehört einer Kirche an, ein Drittel einem Sportverein und nur fünfzehn Prozent einer politischen Gruppe. Jugendliche in Soweto, viele von ihnen sind dem schwarzen Mittelstand zuzurechnen, sind modebewusst, geben Geld aus für Musikanlagen und Kosmetika, glauben an das Gespräch als Mittel, die Beziehungen zwischen den Rassen zu verbessern. Sie spielen Fußball, gehen auf Partys, in Diskotheken, Konzerte und Kinos. Innerstädtische Tanzlokale in

Johannesburg sind auch an Wochentagen überfüllt mit jungen Schwarzen. Junge Männer lesen eher Zeitung, junge Frauen gehen häufiger in die Kirche.

Unter den Mittelstands-Jugendlichen in der Millionenstadt Soweto haben sich klar definierte Gruppen mit eigener Kultur, Mode und Sprache gebildet, die friedlich nebeneinander leben. Einige kopieren amerikanische Vorbilder, andere sind darüber schon hinaus. Gemein ist ihnen das Tragen teurer Kleidung. Die Pantsulas etwa gehen zu Modeausstattern in den gediegenen weißen Vororten, bevorzugen bestimmte Labels, hören die Musik südafrikanischer Diskosänger. Sie haben eine eigene Art zu gehen und mit überzogener Gestik zu sprechen in einer vermischten Tsotsi-Sprache aus Zulu, Sotho, Englisch und Afrikaans. Tsotsi, das sind die Kleinkriminellen auf der Straße, oft in Banden verbunden. Die Hippie-Gruppe wiederum spricht englisch, angereichert mit amerikanischem Slang, hört Luther Vandross, Liebesliedern und eleganten Soulsängerinnen zu, trägt klassische Kleidung und Lederjacken und lässt sich vom Friseur die Haare ondulieren. Sie sind die „Gentlemen der Sowetojugend". Rapper und Punks – ihre typische geometrische Frisur trägt den Namen „deutscher Schnitt" – kopieren das amerikanische Vorbild.

Auch sie, jene, die es geschafft haben, haben es nicht leicht. Nur jeder zwanzigste setzt seine Ausbildung nach dem südafrikanischen Abitur fort. Und nur jeder hundertste Schulabgänger findet in dieser Zeit der politischen Ungewissheit und der schweren Rezession einen Arbeitsplatz im formellen Sektor. Wer es aber geschafft hat, kann sich glücklich schätzen. Staat und Unternehmer haben sich neu besonnen, sie suchen begierig nach schwarzen Mitarbeitern. Sie werden bei gleicher Qualifikation den Weißen gegenüber oft bevorzugt, um als „Affirmative Action" – das Schlagwort der Wirtschaft im Umbruch – die Diskriminierung vergangener Jahrzehnte auszugleichen. Die Unternehmen passen sich an das neue Südafrika an, in dem immer mehr Kunden und die neuen politischen Herren schwarz sind.

Wer unter städtischen Jugendlichen politische Ziele verfolgt, gehört als Comrade dem Jugendflügel des Afrikanischen Nationalkongresses, des ANC, öfters auch der mit dem ANC verbündeten orthodoxen Kommunistischen Partei an oder einer der kleineren kämpferischen Gruppen der „Afrikanisten", etwa dem PAC – dem Panafrikanistischen Kongress von Azania. Azania ist ein Kunstname dieser Denkrichtung für Südafrika. Diese erhalten Zulauf, weil nicht wenige glauben, die ANC-Führung sei zu kompromissbereit, sei den Weißen bei den Verhandlungen zur neuen Verfassung zu weit entgegengekommen.

Winnie Mandela und Politiker der Kommunistischen Partei sind wegen ihrer einfachen und einprägsamen Slogans beliebt. Der Held dieser Aktivisten ist der zu Ostern 1993 von einem weißen Rechtsradikalen ermordete Chris Hani. Ein Viva zur rechten Zeit reicht, sie zu Begeisterungsstürmen und zum wiegenden Toyi-toyi-Tanz, dem Symbol der Kämpfe der achtziger Jahre zu verleiten. Differenzierte, abwägende politische Äußerungen sind nicht grade gefragt. Sie erhoffen das Ende allen Übels und einen schnellen Wohlstand von der Nationalisierung der Unternehmen Südafrikas, einer Zielsetzung, die die Führung des ANC im Wesentlichen aufgegeben hat.

Auch radikale junge ANC-Anhänger akzeptieren meist Weiße, wenn auch bisweilen grollend, als Landsleute, die Afrikanisten sehen sie als Siedler, die nicht gerade willkommen sind. „Ein Siedler, eine Kugel" ist immer noch ihr Schlachtruf. Rassisch motivierte Übergriffe auf Weiße sind indes selten; wenn es sie gibt, erregen sie erhebliche Aufmerksamkeit, was junge Radikale wiederum als heuchlerisch empfinden. Meist erfahren Weiße eine freundliche Begrüßung, falls sie sich in Townships wagen, rasch kann die unberechenbare Stimmung aber ins Feindselige umschlagen.

Auf dem Lande sieht es wieder anders aus. Die ländliche Jugend ist in der Mehrheit; sie ist nicht verloren, sondern vergessen, sie wird übersehen. Mehr als zwei Drittel der schwarzen Jugendlichen wuchs fern der Turbulenzen der siebziger und achtziger Jahre in den Dörfern und Homelands (erzwungene „Heimatländer" in den traditionellen Wohnbezirken der Völker und Sprachgruppen), auf Farmen und in Kleinstädten auf. Sie haben weniger Freizeit als die Gleichaltrigen in der Stadt, müssen das Vieh hüten, Wasser und Brennholz holen. Sie leben meist in gefestigten Großfamilien mit Eltern, Großmüttern, Tanten und Vettern. Wie zwei Drittel aller Südafrikaner haben auch sie in ihrer Behausung keinen Stromanschluss. Sie kennen kein Fernsehen, wohnen in Wellblechhütten an den Rändern der Städte oder in Lehmhütten auf dem Lande und fühlen sich von allem ausgeschlossen.

Auch in der Stadt aber ist vielen die Gewalt fern. Sipho etwa, ein Verkäufer in einem Musikladen, wuchs im Herzen Sowetos auf. Er erzählt, dass er bis zum Ende seiner Schulzeit – später zog er in ein ehemals weißes Stadtviertel Johannesburgs – Gewalt nur auf dem Fernsehschirm erlebt hat. Er interessiert sich für Musik und für seine Freunde, für Politik kaum. Lucas, ein anderer junger Mann, verkauft Zeitungen am Straßenrand in Parktown. Er liest sie aber nicht, denn um sie zu kaufen, fehlt ihm das Geld, und das Lesen fällt ihm schon in seiner Heimatsprache Swati schwer, noch mehr gilt das fürs Englische. Die Schule hat er früh verlassen müssen, weil sein Vater, ein Rinderhirt, die Ausbildung nicht bezahlen konnte. In einem Kino war der Neunundzwanzigjährige, der seit Jahren in Johannesburg lebt, vor Kurzem zum ersten Mal. Was sei das eigentlich, die Wahl, fragt er.

Andere haben sich von der Gewalt, die sie einst begingen oder erfuhren, meist beides, abgewandt. Curtis – einst Buschkämpfer des Afrikanischen Nationalkongresses, militärisch ausgebildet in der DDR, auf Robben Island inhaftiert wegen Sabotage – betreut inzwischen Mitarbeiter einer privaten weißen Bewachungsfirma. Er lebt ruhig zusammen mit Frau und Kind. Mojalefa, in seiner Jugend von der Polizei gefoltert, die von ihm vergeblich den Aufenthaltsort seines weithin bekannten Vaters im Exil erfahren wollte, floh nach Tansania und wurde ebenfalls als ANC-Guerrillero ausgebildet. Er traf nach seiner Rückkehr zufällig seinen Folterer und war sogar zu Scherzen aufgelegt. Heute sitzt er in einem Computerkurs in Kapstadt.

Tonny, einst an Aufständen beteiligt, ehemaliger Aktivist der Straßenkomitees, der selbsternannten Revolutionsgerichte der Jugendlichen, die auch vor Lynchmorden mit brennenden Autoreifen, dem Necklacing, nicht zurückschreckten, wurde Schauspieler und führte mit seiner Truppe ein Passionsspiel in einem Dorf auf – eingeladen von einem afrikaansen Farmer. Er spricht vom schlechten Gewissen, das unaufhörlich brennt. Sello, seine hochschwangere Mutter starb unter dem Einfluss von Tränengas bei einem Polizeieinsatz, wurde Tänzer statt Revolutionär. Binnen kürzester Zeit waren mehr als dreihundert Tanzgruppen in Soweto entstanden. Sie binden viele Mädchen und Jungen, ebenso wie die unzähligen Theatergruppen, die ohne jede staatliche Unterstützung auskommen müssen. Sello predigt und praktiziert die Versöhnung mit den Weißen.

Immer wieder ist diese Bereitschaft zur Versöhnung zu finden, das Hoffen, dass die ausgestreckte Hand ergriffen wird. Das ist eines der Wunder Südafrikas: Dass trotz schmerzhafter Erlebnisse, trotz unmittelbarer Begegnung mit der Gewalt (meist durch die Polizei), die fast jeder junge städtische schwarze Südafrikaner durchmachen musste, nicht mehr Zorn und Radikalität zu spüren ist. Falls sie Ähnliches erlebt hätten, so kommentieren mehrfach Weiße, hätten sie vermutlich Bomben geworfen. Stattdessen sind fast alle zur Versöhnung bereit, aus Überzeugung oder der Einsicht, dass das Land sonst zusammenbricht. Das ist der ausgeprägt christlichen Haltung vieler Schwarzer zuzuschreiben, der Achtung vor Werten und Traditionen, einer frühen Reife und oft auch der resignierten Weisheit.

Die afrikanischen Traditionen sind vielen jungen städtischen Schwarzen wichtig. Liberale Weiße missverstehen das gern. Sie glauben, Verweise auf den Ahnenkult, das Tragen des Talismans („Muti"), die Beschneidung in den Bergen oder der Brautpreis würden hochgespielt von Völkerkundlern und Apartheidsapologeten. Nach dem Schwinden der legalisierten Apartheid wurde das Bekenntnis zu den afrikanischen Wurzeln indes eher stärker. Es scheint teils gekoppelt zu sein an das Bekenntnis zum Schwarzen Selbstbewusstsein, der unter kämpferischen Intellektuellen starken Bewegung des „Black consciousness", die viele Junglöwen in die Schüleraufstände trieb.

Also doch eine normale Jugend, deren Bild nur durch einige zornige junge Männer auf den Barrikaden verzerrt wird? Gewiss nicht. Auch wenn viele Millionen Jugendliche religiös, apolitisch,

Tony

Sipho

versöhnlich und zielbewusst sind: Jene verlorene Generation gibt es. Doch schon kommen wieder Einwendungen von Soziologen und Umfrageforschern. Die einen sagen, der Ausdruck müsse vermieden werden, denn niemand könne oder dürfe ganz als verloren aufgegeben werden. Andere suchen nach genaueren Abgrenzungen. Sie unterteilen etwa in verloren, marginalisiert, gefährdet und wohlbehütet. Wohlbehütet sei nur ein Fünftel der elf, zwölf Millionen schwarzen Jugendlichen, über vierzig

Prozent seien gefährdet, dreißig Prozent marginalisiert und nur sechs Prozent wirklich verloren. Wer?

Die, mehrere Hunderttausend, lungern auf den Straßen der Townships ohne Arbeit herum; bis zu zwei Drittel aller jungen Schwarzen sind arbeitslos. Auch ein beispielloser wirtschaftlicher Aufschwung änderte kaum etwas an der Lage. Diese Jugendlichen sind tief in Gewalt und Kriminalität verstrickt, sie sind Mitglieder von Jugendbanden, eingeschüchtert von starken Führungsfiguren, verleitet durch falsche Solidarität oder durch Schlagworte, eingebunden in die emotionale Wärme einer Gruppe. Die Banden bieten Abenteuer und Unterhaltung in einer freudlosen Umgebung. In Soweto mit seinen zweieinhalb Millionen Einwohnern gibt es im „Jahr der Befreiung" ganze zwei Kinos. Gewalt ist für die Verlorenen so stark ein Teil ihres Lebens geworden, dass es fast ausgeschlossen scheint, sie in die Gesellschaft zurückzuholen. Viele unter ihnen nennen sich Comrades, auch ein Schlagwort der achtziger Jahre. Die einen sind echte politische Aktivisten, die anderen verfolgen unter politischem Deckmantel persönliche kriminelle Ziele, rauben, töten und vergewaltigen.

Diese Comtsotsi (eine Verbindung von Comrades, den Genossen, und Tsotsi, Bandenmitglieder) sind meist arbeitslose Jugendliche, die nicht zur Schule gehen und oft aus anderen von Gewalt geprägten Gebieten geflohen sind. Die Übergänge der Gruppen sind fließend. Sie beherrschen die Townships, erzwingen machtlüstern Boykotte und Mietzahlungsstreiks ihrer Eltern. Wenn eine ältere Frau trotz eines gerade verhängten Verbraucherboykotts in der Stadt der Weißen einkaufte – in den Townships sind die Waren teurer und schwer erhältlich –, zwang auch mal ein Revolutionswächter sie, ihr neuerworbenes Waschpulver zu verschlucken. Nicht selten wandte sich die eifernde Gewalt statt gegen den verhassten Staat gegen die eigene Gemeinschaft.

Die Gruppenmitglieder stammen meistens aus zerbrochenen Familien, haben Stiefväter, mit denen sie nicht zurechtkommen, oder unverheiratete Mütter. Die Schule brachen sie vorzeitig ab. In mehr als zwei Drittel der Fälle fehlte das Geld für Schule und

Schulbücher. Dazu kamen der Zusammenbruch des schwarzen Erziehungswesens, unzureichend ausgebildete Lehrer, Schulen ohne Stühle, Strom und Bücher. Zu Hause besitzt etwa die Hälfte aller schwarzen Jugendlichen nicht ein eigenes Bett, geschweige denn einen Schreibtisch. Wer des Lesens unkundige Eltern hat, wer ohne ein Buch und ohne Anregungen aufwächst, wer die Hausaufgaben nur bei Kerzenlicht machen kann, beständig von kleinen Geschwistern oder übermüdeten Eltern vor dem Fernsehschirm im gleichen Raum abgelenkt wird, braucht doppelte Willensanstrengung, um durchzuhalten. Andere brachen die Schule ab wegen früher Schwangerschaft, schwacher Gesundheit oder fehlendem Interesse.

Auch hier ein verblüffendes Ergebnis, das dem Bild einer politisierten Generation widerspricht: Nur ein Prozent der Jugendlichen, die dazu befragt wurden, begründeten den Schulabbruch mit politischen Aktivitäten. Dabei waren die siebziger und achtziger Jahre gezeichnet von Protesten, Schulboykotten und einer Haltung der Verweigerung. Die Generationen von 1976, 1981 und 1985/86 kannten nie eine Normalität, selten ein Rollenmodell. Auch einige ihrer Lehrer predigten Rechtlosigkeit und Widerstand. „Befreiung vor Erziehung" war das Schlagwort dieser Generation. Schulen wurden in Brand gesteckt, die Lehrer verjagt.

Nicht nur der große südafrikanische Liberale Athol Fugard, zeitweise auf amerikanischen Bühnen der meistgespielte Dramatiker nach Shakespeare, äußert sich hart: Der vom ANC getragene Schulboykott sei sozial verheerend gewesen, die größte Katastrophe, die Südafrika je gesehen habe. Nur wenige Südafrikaner begriffen diese Folgen. Das Land werde dafür einen ungeheuren Preis zahlen. Die Politiker, so die Vorwürfe, hätten Jugendliche angestachelt und als Kanonenfutter missbraucht. Fast zwei Millionen Schwarze im Schulalter blieben nicht zuletzt deshalb ohne jede Ausbildung. Eltern verloren ihre Autorität, wurden als schwächliche Anpasser betrachtet, die ihr Geld lieber in Bierhallen verschwendeten statt sich dem noblen Kampf zu widmen.

Zum Schulboykott hinzu kamen die Folgen der Apartheid und Unterdrückung, zerrüttete Sozialstrukturen, Armut, die Kultur der Intoleranz und der Gewalt, eine Tradition des Anspruchdenkens. Der Johannesburger Soziologe Lawrence Schlemmer, der sonst nicht zu starken Worten neigt, hält Südafrika für die gewaltsamste Gesellschaft der Welt. Das drückt sich in der Zahl der Morde und gewaltsamen Autoentführungen aus, im Straßenverkehr, in Familienselbstmorden und Kindesmisshandlungen, deren Zahl sich innerhalb von fünf Jahren verdreifacht hat, in Bandenvergewaltigungen, die in Soweto zu einem spielerischen Kult geworden sind: Überall kann Südafrika auf statistische Negativrekorde verweisen.

Jugendliche erleben allerorten Brutalität, auch und gerade von der Polizei, ihrer außer mit Lehrern meist einzigen direkten Begegnung mit der Staatsgewalt und mit den Weißen. Die Gewalt der Polizei und damit des Staates wurde als illegitim betrachtet, die eigene als legitime, wenn nicht gar hehre Gegengewalt. So mancher Kirchenführer trug durch zwiespältige Äußerungen über legitimen Widerstand mit allen Mitteln dazu bei, die Scheu vor eigener Gewaltanwendung zu verlieren. Für viele wurde das zum Spiel, sichtbar im Barrikadenbauen und nächtlichen Wachegehen mit Schießübungen in den neuen Zentren politischer Gewalt, in den Townships östlich von Johannesburg wie Katlehong und Tokoza und in den Todesfeldern in Natal und KwaZulu.

Immerhin: Es gibt zunehmende Bemühungen, die Wiedereingliederung zumindest eines Teils der angeblich Verlorenen in das normale Leben zu erleichtern. Dabei geht es etwa um die Öffnung von Schulen für Straßenjugendliche; um handwerklichen Unterricht, um den Zugang zum florierenden Straßenhandel zu erleichtern; um Pläne für staatliche Arbeitsbeschaffungsprogramme bei der Reparatur von Straßen und Schulen, um Jugendbataillons oder einen nationalen Jugenddienst. Meist blieben das Pläne.

Eine kleine, aber nach Beginn der Aids-Katastrophe wachsende Gruppe unter den Verlorenen, jung und apolitisch, sind die Straßenkinder. Sie flohen aus zerrütteten Familien, in denen sie Alkohol, Gewalt, Missbrauch erlebten. Sie treiben sich etwa im

Johannesburger Stadtteil Hillbrow herum, einer Mischung aus Hochhaussiedlung und Sankt Pauli. Dort spielen sie in Videoläden, schnüffeln Leim, ihre Sorte Rauschgift. Sie überleben dank Jobs wie dem Einweisen auf Parkplätze und Autowaschen, aber auch Bettelei, Kleindiebstählen und Kinderprostitution, die sie in ihrem Slang Chip-chop nennen.

Wer mit schwarzen Jugendlichen spricht, hört immer wieder Ähnliches: eine Umwelt, die sie, oft widerwillig, in die Politik trieb; das Erfordernis, früh Verantwortung übernehmen und Entscheidungen treffen zu müssen, damit verbunden der Verlust unbefangener Jugend; Aufwachsen ohne Eltern oder mit nur einem Elternteil, unstabile Beziehungen und Bindungslosigkeit, die sich in der nächsten Generation fortsetzen; Schulabbruch wider Willen; Arbeitslosigkeit und Armut. Viele haben Freunde oder Verwandte im Exil oder in den Aufständen verloren, öfter sahen sie selbst dabei zu; nicht wenige wurden inhaftiert und gefoltert. Meist berichten sie davon nur unwillig, versuchen, das zu verdrängen. Kaum jemand hatte bis in die frühen Neunziger hinein weiße Freunde und wenn, waren es eher Ausländer denn weiße Südafrikaner.

Diese Opfer haben Ähnliches zu verkraften wie Soldaten eines Krieges. Unter posttraumatischen Symptomen wie Depression, niedrigem Selbstbewusstsein, sprunghaftem Verhalten leiden viele. Ein vierzehnjähriges Mädchen berichtet, sie esse nicht mehr Fleisch, weil sie dessen Geruch nicht mehr aushalte, seitdem ein Necklacing-Opfer als vermeintlicher Verräter vor ihren Augen lebendigen Leibes verbrannt wurde.

Waffen sind leicht zu haben, sie sind das neue Spielzeug in Soweto. So manch ein zwölf-, dreizehnjähriger Schüler legt diskret seine Schusswaffe unter das Lehrbuch. Welcher Lehrer wagt es dann noch, gegen das Abschreiben vom Nachbarn einzuschreiten? Die Grenzen zwischen Kindheit, Jugend und Erwachsensein, sie gibt es kaum.

Sind diese Kinder leicht auf die Straße zu treiben mit politischen Slogans? Befragungen zeigen, dass kaum jemand glaubt,

Politiker allein könnten die Sorgen des Landes lösen. Der Zorn über die Apartheid aber und deren Auswirkungen ist gewaltig. Was erhofft sich diese Generation vom politischen Umbruch am Kap? Wer fragt, muss lange warten, bis er das Wort Freiheit oder Menschenwürde hört. Eine Ausbildung, Arbeit, mehr Geld, einen Stromanschluss wünschen sich die meisten. (1994)

Ungewohntes Miteinander

Ryno hasst Schwarze. Er behauptet, er werde auf sie schießen, falls jemand den Befehl dazu gebe. Der 21 Jahre alte afrikaanse Farmerssohn unterstützt die Afrikaner Widerstandsbewegung (AWB), die kämpferische weiße Rechte in Südafrika. Curtis war im Exil und auf der Gefangeneninsel Robben Island vor Kapstadt, wurde als Guerrillakämpfer des ANC militärisch in der damaligen DDR ausgebildet. Beide haben nun den gleichen Beruf: Sie arbeiten für einen privaten Wachdienst. Seit einigen Tagen begegnen sich AWB-Anhänger und schwarze ehemalige

Polizei am Flughafen

Buschkämpfer des ANC in der gleichen Firma und gehen gemeinsam auf Patrouille.

In Südafrika dürfte es weit mehr Mitarbeiter privater Sicherheitsdienste geben als Polizisten. Das ist eine Folge wachsender Kriminalität, die immer mehr Weiße zur Auswanderung treibt. Siebzig Autos, berichtet die Polizei, seien am vergangenen Wochenende in Johannesburg und der Umgebung entführt worden, vier Fünftel von ihnen mit gezückter Schusswaffe. Mehr als 60 Häuser in den wohlhabenden nördlichen Vororten sind täglich Ziel von Einbrüchen. 12,6 Prozent der 16 000 Morde, die im vergangenen Jahr in Südafrika gezählt wurden, hatten politische Beweggründe. Die Zahl der Morde je Person liegt fast sechsmal so hoch wie in den Vereinigten Staaten. 61 schwere Verbrechen pro 1 000 Einwohner gab es 1992 in der Region Johannesburg. Südafrika sei, so befand eine Commonwealth-Studie kürzlich, eine der gewaltsamsten Gesellschaften der Erde.

Die Polizei kommt damit nicht zurecht. Auch nach schweren Verbrechen dauert es oft eine Stunde, bis sie auftaucht – falls das Opfer Glück hat. Weiße Südafrikaner wehren sich auf ihre Art, sofern sie im Lande bleiben. In mehr als der Hälfte aller weißen Haushalte sind Schusswaffen. Seit der Ermordung des Kommunistenführers Hani durch einen weißen Rechtsextremen zu Ostern sei die Nachfrage nach Waffen und Munition um 60 Prozent gestiegen, berichten Waffenhändler; ihre Vorräte an Kugeln seien erschöpft. Die Mauern werden immer höher. Wer durch Villenvororte fährt (zu Fuß geht in Johannesburg kaum mehr ein Weißer außerhalb von Einkaufszentren), hört Hundegebell und sieht Schilder von Wachdiensten. Sie kommen, sobald der Alarm im Haus ausgelöst wird. Viele gehen auch in den eigenen Garten nur noch mit einem tragbaren Panikknopf, der den Wachdienst alarmiert.

Die Wachdienste gehören zu den wenigen Wirtschaftszweigen, die derzeit am Kap einen Aufschwung erleben und neu Personal rekrutieren. Unbemerkt von der Öffentlichkeit stellte der älteste und größte Wachdienst des Landes – allein in der Region Johannesburg beschäftigt er etwa 10 000 Menschen – 40 frühere Guerrilerakämpfer des ANC ein. Die weißen Eigentümer, so berichtet Curtis, glaubten, mit ihnen besser als mit anderen Mitarbeitern zurechtzukommen. Sie seien motiviert und dächten nicht nur an sich selber. Andere Mitarbeiter bereiteten Sorgen aufgrund eines Mangels an Disziplin und Arbeitswillen, auch aufgrund ihres unbedachten Umgangs mit Waffen.

Curtis, ausgebildet als Musiker und Ingenieur, dann wegen Sabotage und Hochverrats verurteilt, ist seit Kurzem dort tätig. Zunächst hatte er die Schießausbildung der Wächter leiten sollen. Er hatte im mecklenburgischen Teterow und in den Lagern in Angola westliche wie östliche Waffen zu nutzen gelernt. Curtis wurde schließlich für „Arbeitsbeziehungen" zuständig. Er betrieb die Einstellung seiner arbeitslosen Kameraden aus den Buschlagern in Angola und Sambia, in denen sie für Sabotageakte ausgebildet worden waren. Die neuen Mitarbeiter begleiten Lieferwagen in Townships oder bewachen Villen Weißer, Bürohäuser und Fabriken.

Bisher habe es zwischen schwarzen Buschkämpfern und weißen Rassenpuristen keine Reibungen gegeben, berichtet Curtis; allenfalls neckten sie sich. Auch Ryno, bisher stand er nur mit Weißen gemeinsam Wache, zeigt sich beim zweiten, dritten Gespräch milder, meidet Schimpfnamen, wenn er von Schwarzen spricht. Er berichtet, er habe soeben vor dem Haus, das er bewacht, zwei schwarze Jungen dabei erwischt, als sie ein Auto aufbrechen wollten. Als er den einen nach einer langen Verfolgungsjagd festnimmt, behandelt er ihn sanft, versucht, ihn nicht zu verletzen. Er sei ja noch so jung.

Wieso wurde Ryno zum Rassisten und Anhänger des AWB? Mit fünfzehn habe er noch auf der elterlichen Hühnerfarm im Herzen des Oranje Freistaates, einer Hochburg der weißen Rechten, mit Schwarzen gespielt. Bald nach dem Tod seines Vaters wurde seine Mutter von einem Schwarzen vergewaltigt, sie starb am gleichen Abend. Seine Schwester, damals sieben, hatte das beobachtet, sie ist seitdem geistig gestört. Ryno kann man nicht als geistig beweglich bezeichnen. Er spricht kaum Englisch; mit seiner Muttersprache Afrikaans hat er Mühe. Er kennt in der Stadt kaum jemanden, weiß wenig über politische Entwicklungen. „Wie heißt das noch, ach ja, der ANC", sagt er einmal, dann aber: AWB heiße „Afrikaner with brains", Afrikaner mit Gehirn. Er werde bis ans Ende seiner Tage, glaubt der 21 Jahre alte Mann, den AWB stützen. (1993)

Schwarze Schuhcreme und Umzüge

Der Jugendliche stürzt auf den Besucher zu, greift ihm ins Gesicht, und schon ist er mit schwarzer Schuhcreme beschmiert. Auf dem kurzen Weg vom Parlament bis zum Malaienviertel Kapstadts wird das Gesicht immer schwärzer. Damit wird der weiße Besucher den Farbigen „angeglichen", die die Walestraße säumen. Sie freuen sich offenkundig, dass sich Weiße unter sie mischen. Noch mehr als sonst gehört Kapstadt in den Tagen nach Neujahr den Farbigen. Etwa die Hälfte der drei Millionen Coloureds („Mischlinge") in Südafrika lebt in Kapstadt und auf der Kaphalbinsel. Bei ihrem Karneval vermischen sich Traditionen des vergangenen Jahrhunderts. In den Stunden nach dem Jahreswechsel ziehen die malaiischen Straßensänger vom Platz zwischen Rathaus und Festung in „ihr" Viertel, tanzen und singen; und eine weitere Woche lang bis zum Finale des Gesangwettbewerbs feiert die farbige christliche Mehrheit ihren Coon-Karneval.

Malaien wie Coons üben ein halbes Jahr lang ihren großen Auftritt, organisieren ihre Sänger in „Gewerkschaften", die auf einen Sieg im Sangeswettbewerb hoffen. Jede Gruppe kleidet sich in bunte Uniformen, jährlich wechselnd, lila etwa, rosa, gelb, schwarz in Streifen, Punkten, auch Sternen, die an den amerikanischen Einfluss erinnern. Bei den Malaien hat die Kleidung der Musiker eine andere Farbe als die der Sänger, aber das gleiche Muster. Alle fünfzehn, zwanzig Minuten tänzelt in den Stunden nach Mitternacht eine Gruppe durch die engen Kopfsteinpflaster-

Straßen des „Bo-Kaap", des Malaienviertels, hält hier und da an, um vor pastellfarbenen Häusern im kapholländischen Stil zu singen und zum „Entgelt" zu Ingwerbier und selbstgebackenen Plätzchen geladen zu werden.

Eine kleine Gemeinschaft wohnt in den steilen Straßen am Hügelrand der Innenstadt. Alle kennen einander, berichtet der Junglehrer Shafiek. Er hatte die Besucher davor gewarnt, in einen offenbar malerischen Innenhof – das Viertel wurde vor einem Vierteljahrhundert zum nationalen Denkmal erklärt – zu gehen. Dort werde mit Dagga, einem dem Haschisch vergleichbaren Rauschgift, gehandelt. Der süßliche Daggageruch liegt in der Luft. Jeder scheint hier hilfsbereit, beäugt die Besucher neugierig.

Shafieks Generation, die der Zwanzig- bis Dreißigjährigen, fügt sich noch ein in die konservative Gemeinschaft der etwa 200 000 Malaien Südafrikas. Die Nachkommen von Malaien, Indern, Indonesiern von der Insel Java sowie Madegassen wohnen oft auch nach der Heirat bei ihren Eltern, alle Geschwister zusammen, und beachten streng muslimische Bräuche. Bald aber sieht der Lehrer Konflikte kommen. Die Zwölfjährigen in seiner Schule rauchen schon Dagga und lehnen sich auf. Im Malaienviertel wohnten seit mehreren Generationen Kleinbürger, berichtet Shafiek. Sie schauten auf andere Farbige „nur ein wenig" herab. Auch einige Weiße sitzen auf den Stoeps, den Veranden vor den zweistöckigen Häusern. Sie sind zum Islam konvertiert. Muslime und Christen leben im Viertel, nicht aber Hindus. Sichtbar wird die Strenggläubigkeit am frühen Morgen. Sobald der Muezzin vom Minarett ruft, unterbrechen die Straßensänger ihre Neujahrsfeier und gehen in eine der neun Moscheen des Viertels. Ihre Ahnen waren Sklaven, von den holländischen Kolonialherren aus dem Osten hergebracht, aber auch „freie Bürger". Die ausgedehnte Textilindustrie am Kap geht auf sie zurück.

Die stabile Gemeinschaft im Bo-Kaap bildete sich nach der Sklavenbefreiung 1834 (Jahrzehnte vor jener in den Vereinigten Staaten). Begabt waren die Malaien nicht nur als Handwerker, sondern auch als Musiker. In der Karnevalsnacht laufen vor jeder

Sängergruppe Spieler mit dem Saxophon, dem Banjo, der Gitarre und einer Holztrommel, bespannt mit getrockneter Schafhaut. Von holländischen Matrosen hatten die Vorfahren Notenblätter erhalten im Austausch für Flaschen des Kapweins, der zu jener Zeit von Friedrich dem Großen und von Voltaire gerühmt und getrunken wurde. So spielen holländische Texte und Geschichten eine große Rolle.

Die Musik ist einzigartig in Afrika, wegen der Verbindung von östlicher Musik mit holländischem Gesang. Hochzeitslieder sind zu hören, Picknickmelodien, milde politische Anklänge – auch politisch sind viele Farbige konservativ. „Ghommaliedjies", bei denen Sänger einander die Hände reichen und im Kreis gehen, und „Moppies" wechseln einander ab: stets in Afrikaans gesungen, der Umgangssprache der Coloureds, die malaiische Worte übernahm. Im „Moppie" mit seinem starken Rhythmus und lebhaftem Refrain, bei weißen Zuhörern besonders beliebt, zeigt sich die komische Seite der Straßensänger, die die Texte dem Ort und der Zeit anpassen, auch über die Sexualmoral spotten. Einige der patriotischen holländischen Volkslieder sind im Mutterland nicht mehr zu hören.

Weniger eindrucksvoll, aber bekannter als die malaiischen Straßensänger sind die Sänger im Coon-Karneval. Manches an Spontaneität ging offenbar verloren in den Achtzigern, als die Karnevalisten nach den Schülerunruhen in Soweto zeitweilig nicht auf den Straßen umherziehen durften.

Junge beim Coon-Karneval

Eine „Formalisierung" des Karnevals bewirken auch Kontrollräte, Preisverleihungen, der Anzugskodex und Wettbewerbe für gutes Benehmen. Jede der Coon-Gruppen, bis zu 1 500 Mitglieder stark, hat ein eigenes Clubhaus. Die politische Linke hat zum Coon-Karneval ein zwiespältiges Verhältnis, obwohl er eindeutig in der „Volkskultur" und der Arbeiterwelt zuhause ist.

Der amerikanische Einfluss ist unverkennbar. Nordamerikanische schwarze Minstrelgruppen besuchten vor gut hundert Jahren das Kap. Farbige Arbeiter passten Kostüme – Satinuniformen, deren schillernd bunte Farben bis zuletzt geheim gehalten werden – dem Tanz und Gesang an und schwärzten ihre Gesichter; jetzt sind sie eher mit Goldstaub bedeckt. Die Gruppen nennen sich Hollywood Serenades, Disney Land, Mississippi, Multi Millionaires. Gesungen wird oft in amerikanischem Englisch. Eines der beliebtesten afrikaansen Lieder des Coon-Karnevals heißt „Daar kom die Alibama". Deserteure des amerikanischen Kriegsschiffes Alibama, das während des amerikanischen Sezessionskrieges in Kapstadt haltmachte, versteckten sich, bis die Alibama abdampfte. Diese Neusiedler begründeten die Coon-Tradition. Nachbarn ärgerten sie mit dem Liedtext, die Alibama erscheine wieder am Horizont, um sie abzuholen.   (1991)

Hier sind wir alle Gangster

Während im Vorraum durch eine Schiebelade zur Straße etwas Kokain verkauft wird, erzählt Lianda, ein dreizehnjähriger Farbiger, dass im Hause eigentlich alle Gangster seien. Zur Schule gehe er nicht, dazu sei er zu faul. Das behaupten zumindest die anderen. Er selber, so erzählt er, habe einmal Kokain versucht, es habe ihm aber nicht geschmeckt. Im Hause nehme allerdings niemand Rauschgift. Rashaad Staggie, der Drogenboss, habe ihn vor zwei Jahren in seine Obhut genommen. Überall sind noch die Einschusslöcher zu sehen von jener Straßenschlacht, bei der Staggie vor seinem Haus erschossen und in Brand gesteckt wurde;

es war eine aufgebrachte Menge von Hunderten vermummter Muslime. Zahlreiche Menschen wurden damals verletzt. Polizei und Notärzte, Fernsehteams und Fotografen standen herum und sahen der Szene zu. Niemand schritt ein.

Unverfroren und für jeden sichtbar wird in jenem Haus in der London Road im Kapstädter Vorort Salt River Rauschgift abgepackt und vertrieben. 0,2 Gramm Kokain kosten ungerechnet 26 Mark. Etwa fünfzigtausend Mark verdiene man wöchentlich, erzählen die Mitarbeiter des Hauses. Dreihundert bis vierhundert Päckchen Kokain werden täglich verkauft. Die Abnehmer sind fast ausschließlich wohlhabende Weiße. Niemand bestreitet das, niemand scheint das zu stören. Die Polizei kommt nicht, und wenn, dann erst nachdem sie die Hausbewohner rechtzeitig gewarnt hat. Die Polizei macht es den Dealern leicht. So sind die Durchsuchungsbefehle zumeist in Afrikaans verfasst. Doch die Hausbewohner, die wie die meisten Farbigen untereinander Afrikaans sprechen, tun so, als ob sie die Sprache nicht verstehen, und während sie jemand zu suchen vorgeben, der Afrikaans versteht, haben sie Zeit, ihre Drogen zu verstecken.

Die Polizei ist untätig – ob nun korrupt, unfähig oder politisch verunsichert. Allseits wird vermutet, sie werde von Banden ausgehalten. Das geht Hand in Hand mit der Einschüchterung ganzer Stadtteile in den „Cape Flats", dem Kapstadt vorgelagerten sandigen und kargen Wohngebiet farbiger Südafrikaner, das von rivalisierenden Drogenbanden tyrannisiert wird. Der gestiegene Rauschgiftkonsum und die damit verbundene Kriminalität, die nicht selten in Lynchjustiz endet, führten zur Gegenreaktion der erzürnten Bürgerwehr.

Die Käufer kommen an Wochenendabenden. Im kahlen Vorraum, von dem aus die Straße beobachtet werden kann, wird dem Besucher ein Video des Sozialministeriums gegen Rauschgift gezeigt – warum, bleibt unklar. Derweil wechselt auf der einsehbaren Terrasse, die vom Nebenraum mit kugelsicherem Glas abgetrennt ist, eine Tüte Kokain den Besitzer. Woher das Rauschgift komme? Die Mitarbeiter geben vor, das nicht zu wissen. Aus anderen Ländern, vielleicht auch aus Johannesburg und Durban. Bis vor Kurzem hatten sie noch „Mandrax" verkauft, ein mit der südafrikanischen Haschisch-Variante „Dagga" vermischtes Schlafmittel aus Indien, das vor allem am Kap geraucht wird. Jetzt lohne sich das nicht mehr, da sich der Straßenpreis von Mandrax binnen Kurzem verdreifachte.

Die Hausbewohner versuchen, die Bandenkultur zu erklären. Die Apartheid, die Vertreibung Farbiger aus ihren angestammten Vororten und ihre Übersiedlung in übervölkerte arme Gebiete wie Manenberg, ließ viele Familien auseinanderbrechen. Das habe aus vielen Menschen „Monster" gemacht. Die Eltern hielten traditionelle Familienstrukturen nicht mehr aufrecht und ihre Kinder nicht mehr unter Kontrolle. Gefängnisse seien überfüllt, und wer herauskomme, fände keine Arbeit, sehe aber den Wohlstand der Rauschgifthändler. Als Bandenmitglied fänden sie eine „neue Familie". Im Übrigen könne Kokain den Farbigen nichts anhaben, da sie sich die Droge ohnehin nicht leisten könnten. Rauschgift sei nur ein Handelsobjekt, somit Teil der Wirtschaft.

Seit mehr als zwanzig Jahren sind Vororte wie Belhar, Manenberg, Athlone, Mitchell's Plain von Banden beherrscht. Banden wie „Dixie Boys", „Amerikaner", „Mongrels" und „Kapstädter Skorpione" nutzen elf, zwölf Jahre alte Jungen für Einbrüche in Autos und Häuser, sind schwer bewaffnet, schrecken vor Mord nicht zurück. Der Rauschgiftkonsum in den Schulen wird durch die jungen Dealer leicht gemacht. Jeder „Druglord" hat sein eigenes Hoheitsgebiet. Im Fernsehen brüsten sie sich offen des Drogenhandels und Waffeneinsatzes. Stolz weisen sie auf die Bestechung von Polizisten, die in Bandenkriegen auf ihrer Seite schießen und sie mit ihren Dienstpistolen versorgen, die anschließend als gestohlen gemeldet werden.

Schwierigkeiten mit den Banden gibt es in Kapstadt seit mehr als 60 Jahren. Zwangsumsiedlungen in der Zeit der Apartheid, soziale Entwurzelung sowie Straßenschlachten in den Jahren des politischen Widerstandskampfes und chaotische Schulbedingungen haben das Problem verschärft. Manche Jugendliche tragen mit ihren illegalen Einkünften zum Überleben ihrer arbeitslosen Eltern und Familien bei. Neben dem Rauschgifthandel rauben Jugendliche Passagiere in Vorortzügen sowie unvorsichtige Touristen in der Innenstadt aus. Ein neueres „Geschäftsfeld" der Banden ist die Zuteilung von von der Gemeinde erbauten oder verwalteten Häusern. Die Gemeindeverwaltung Kapstadt hat offenbar die Kontrolle über diese Häuser verloren. Als der neue Leiter der Wohnungsbauverwaltung Kapstadts dagegen vorgehen wollte, wurden er und seine Familie von den Banden bedroht, so dass er Südafrika fluchtartig verließ und zeitweise die Auswanderung erwog.

Nach dem Lynchmord an Staggie reichten die Banden während eines Versöhnungstreffens einander die Hand, um gemeinsam gegen den „neuen Feind" vorzugehen. Der neue Feind heißt Pagad, die Bewegung, die sich gegen Kriminalität und Rauschgift zur Wehr setzt. Bürgerwehren auf allen Seiten des politischen Spektrums haben eine alte Tradition in Südafrika. Von weißen Farmern auf der Suche nach Viehdieben über die vom Militär gesteuerten Gruppen bis hin zu „Volksgerichten" in den Townships gegen „Polizeispitzel", deren Strafe es war, auf dem Scheiterhaufen angezündeter Autoreifen verbrannt zu werden.

Wenig ist über Pagad bekannt, den Dachverband von Vorortgruppen und örtlichen Bürgerwehren. Ihre Versammlungen finden in Moscheen statt, zu denen viele Hundert, bisweilen auch Tausende Anhänger kommen – zumeist bewaffnet und mit palästinensischen Tüchern vermummt. Alle Rauschgifthändler seien für sie „legitimes Ziel". Die Gruppe werde „alle notwendigen Mittel einsetzen, um diese Geißel aus der Gesellschaft auszurotten". Ein Imam zitiert in der Moschee den Koran-Aufruf zum Heiligen Krieg, dem Dschihad, sowie Malcolm X. Er spricht von Märtyrertum und dem Satz „Ein Gangster, eine Kugel". Einen bewaffneten Marsch von fünftausend Pagad-Anhängern konnte die Armee nur mit Tränengas und Gummigeschossen stoppen.

Die Banden sind ebenso unverfroren: Tausende Bandenmitglieder marschierten, teils mit Schnellfeuergewehren im Anschlag, durch die Straßen.

Einige Kap-Muslime sollen in den achtziger Jahren in Libyen militärisch ausgebildet worden sein. Südafrikas Muslime, in Klassen, politische Auffassungen und in religiöse Sekten aufgeteilt, sollen fundamentalistische Einflüsse aus den Golfstaaten, besonders aus Saudi-Arabien und Kuweit, erhalten. Die meisten Muslime Südafrikas sind Sunniten und stehen demnach dem schiitischen Iran wenig nahe. Der Einfluss der Muslime am Kap geht weit über ihre Zahlenstärke hinaus. Sie bilden eine gut organisierte Gemeinschaft, die in Parlament und Regierung etwa jedes zehnte Mitglied stellt. Seit ihrer Ankunft am Kap der Guten Hoffnung aus Südostasien vor mehr als dreihundert Jahren zeigten sie sich selbstbewusst und widerspruchsfreudig, bisweilen auch rebellisch. Hinweise mehren sich, dass einige Führer der Pagad nicht nur den Kampf gegen Banden und Rauschgift anstreben, sondern eine muslimische Umgestaltung. Muslimische Werte wollen sie stärker durchgesetzt sehen. Dem moralischen Verfall in der Gesellschaft, Prostitution, Promiskuität, Homosexualität und Pornografie, treten sie entgegen, und sie setzen sich vehement für die Todesstrafe ein. Viele ziehen eine Parallele zwischen dem Widerstandskampf früherer Jahre und der Pagad. Erst habe man gegen Apartheid gekämpft, jetzt gegen Rauschgift. Beide Male sei es um Befreiung vom Bösen gegangen: Das Gute obsiege gegen das Böse. (1996/98)

Achterbahn

Der große südafrikanische Dichter und Denker Athol Fugard, für viele das liberale Gewissen des Landes, beschreibt den 27. April 1994, den Tag der ersten demokratischen Wahl Südafrikas, als Tag des Beginns. Südafrika habe in Jahren zuvor eine Achterbahnfahrt erlebt. Sie führte von anfänglichem Überschwang über Unglauben bis zum Entsetzen, als Hoffnungen auf ein goldenes Südafrika zerstoben und das Land in die blutigste Zeit seiner Geschichte eintrat – 3 700 Menschen wurden 1993 Opfer politischer Gewalt, mehr als in den drei Jahren vor der befreienden Rede de Klerks am 2. Februar 1990, die zur Wiederzulassung verbotener Parteien, zur Freilassung Mandelas nach 27 Jahren Haft, zur Abschaffung der Apartheid und zur Wiederherstellung des Rechtsstaats führte.

Jetzt habe, so Fugard, Südafrika mit seiner hochpolitisierten Gesellschaft seine – allerdings noch gefährdete – Balance wiedergewonnen. Er, der vierzig Jahre verkrustete Last der Apartheid auf sich spüre, könne nun sagen, was er nie geglaubt habe, dass „das neue Südafrika" zu seinen Lebzeiten Wirklichkeit werde. Fugard nennt die Apartheid ein Monster sozialer Ungerechtigkeit und eine Gesellschaft der Unterdrückung. Südafrika habe nun verworrene und verschlungene Wege und Möglichkeiten vor sich, aber eine vielschichtigere soziale, politische und persönliche Gesellschaft als zuvor.

Südafrika ist robust. Es hat Politiker überlebt, die bisweilen wie Lemminge Todessehnsucht zu besitzen scheinen, auch Straßenauf-

Referendum über die Reformpolitik de Klerks

stände und Streiks, „Massenaktionen" ohne Ende und politische Gewalt. Andere Länder mit einer vergleichbaren Polarisierung und Geschichte wären vermutlich schon zerbrochen. Der Übergang, eine Revolution von Staat, Gesellschaft und Wirtschaft zugleich – der deutsch-kanadische Soziologe Heribert Adam nennt sie eine verhandelte Revolution –, verlief trotz der Wellen von Gewalt sanft, gemessen an den zuvor gehegten Befürchtungen.

Vieles spricht dafür, dass der Wandel weiterhin gleitend sein wird, nicht abrupt. Nach der Wahl bleiben Polizei und Beamtenschaft überwiegend im Amt. Das Militär wird erweitert um ANC-Buschkämpfer und Soldaten der Homeland-Armeen; das aber dürfte nicht zu einer grundlegenden Neuorientierung führen, da sich beide bereits angepasst haben. Wirtschaft und Notenbank bleiben vorerst in „weißen Händen". Die Verfassung sieht eine Vielzahl von Kontrollen vor, von der Grundrechtscharta und einem Verfassungsgericht bis zu einer Übergangsregierung der nationalen Einheit. Dieser Regierung werden in den ersten Jahren alle größeren Parteien angehören. Eine wachsende schwarze Mittelschicht, zu der die Politiker des ANC bis auf einige Heißsporne zunehmend zählen, trägt zur Stabilisierung bei. Alle neuen Regierungen haben die Tendenz, dass „Sachzwänge" und Eigeninteressen sie zu gemäßigten Positionen treiben.

Vielleicht das wichtigste Moment, das den Übergang weniger gefahrvoll macht, ist das Vertrauen, das sich in den vier Jahren der Verfassungsverhandlungen zwischen den wichtigsten Parteien, dem ANC und der Nationalpartei, gebildet hat. Beide haben Kompromissfähigkeit gelernt. Das geschah nicht nur beim Verfassungskonvent von Kempton Park, einem Industrievorort Johannesburgs. In einer Vielzahl anderer Gremien begegneten sich politische Gegner in einer neuen Form der „Basisdemokratie", mit der Sudafrika der politischen Wissenschaft eine neue Demokratieform bescherte, die Forum-Demokratie.

Diese Forum-Demokratie glättet den Übergang. Einige Dutzend Foren gibt es in Südafrika, in denen jeweils Regierung, Parteien, Gewerkschaften und Interessenverbände zusammenarbeiten und Entscheidungen vorbereiten und gutheißen. Dreierlei wollten der ANC und seine Verbündeten erreichen: der Regierung, die von der Mehrheit als illegitim empfunden wurde, die Alleinentscheidung in Fragen entziehen, die alle angehen; die Regierung bei ihrer Sozialpolitik zu entschiedenerem Handeln drängen; und den Vorteil der Regierung beschränken, vor den Wahlen populäre Maßnahmen, etwa im Wohnungsbau oder bei der Elektrifizierung, als eigene Erfolge auszugeben. Eine Regierungsfunktion, ein Forum: so das Ziel des vergangenen Jahres, das die Gründung nationaler Foren für Ausbildung, Wirtschaft, Wohnungsbau, Gesundheit, Elektrifizierung, ländliche Entwicklung und Dürre, Gemeindeverwaltung, Transport, Fernmeldewesen sah. Dazu kamen etwa Hundert örtliche Foren, die den Zusammenschluss von weißen Orten und Townships vorbereiteten, und zahlreiche regionale Entwicklungsforen. (1994)

Samstags werden die Toten begraben

Samstag ist der Tag der Beerdigungen in Südafrika, vor allem in den Townships. Bei der Fahrt durch Mbekweni stoßen die Besucher auf drei Leichenzüge; vermutlich seien alle drei Aidsopfer, sagt der Bürgermeister der Großgemeinde, Herman Bailey. Dabei ist Mbekweni klein im Verhältnis zu anderen Townships, und die Zahl der Aidskranken in der Westkap-Region weit niedriger als im übrigen Südafrika. Dennoch sind am Straßenrand neue Betriebe zu sehen – Bestattungshelfer und Sarghersteller. In keinem anderen Land gibt es mehr HIV-Infizierte als in Südafrika. Die Regierung glaubt, dass 5,6 der 45 Millionen Südafrikaner infiziert sind, also jeder achte Südafrikaner. Aidshilfegruppen vermuten gar, dass jeder vierte Erwachsene das Virus trage. In der Armee sollen es 23 Prozent aller Rekruten sein, unter schwangeren Frauen 28 Prozent. Seit Ausbruch der Pandemie starben in Südafrika 1,5 Millionen Menschen; diese Zahl dürfte bald stark steigen. Ohne Aids wüchse die Bevölkerungszahl bis zum Jahr 2015 von

45 auf 54 Millionen Menschen, nach Schätzungen des jüngsten Aidsberichts der Vereinten Nationen aber wird Südafrika in zehn Jahren weniger Bewohner haben als jetzt. Dennoch verdrängen viele in Südafrika, in der Bevölkerung wie in der Politik, dieses größte aller Probleme des Landes. In Townships meiden viele das Wort „Aids" und heben stattdessen vier Finger als Zeichen für die Todesursache.

Erschwert wird der Kampf gegen Aids in Südafrika von zwei Seiten: von der Regierung und von der nachlassenden Aufmerksamkeit im Ausland. Gewiss, die Zahl der Erkrankten in Südafrika liegt weiterhin an der Spitze. Die meisten Neuinfektionen aber gibt es in Süd- und Südostasien. Das öffentliche Interesse und damit auch die Hilfe des Westens richten sich deshalb jetzt auf diese Region und auf das den Industriestaaten geografisch nähere Osteuropa, weil man hofft, dort die Pandemie noch in einem vergleichsweise frühen Stadium eindämmen zu können. Ein Grund für die stille Resignation im Westen gegenüber Aids in Südafrika ist die Haltung Pretorias: Präsident Thabo Mbeki und Gesundheitsministerin Manto Tshabalala-Msimang haben aus Gründen, die schwer zu verstehen sind, die Aids-Krise wortmächtig verharmlost, etwa Aidstodesfälle mit Armut, Malaria und anderen Krankheiten in Zusammenhang gebracht. Sie haben zeitweilig gar den Zusammenhang von HIV-Infektion und Aids in Zweifel gezogen, was die Jugend des Landes in die Sicherheit wiegte, ihre Sexpraktiken könnten so gefährlich doch nicht sein. So reagierte das Gesundheitsministerium auch nicht auf die Bitten einer beherzten Aidshilfegruppe, der „Treatment Action Program" (TAC), die der Regierung vorliegenden Zahlen und Dokumente über Aids zu veröffentlichen. Erst nach langem Drängen erlaubte die Regierung schwangeren Müttern den Gebrauch eines Medikaments, das die Übertragung des Virus auf ihr Kind verhindert. Bis jetzt erhielt aber nur ein verschwindend kleiner Anteil dieses Mittel. Die Gesundheitsministerin wirft der TAC vor, sie in ihrem „Kampf" gegen Aids zu behindern. Das Gesundheitsministerium verweist dabei auf traditionelle Heiler. Mit Geld werden vom Staat nur solche Kranken unterstützt, deren Blutbild einen bestimmten Wert unterschreitet. Nach der Einnahme der Medikamente bessert sich aber das Blutbild, und die staatliche Hilfe fällt weg. Die Infizierten stehen also vor dem Dilemma, entweder unheilbar zu erkranken oder zu hungern. Zunächst nahmen private Hilfsorganisationen den Kampf gegen die Aidspolitik Mbekis auf wie TAC und Noah, das sich um die knapp eine Million Aidswaisen kümmert, dann auch einige Provinzregierungen wie das Westkap und Unternehmen. Die Konzerne, anfangs vor allem solche aus dem Ausland wie Daimler-Chrysler und BMW, erkannten, dass die wirtschaftlich aktiven und gut ausgebildeten Fachkräfte noch mehr als andere gefährdet sind und mit ihnen auch das Wohlergehen der Wirtschaft. Zu den eindrucksvollsten privaten Initiativen zählt jene des Satirikers Pieter-Dirk Uys, der am Kap so legendär und einflussreich ist wie wenige: Er setzt sein Ansehen und sein Geld dafür ein, in Schulen Jugendliche vor den Gefahren von Aids zu warnen. In den vergangenen Monaten kamen Mitstreiter hinzu, die Mbeki gefährlich werden können, einige der bekanntesten Köpfe innerhalb des regierenden ANC. Der Gründungsvater des freien Südafrika, Mbekis Vorgänger Nelson Mandela, tritt beständig bei Aidshilfeveranstaltungen auf. Auch der Friedensnobelpreisträger Erzbischof Desmond Tutu warnte mit scharfen Worten vor jenen, die „wie Kühe unkritisch und gedankenlos" der Parteilinie folgten; dabei wies er ausdrücklich auf die offizielle Aidspolitik.   (2004)

Jede zweite wird vergewaltigt

Die südafrikanische Regierung hat angekündigt, in den nächsten drei Monaten zwanzig Gerichtskammern einzurichten, die sich ausschließlich mit sexuellen Vergehen, vor allem Vergewaltigungen, befassen werden. Durch den Einsatz von Kameras und die Nutzung getrennter Warteräume soll vermieden werden, Opfer und Täter einander gegenüberzustellen. Die Regierung möchte mit den neuen Kammern zudem Verfahren gegen Vergewaltiger beschleunigen. Vielfach haben Gerichte oder Kammern 600 bis 800 Vergewaltigungsfälle auf ihrer Warteliste. Bei weniger als jeder zehnten der Polizei gemeldeten Vergewaltigung kommt es zu einer Verurteilung, und nur eine von 36 Vergewaltigungen werde gemeldet, schätzt die Polizei. Kanada sagte eine Ausbildung für Mitarbeiter dieser Kammern und Hilfe bei der Erstellung einer Computerdatei zu.

Die Debatte um Vergewaltigung – Südafrika gilt als das Land mit der höchsten Rate von Vergewaltigungen in der Welt – hat sich verstärkt. Dazu trugen spektakuläre Fälle bei – etwa die angebliche Vergewaltigung minderjähriger Töchter durch ihre Väter und Vorwürfe gegen mehrere Polizisten, Schuldirektoren und Priester. Auch gab es Streit um eine Fernsehanzeige. Eine Aufsichtsbehörde hatte einen Werbespot mit der Begründung verboten, er stelle Männer als Vergewaltiger oder zumindest als Dulder von Vergewaltigungen dar. Kaum ein anderes Thema beherrschte die öffentlichen Debatten in Südafrika stärker.

Weiteren Anlass zu erregten Auseinandersetzungen, die beinahe zu einer Verfassungskrise führten, gab das Urteil eines Richters, der einen Familienvater zu einer Freiheitsstrafe von sieben Jahren verurteilte, weil er seine minderjährige Tochter vergewaltigt hatte. Damit wich der Richter von dem erst vor Kurzem angehobenen Strafmaß ab, das dafür zwingend lebenslängliche Haft vorschreibt. Die oppositionelle Neue Nationalpartei forderte gar die Todesstrafe für Vergewaltigung, auch innerhalb der Familie. Ein Parlamentsausschuss wollte den betreffenden Richter und andere Richter, die milde Urteile sprechen, vor den Ausschuss zitieren, um das Strafmaß zu erläutern. Nach Protesten von zwei Gerichtspräsidenten und Einwänden der Parlamentspräsidentin, die das als möglicherweise verfassungswidrigen Verstoß gegen die Unabhängigkeit der Gerichte werteten, sah der Ausschuss vorerst von dem Vorhaben ab. Untersuchungen zeigen, dass viele (meist männliche) Richter regelmäßig mildere Strafen gegen Vergewaltiger verhängen, als es die Gesetze vorschreiben.

Die südafrikanische stellvertretende Justizministerin Cheryl Gillwald zitierte Statistiken, nach denen jede zweite Südafrikanerin zu ihren Lebenszeiten damit rechnen müsse, vergewaltigt zu werden. Alle siebzehn Sekunden werde eine Frau in Südafrika vergewaltigt, dreimal so häufig wie in den Vereinigten Staaten. Auch unter Männern sei Vergewaltigung häufig, sagte Frau Gillwald: Sie wies auf Statistiken, dass jeder fünfte Mann in Südafrika schon einmal vergewaltigt wurde. Häufig seien Bandenvergewaltigungen. Das Südafrikanische Institut für Rassenbeziehungen schätzt, dass jede vierte Südafrikanerin einmal von einer Bande vergewaltigt worden sei. Angesichts der hohen Infektionsrate mit Aids kommen sie oft einem Todesurteil gleich.

Wenn die Opfer nicht nach der Vergewaltigung ermordet werden oder es sich bei ihnen nicht um Kleinkinder oder Ausländerinnen handelt, wird über die Taten selten in den Zeitungen berichtet. Aufsehen erregte etwa, dass eine brasilianische Journalistin vierzehn Stunden nach ihrer Ankunft in Südafrika von sechs Männern in Johannesburg vergewaltigt wurde.

Am erschreckendsten sind die Zahlen zur Vergewaltigung von Kleinkindern. Innerhalb von zwölf Monaten untersuchte die Polizei mehr als 17 000 Fälle von Kindervergewaltigung, das sind 47 jeden Tag. Die Zahl dieser Vergewaltigungen hat sich in den vergangenen fünf Jahren mehr als verdoppelt. Der Polizeichef der Provinz Mpumalanga sagte, die größte Zahl von Opfern sei zwischen vier und vierzehn Jahre alt. Auch da mag Aids eine Rolle spielen: Manche Vergewaltiger glauben, bei Kindern sei die Ansteckungsgefahr geringer. Hinzu kommt der Irrglaube in einigen Gemeinschaften, Sex mit einer Jungfrau könne Aids heilen. (1999)

Big Brother in Afrika

Afrika einmal anders: Nicht Hunger, Niedergang, exotische Tiere und andere Stereotype prägten das Bild, sondern Trinkgelage, Flirt und Sex. „Big Brother Africa" war gegenüber den alltäglichen

Banalitäten leichthändiger, aufmerksamer, aber auch kritischer als seine europäischen Vorbilder. Dabei ging es nicht nur um die heimliche Freude am Voyeurismus, etwa bei den morgendlichen Duschszenen, die man auf einer der siebenundzwanzig Videokameras in dem Johannesburger Villenhaus genau wie hierzulande, wenn man denn unbedingt wollte, mitverfolgen konnte. Auch ging es nicht nur um die Liebelei, die sich zwischen verschiedenen Bewohnern des südafrikanischen Containers entwickelte, es ging vielmehr – und anders als in Europa – um neue Blickwinkel, die mit Nacktheit nichts zu tun haben.

Staatliche Fernsehprogramme in Afrika zeigen gewöhnlich ein staatstreues Programm. Die Bilder des eigenen Landes sind geschönt. Amerikanische Krimis sind erlaubt, kritische Berichte über das tägliche Leben auch in anderen afrikanischen Ländern hingegen nicht. Hier aber konnten Ugander sehen, wie Sambier, und Südafrikaner, wie Nigerianer leben und denken. Dabei gab es Überraschungen: Junge, gebildete Menschen aus Zimbabwe, Ghana oder Angola schätzen dieselbe Popmusik, schauen dieselben Filme und teilen die gleichen bürgerlichen Ansichten und Verhaltensweisen. Die Debatten im Container zu Afrika drehten sich dabei selten um politische Themen, überwiegend ging es um Romanzen. Streit gab es über die Aufteilung des Essens oder die Menge des Alkohols.

Das allein war für bis zu dreißig Millionen Afrikaner in dreißig Ländern schon so ungewohnt und so aufregend, dass auch die zweite Runde der Reality-Show zu einem der größten Fernseherfolge des Kontinents wurde. Nur ausgerechnet im Veranstalterland Südafrika nicht. Es fiel schwer, dort jemanden zu finden, der wenigstens ein einziges Mal zugeschaut hatte. Das geringe Interesse der Südafrikaner an der vor der Haustür produzierten Seifenoper war, so der Kapstädter Autor und Satiriker Soli Philander, besonders bemerkenswert angesichts der stets präsenten Rassenfrage, die das Fernsehen sonst scheut.

Die Serie war – außer bei der täglichen halbstündigen Zusammenfassung – nur für Abonnenten eines Bezahlsenders oder

Besitzer von Satellitenschüsseln zu sehen. Das schränkt den Seherkreis schon einmal ein. In Südafrika verfügen mehrheitlich die Weißen über die entsprechende technische Fernsehausstattung. Bei „Big Brother Africa" aber waren alle der anfangs zwölf Teilnehmer schwarz oder farbig. Dann kam ein weißer Namibier dazu, was zum einen zu einer erhitzten Debatte über die Frage führte, wer denn wirklich Afrikaner sei, zum anderen zur Bestätigung der Erkenntnis, dass Schwarze auch Weiße auf dem Bildschirm anschauen, umgekehrt gilt das nur selten.

Anders als bei den europäischen Vorbildern von England bis Schweden, die vor allem bei den Fortsetzungen an Langeweile erstickten, mischten sich die Organisatoren in Südafrika nicht mit täglichen Vorgaben in das Leben ihrer Kandidaten ein, deren Miteinander war spannend genug. Dafür meldeten sich andere umso lieber und fleißiger zu Wort, die vom „korrumpierenden Einfluss auf Jugend, Kultur und moralische Werte" sprachen. Dabei ging es nicht nur um die Dusche, um Szenen in abgedunkelten Zimmern und um Bikinis und nackte Oberkörper, sondern auch um Gespräche über intime Begegnungen. In Malawi befahl das Parlament dem Fernsehen, die Seifenoper wegen „sexueller Unmoral" abzusetzen. Ein Richter des Obersten Gerichts aber ordnete an, die Anstalt dürfe die Parlamentsdirektive nicht beachten, da sie ohne gesetzliche Grundlage und ohne Debatte ergangen sei. So trug „Big Brother Africa" dazu bei, die Meinungsfreiheit zu festigen.

Auch in Sambia geißelten Geistliche während der Übertragung die Unmoral von „Big Brother". Nachdem aber die sambische Teilnehmerin schließlich gewann, von Nelson Mandela empfangen wurde und 100 000 Dollar nach Hause tragen durfte, war alles vergessen: Sie wurde am Flughafen von einem Minister, einer jubelnden Menge und einem Fernsehteam empfangen, zum Mittagessen beim Präsidenten geladen, mit einem Diplomatenpass bedacht und zur „Königin Afrikas" stilisiert. Sambia feierte nach beständigen Niederlagen im Fußball und einer Nichtbeachtung in der Regionalpolitik endlich einen Sieg gegen das übermächtige Südafrika, „Big Brother" macht es möglich.   (2003)

Satansinstrument für die WM

Wer über die Fußball-Weltmeisterschaft in Südafrika spricht, erwähnt Bedenken über die Sicherheit oder den schleppenden Stadienbau. Südafrikaner bekümmert eher der miese fußballerische Zustand der Bafana-Bafana, des gastgebenden Teams. Südafrikaner aber haben eine Geheimwaffe, über die im Jahr 2010 Fernsehzuschauer in aller Welt sprechen werden – eine alles durchdringende Plastiktrompete, die gegnerische Fans und Spieler entnerven soll. Wenn das eigene Team stürmt oder gar siegt, durchdringt der Ton alles; er erinnert manche an das Trompeten der Elefanten oder einen Bienenschwarm, andere an Nebelhörner. Es gibt schon Fußballfans, die Spiele nur noch am Fernsehen und ohne Ton verfolgen, um dem Satansinstrument zu entgehen.

Die Rugbyliga hat die Vuvuzela bei ihren Spielen verboten. Der Südafrikanische Fußballverband hat die Hersteller aufgefordert, das Gewicht der Instrumente von hundertvierzig auf hundert Gramm zu senken, damit Fans sie nicht als Waffe nutzen. Nelson Mandela aber nahm Dutzende Vuvuzelas nach Zürich mit, als der Weltfußballverband über die Vergabe entschied; und der südafrikanische Finanzminister bläst sie gerne. Als die Fifa Südafrika im Mai 2004 die Weltmeisterschaft zuerkannte, wurden an einem Tag 20 000 Vuvuzelas verkauft. Ursprünglich wie Pennywhistles, die in den Fünfzigern dem südafrikanischen Jazz einen unverkennbaren Klang gaben, aus Zinn hergestellt, hatte vor sechs Jahren ein Kunststoffhersteller die zündende Idee, sie aus Plastik zu fertigen. Heute hat jeder Verein von Rang eine eigene Farbe – die „Orlando Pirates" Schwarz oder Weiß, die „Kaizer Chiefs" Gelb. Vor allem bei Ballnähe am Tor oder in den letzten Spielminuten dient sie der Einschüchterung des Gegners.

Ihre Befürworter verweisen auf eine vermeintlich alte Tradition, die Kuduhörner der Hirten, Gegner auf einen hoffentlich vorübergehenden Wildwuchs. Über die Herkunft des Namens wird spekuliert: Die einen sagen, er komme vom „isizulu" für Geräusch oder vom Township-Slang für Dusche. Andere weisen auf seinen „vuvu" klingenden Ton. Der Affe wird, sagt ein afrikanisches Sprichwort, das Vuvuzela-Liebhaber gerne zitieren, durch viel Krach erledigt. Falls die Trompete zum Symbol der Weltmeisterschaft wird, sollte es melodischer zugehen – dafür setzt sich Pedro Espi-Sanchis ein. Der landesweit bekannte Spanier wirbt seit Jahrzehnten für die Erhaltung traditioneller Instrumente und für Instrumentennachbau durch Kinder. Er schlägt vor, die Vuvuzela in verschiedenen Größen und Klangfarben zu bauen und mit ihnen Orchester zu bilden, die bei der Weltmeisterschaft aufspielen. (2007)

Magische Orte

Mystische Insel

Zu jeder Geburt läuten Kirchenglocken, im vergangenen Jahr achtmal, und eine Flagge wird gehisst. In den vergangenen Jahren hat sich die Atmosphäre auf der Insel Robben Island, die Kapstadt vorgelagert ist, grundlegend geändert. Aus der Gefangeneninsel, auf der Nelson Mandela und andere politische Häftlinge lange Jahre im Kalksteinbruch arbeiten mussten, ist eines der am meisten besuchten Fremdenverkehrsziele am Kap geworden: Fähren gehen stündlich vom Kapstädter Hafen, um mehr als 200 000 Besucher im Jahr für je dreieinhalb Stunden auf die auch

Robben Island – Kalksteinbruch

von Straußen, Antilopen und fast ausgestorbenen Vogelarten bewohnte Insel zu bringen.

Die Insel ist nun zum Weltkulturerbe erklärt worden – neben zwei anderen südafrikanischen Stätten, den Höhlen von Sterkfontein bei Johannesburg, der reichsten paläoanthropologischen Fundstätte der Welt, und den Feuchtgebieten von St. Lucia. Auf der Insel feierte Nelson Mandela gemeinsam mit seinem Nachfolger Thabo Mbeki und 500 ausgewählten Gästen aus aller Welt den Jahrtausendwechsel. Kaum ein ausländischer Staatsgast, ob Monarch oder Präsident, lässt sich einen Besuch dort entgehen.

Die Insel in der Tafelbucht wurde im Laufe von fast vier Jahrhunderten genutzt als Walfangstation, Lager für Leprakranke und Geistesgestörte, als Militärbasis im Zweiten Weltkrieg und, in den vergangenen Jahrzehnten, als Gefängnis, das in aller Welt zum Symbol wurde für den Widerstand gegen die Apartheid. Ende 1996 verließen die letzten Häftlinge die Insel, deren Name als gesetzlich geschütztes Warenzeichen eingetragen ist. Nun ist geplant, auf der Insel, die seit 1996 schon ein Nationaldenkmal und ein Nationalmuseum ist, ein Hotel zu bauen. Bisher ist eine

Robben Island – Wachturm und Moschee

anglikanische Kirche, einst für Lepraaussätzige gebaut, das einzige Gebäude, das nicht der Regierung gehört. Der Leprafriedhof in der Nähe ist der erste Friedhof Südafrikas, auf dem Schwarze und Weiße beerdigt wurden: Auch hier war die Insel wegweisend für Südafrika.

Eine weitere scheinbar unauffällige Gedenkstätte ist ein kleiner Steinhaufen am Eingang des Kalksteinbruchs: Bei einer Feier hatten 1200 ehemalige politische Häftlinge, von denen viele inzwischen im Kabinett sitzen oder führende Stellungen in der freien Wirtschaft bekleiden, dort jeweils einen Stein niedergelegt. (1999)

Brachland unter dem Tafelberg

Die südafrikanische Regierung hat den vor drei Jahrzehnten vertriebenen Bewohnern des Kapstädter Vororts „District Six" das Land zurückgegeben und die nicht Rückkehrwilligen finanziell entschädigt. Präsident Mbeki sagte bei einer Übergabefeier am Fuß des Tafelbergs, District Six sei ein Symbol aller Dinge geworden, die an der Apartheid und der weißen Minderheitsherrschaft falsch gewesen seien. Die Rückgabe sei das wichtigste Zeichen des Bruchs mit der schrecklichen Vergangenheit.

Mehr wohl als jeder andere Ort wurde das innenstadtnahe Wohngebiet zum Symbol von Zwangsvertreibungen und Widerstand gegen verordnete Rassendiskriminierung. Etwa die Hälfte der früheren Bewohner oder deren Nachkommen, die Anträge auf Rückübertragung stellten, wollen zurückkehren; die andere Hälfte entschied sich für finanzielle Entschädigung. Unter den ehemaligen Bewohnern, die den Vertrag mit der Regierung und dem Stadtrat unterzeichneten, war ein hundert Jahre alter Mann. Bei seiner Rede benutzte Mbeki schärfere Töne als gemeinhin. Er sagte, die Zwangsvertreibungen hätten die „herzlose Gewaltanwendung" gegen Menschen symbolisiert, die „von einer kriminellen rassistischen Ideologie als untermenschlich definiert" worden seien.

Der damals zuständige Minister und spätere Präsident Pieter Willem Botha hatte 1966 angeordnet, dass District Six nach dem „Group Areas Act" zu einem „weißen Gebiet" erklärt wurde. Bis dahin hatten überwiegend Farbige, aber auch Schwarze und Weiße in dem Gebiet gelebt, das wie sonst nur der ebenfalls planierte Johannesburger Vorort Sophiatown ein Zentrum multirassischen Lebens und einer blühenden Kultur war. In District Six wuchsen der wohl bekannteste Jazzpianist Afrikas, Abdullah Ibrahim (Dollar Brand), auf und der Schriftsteller Richard Rive. Ein Musical, das die Geschichte des Districts und der Vertreibung schilderte, war der größte Theatererfolg Südafrikas der vergangenen Jahrzehnte; das Stück wurde von jeweils weit mehr als hunderttausend Menschen in Kapstadt und Johannesburg gesehen.

Zwischen 1966 und 1980 wurden zwischen 40 000 und 70 000 Menschen aus dem hundert Hektar großen Gebiet vertrieben und ihre Häuser abgerissen. Die Farbigen, die nahe an der Innenstadt und dem Hafen wohnten, wurden umgesiedelt in sandige, weit abgelegene Gebiete außerhalb der Stadt, die zu Zentren des Bandenkriegs und des Rauschgifthandels wurden. Die weiße Bevölkerung – Kapstadt galt von jeher als „liberaler" als andere südafrikanische Städte – boykottierte teils aus Überzeugung, teils unter Druck einen Wiederaufbau. So ist nur ein kleinerer Teil des Wohnortes, wiewohl „beste Wohnlage", wieder aufgebaut. Der größere Teil blieb Brachland. Die Rückgabe geschah unter einem bald nach dem Ende der Apartheid und der weißen Minderheitsregierung 1994 verabschiedeten Gesetz. 100 000 Menschen beantragten die Rückgabe von Land, das ihnen unter Apartheidgesetzen von 1913 an enteignet worden war.   (2000)

Taverne der Meere

Hier habe der ganze „Shit" begonnen, sagt die Geschäftsfrau Sudley plötzlich, die weiße Besiedlung, die Apartheid. Der Schauspieler und Autor Soli entgegnet, er habe den Hafen, in dessen

Nähe er geboren wurde, nie als Anfang gedacht: Ihm bedeute er das Ende, der letzte Zipfel Afrikas, dahinter sei nur noch die See. Ist er nun Anfang, Ende, beides? Der Kapstädter Hafen ruft starke Emotionen hervor, lässt Besucher ebenso wenig kalt wie die Bewohner der „Mutterstadt" Südafrikas. Für den Verleger Patrick war der Hafen schon in seiner Jugend die Verbindung zum Rest der Welt, von der er träumte, aber auch der Ausgangspunkt des „weißen" Südafrika. Der Reeder Felix ist nüchterner: Der Hafen Kapstadt ist nicht wichtig, aber sympathisch. Sein Wohl hänge stärker als bei anderen Häfen ab von Natur und Wetter, von der Laune des Windes und von der jeweiligen Ernte bei Wein und Früchten.

Gewiss, andere Häfen Südafrikas sind „wichtiger". In Richards Bay ist der Umschlag dank der Kohleexporte zwölfmal höher. Auch Saldanha Bay und Durban übertreffen den Warenumschlag Kapstadts weit. Aber wer außerhalb von Südafrika weiß schon von Richards Bay? Kapstadt indessen und sein Hafen haben einen mystischen Klang in aller Welt. Die Taverne der Meere: Mit diesem Kosenamen ist Kapstadt Seefahrern geläufig. Hier kamen die ersten Entdeckungsreisenden an, die Afrika umfuhren, wohl auch Phönizier und, in den Tagen Sindbads des Seefahrers, Araber. Hier, so will es die Sage, erlitt der Fliegende Holländer vor 350 Jahren Schiffbruch, seitdem umsegle er die Welt. Ein anderer Weltumsegler, Kapitän James Cook, machte am Kap halt. Rudyard Kipling kam ebenso im Hafen an wie Agatha Christie, Charles Darwin und die spätere Königin Elisabeth. Von hier brachen Afrikaforscher wie David Livingstone in den Norden auf und Robert Scott zu seiner Südpolexpedition, von der er nie zurückkehrte. Hier landete der Welt berühmtester Gefangener von der dem Hafen vorgelagerten Robbeninsel; einige Jahre später wurde Nelson Mandela Präsident Südafrikas.

Die See und der Berg: Der Einklang beider macht Kapstadt zu einer der schönsten Städte der Welt. Zwischen beiden, dem Tafelberg und dem Atlantischen Ozean, liegen Innenstadt und Hafen als Brücke. Sie sind eng miteinander verbunden, sind nicht so stark getrennt wie anderswo. Verstärkt wurde die Bindung durch den Bau der „Waterfront", eines San Francisco, Boston und London nachempfundenen Vergnügungsviertels im Hafen. Innerhalb weniger Monate wurde es das meistbesuchte Touristenziel Südafrikas, beliebter als Tafelberg, Kap der Guten Hoffnung, Krügerpark. Damit gibt sich die Hafengesellschaft, die die Waterfront entwickelt, aber nicht zufrieden. Alle paar Monate entstehen dort neue Winkel, Läden, Theater, Museen.

Hafen Kapstadt – Waterfront vor dem Tafelberg

Der Kapstädter Hafen hat einen besonderen Platz in der Geschichte. Jedes weiße Kind lernte einst brav, dass angeblich hier am Hafen „die Zivilisation des Kontinents begann", als Johan (Jan) van Riebeeck am 6. April 1652 mit der „Dromedaris" vor Anker ging. Unwillig gründete er eine Siedlung und baute einen Gemüsegarten an, aus dem die Schiffe auf dem Weg nach Indien mit Frischgemüse versorgt wurden. 1994 wurde des Jahrestages zum letzten Mal als eines Feiertags gedacht – er wurde ersetzt durch Gedenktage des schwarzen Widerstands. Schon vor dem Bau von Fort und Gemüsegarten umrundeten Portugiesen, Engländer, Niederländer das Kap. Bartolomeu Dias und Vasco da Gama sichteten Berg und Bucht, Sir Francis Drake nannte es vor vier Jahrhunderten das schönste Kap im Erdenrund. Das Kap der Stürme benannten Portugiesen die nahegelegene Südspitze der Kaphalbinsel zunächst, ersetzten den Namen dann durch das Kap der Guten Hoffnung, klangvoll in aller Welt. In der Hafenbucht fanden Seefahrer Wasser im „Frischfluss" und Pflanzenheilmittel gegen Skorbut. Unter den mit dem Namen ihres Schiffes versehenen „Postamtssteinen" deponierten sie Briefe, die das nächste Schiff in die Heimat oder in die ostindische Kolonie mitnahm.

Erste Erfahrungen mit Stolz und Widerstandswillen der Hottentotten, noch in einem offiziellen Stadtführer von 1957 ohne Ironie oder Arg „die Wilden" genannt, schreckten die Abenteurer zunächst vor einer Besiedlung zurück. Mehr als zwei Jahrhunderte nach der Besiedlung waren die Boote noch nicht durch Hafenmauern vor den Nord- und Nordweststürmen geschützt. Im südlichen Sommer, in den Weihnachtsmonaten, werden diese vom berühmten „Südoster" abgelöst, dem „Kapdoktor", der den Tafelberg mit seinen Tafeltuchwolken bedeckt. Mehr als dreihundert Schiffe sind seit der Zeit van Riebeecks in der Tafelbucht gestrandet, zerschellt, gesunken, mehrere Tausend Seeleute ertrunken. Die Stürme waren so heftig, die Schäden so hoch, dass Lloyd's zeitweise Versicherungsschutz im Winter verweigerte. Erst 1868 wurde die erste Schutzmauer im Hafen fertig gestellt. Zwei Jahre später eröffnete der britische Prinz Alfred das erste, nach ihm benannte, Hafenbecken, jetzt das Zentrum der Waterfront. Königin Victorias zweiter Sohn besuchte als erster der Königsfamilie ihre Kapkolonie.

Erzählungen von Abenteuer und Heldentum in der Geschichte der Tafelbucht begeisterten Generationen weißer Schulkinder. Zu den liebsten zählt die vom Melker Wolraad Woltemade. Entgegen einer – mit Truppen und der Errichtung eines Galgens mehr als klargemachten – Anordnung des Gouverneurs ritt er 1773 mit seinem Pferd in die stürmische See hinaus zum Wrack der „Jonge

Hafen Kapstadt – Tafeltuch verdeckt den Tafelberg

Thomas" und rettete vierzehn Seeleute. Auf seinem achten Ritt in die See wurde er von panischen Seeleuten auf dem Wrack überwältigt; sie ertranken ebenso wie mehr als hundertdreißig ihrer Kameraden und Woltemade.

Riebeecks Denkmal, einst am Küstenrand, steht nun inmitten der Unterstadt auf der Adderley Street. Dankbare Kapstädter benannten sie nach einem britischen Parlamentsabgeordneten, der 1849 verhindert hatte, die Kapprovinz zu einer Sträflingskolonie zu machen. Die Prachtstraße Kapstadts führt vom Parlament bis fast zum Hafeneingang. Dort beginnt der Table Bay Boulevard, der Beginn einer der romantischen aber unbefahrbaren Fernstraßen der Welt, von Kap nach Kairo, siebentausendfünfhundert Kilometer lang, Sie war der Traum einer der anderen großen Gestalten des weißen Südafrika, des Bergbaumagnaten und Politikers Cecil Rhodes, der der Stadt die Riebeeck-Statue geschenkt hatte.

Die Strand Street, heute inmitten des Zentrums, war damals Küstenstraße. Viele der Hochhäuser und Hafenanlagen stehen auf aufgeschüttetem Land. Die Foreshore, 146 Hektar groß, wurde von 1938 an der See abgerungen mit herbeigefahrenem Sand. Das jungfräuliche Land ermöglichte der Stadt eine großzügige Stadt- und Verkehrsplanung. Der Sand der Foreshore wurde gewonnen beim Ausbaggern des Duncan-Docks, mit dem die alten Hafenanlagen erweitert wurden. Dabei ging die dreihundert Meter lange alte Landungsbrücke verloren, mit der die Kapstädter den englischen Seebädern Brighton und Southend nacheifern wollten. Sie war bei einem Penny Eintritt beliebtes Ausflugsziel mit ihren Ruderbooten, Boxkämpfen, Orchesterkonzerten. Nur zwei Jahrzehnte davor, um die Jahrhundertwende, lag noch, sichtbar auf Fotos, ein Segelschiff-Dreimaster neben dem anderen im Hafen, weitere warteten auf Reede. Von den alten Hafengebäuden der Anfangszeit um 1860 blieb nur noch der alte Uhrturm im Victoriabassin inmitten der Waterfront.

Eines der ersten Gebäude auf der Foreshore war Ende der Fünfziger das Sanlam-Zentrum. Mit seinen sechsundzwanzig Stockwerken überblickte es, als höchstes Gebäude Afrikas, den Hafen. Heute fällt es inmitten anderer Hochhäuser kaum auf, in denen Ölkonzerne, die Stadtverwaltung neben dem Opernhaus und die größte südafrikanische Reederei Safmarine ihren Hauptsitz haben. Safmarine hatte ihren Ursprung im Hafen: Das erste Schiff der südafrikanischen Handelsflotte wurde dort aus deutschem Besitz beschlagnahmt. Das Dampfschiff „Apolda" hatte, als es 1914 in den Hafen einlief, nicht gewusst, dass inzwischen der Erste Weltkrieg ausgebrochen und Südafrika „Feindesland" war. Mit ihm wurde Kohle in den Fernen Osten befördert und Hartholz für Eisenbahnschienen aus Australien geholt. Auch die beiden nächsten Schiffe der Hafenverwaltung kamen aus deutschem Besitz. Dass Safmarine aus traditionellen Gründen ihren Sitz am Kapstädter Hafen hielt, freut die hämische Konkurrenz: So gehe der Wettbewerb an ihr vorbei. Jetzt geschehe alles im meeresfernen Johannesburg, in dem die Kunden ebenso sitzen wie die zentrale Hafenverwaltung Portnet.

Die Waterfront, eine der erfolgreichsten Investitionen in Südafrika, war eine Initiative der Hafenverwaltung. Ein dreistöckiges Lagerhaus wurde zum Hotel, ein Pumpenhaus zur Kneipe, das ehemalige Gefängnis zur Business School der Kapstädter Universität, einschließlich der alten Todeszellen und einer Tretmühle. Binnen weniger Jahre war der alte Fischereihafen nicht wiederzuerkennen. Der Innenhafen war einst Mittelpunkt des südafrikanischen Fischereiwesens; fünfmal mehr Fisch wurde dort angelandet als im übrigen Südafrika. Fischer denken mit Nostalgie an jene

Zeiten, die sie mit Mystik verbinden: ein Ort, an dem sie auch nach ihrer Arbeit herumlungerten, das Wunderland aus Frachtern, Prostituierten, Fernweh, Gerüchen und orientalischer Mafia.

Vier Jahre später stehen dort dicht gedrängt Dutzende Restaurants, Kneipen, Jazzlokale, Museen, Theater und eine Theaterschule, Kinos. Hotelgäste wachen auf zum Nebelhorn oder Schleppergetucker. Auf den Pflastersteinen spielt hier ein einsamer Saxophonist, dort jongliert ein Clown Bälle. Im Amphitheater singt oder spielt eine Jazzsängerin, ein klassisches Orchester, eine Marimba-Band mit Fingerklavieren allabendlich bei frischer Brise vor der Kulisse von Tafelberg und Sonnenuntergang. Der bestbestückte Buchladen Kapstadts liegt dort, umgeben von Touristennepp, aus Kenia eingeflogen des Afrika-Flairs wegen. Im Südafrikanischen Schifffahrtsmuseum stehen Erinnerungen an Wracks, deretwegen die Kaproute unter Seefahrern genauso berühmt ist wie ihrer Schönheit wegen. Nahebei laden ein Katamaran und andere Boote ein zur Hafenrundfahrt oder zu Champagnerfahrten im Sonnenuntergang zur Robbeninsel. Hubschrauberrundflüge führen vom Hafen aus zum Kap, über den Tafelberg oder in die nahegelegenen Weinlande.

Der große Erfolg der Waterfront beruht auch darauf, dass sie anders als in London oder San Francisco in einen arbeitenden Hafen hineingebaut wurde, der so weniger steril wirkt. Die „historischen" Gebäude wurden geschickt eingebunden, der Kapstadt eigene viktorianische Stil wurde bewahrt. Tafelberg – eines der berühmtesten Panoramen der Welt –, tickernde Fischerboote, Möwen, Seehunde und reichlich Bier und Wein verbinden „Weite und Abenteuerlust" mit dem Gefühl der Sicherheit: Wächter sorgen dafür, dass jedermann unbesorgt Tag und Nacht umherwandern kann, ein Gefühl, das Südafrikanern in den vergangenen Jahren abhanden kam.

Was aber denken die Kapstädter? Manch einer, der anfangs Stammgast war, hat sich zurückgezogen. In der südlichen Innenstadt, um Long Street und Loop Street herum, hat sich ein neues Vergnügungsviertel gebildet, in dem alles zu finden ist, was sie an der Waterfront vermissen, das Anrüchige und Schmuddelige. Das Herz Kapstadts habe sich wieder von der Waterfront fortbewegt, glaubt der Student Simon, diese spiegele nicht die Stimmung der Stadt, ihre Tiefe, wider, Kapstadt sei das Ärmliche, Schludrige, Entspannte gewohnt, nicht das Klinischreine des Touristenhafens.

Fast zeitgleich mit dem Bau des Hafens entstand der Kapstadt-Route, bis dahin dem einzig möglichen Weg nach Indien und Australien, mit dem Suezkanal eine ernsthafte Konkurrenz. „Gerettet" wurde die Mutterstadt durch die Entdeckung von Diamanten und Gold, die Südafrika einen Wirtschaftsaufschwung und den Beginn der Industrialisierung brachte. Die Schließung des Suezkanals nach dem Sechstagekrieg im Nahen Osten bescherte Kapstadt acht Jahre lang noch einmal einen Aufschwung und Aufmerksamkeit wegen der strategischen Bedeutung der Kaproute. Dennoch gingen die meisten Warenströme Südafrikas – Kohle, Eisenerz, Industriegüter – an Kapstadt vorbei. Für seinen wichtigsten Export – Obst – steht in Kapstadt eines der größten Kühlhäuser der Erde. Bei bis zu minus 60 Grad Celsius können Obst und Fisch monatelang ohne Qualitätsverlust gelagert werden. Die Unternehmen, die ihr Zentrum in Kapstadt haben, Versicherungen etwa und Textil, benötigen kaum die Schifffahrt. Dagegen nahm die Zahl der Kreuzfahrtschiffe am Kap zu.

Falls Kapstädter gefragt werden, welche Reederei sie mit Kapstadt verbinden, wird die Antwort stets die gleiche sein: Union Castle. Pünktlich jeden Freitag um vier Uhr lief das Postschiff nach Southampton mit großem Getöse aus, ein „gesellschaftlicher" Höhepunkt der Woche. Hundertzwanzig Jahre lang zwischen 1857 und 1977 segelten und dampften die lavendelfarbenen Union-Castle-Schiffe mit ihrem schwarz-zinnoberroten Schornstein nach Kapstadt. Manchen war sie Verbindung zur zweiten Heimat, anderen Symbol des britischen Kolonialismus, vielen eine Lebensart und ein Zeichen des Verlässlichen und Beständigen, ein Gesprächsthema zudem beim Nachmittagstee auf der Terrasse des Hotels Mount Nelson oder im Club. (1994)

Shebeens und Hirsebier

Nur weiße Südafrikaner, so scheint es, haben Angst oder interessieren sich nicht dafür, wie ihre Nachbarn leben. Unter ausländischen Besuchern dagegen ist eine Fahrt nach Soweto inzwischen die beliebteste Attraktion für Touristen in der Millionenmetropole Johannesburg, weit vor der nachgebauten Bergwerkstadt Gold Reef City oder vor den Höhlen von Sterkfontein, einem Weltkulturerbe, in deren Umgebung viele der ältesten Vorfahren des Menschen lebten. Innerhalb von zwei Jahren hat sich die Touristenzahl in Soweto auf nahezu 200 000 fast verdoppelt. Auch andere Siedlungen schwarzer Südafrikaner profitieren vom Aufschwung im Township-Tourismus. Die Zahlen der organisierten Touren, der Museen, Kneipen und Übernachtungsmöglichkeiten in Townships bei Johannesburg und Kapstadt steigen stark.

Sorge bereitet die Ängstlichkeit oder die Abschätzigkeit unter weißen Südafrikanern, die Ausländer vor Besuchen warnen. Wer aber öfter in Soweto herumfährt, dürfte sich dort weit sicherer fühlen und jedenfalls willkommener als in den Hochhausschluchten der Johannesburger Innenstadt; ein unerfahrener Ausländer sollte indes ohne ortskundige Begleitung auch tagsüber nicht herumfahren, da man sich in der Viermillionenstadt mit nur wenigen Straßenschildern leicht verirren kann.

Noch vor wenigen Monaten gab es in Soweto und den anderen Townships um Johannesburg herum nur ein Museum, betrieben von der ehemaligen Frau Nelson Mandelas in ihrem einstigen gemeinsamen Haus. Auch hier geriet Winnie Madikizela-Mandela in Schwierigkeiten, weil das Eigentumsrecht an dem Haus bei einer Stiftung lag, nicht bei ihr. Das bescheidene Haus mit bis zu mehreren hundert Besuchern am Tag liegt an der einzigen Straße der Welt, in der gleich zwei Friedensnobelpreisträger lebten, neben Mandela der frühere Erzbischof Desmond Tutu. Jetzt aber wird auch Mandelas Freund Oliver Tambo, wie Mandela Vorsitzender des Afrikanischen Nationalkongresses und Rechtsanwalt, der gemeinsam mit Mandela die erste Kanzlei schwarzer

Anwälte in Johannesburg gegründet hatte, mit einem Museum in Benoni geehrt. In Sharpeville, dem Ort eines Massakers, der 1960 zum Ausgangspunkt des schwarzen Widerstandskampfes wurde, wurden ein Menschenrechtsmuseum und ein „Gedenkgarten" gegründet. Nicht überall gedeihen die Pläne: Das älteste Township Südafrikas, Alexandra, bemüht sich um den Aufbau von Gedenkstätten und eines „Kindergartens für Kinder von Touristen". Der nicht unbegründete Ruf des einst Klein-Chicago genannten Ortes als gefährlich schreckt Besucher aber ab.

Bei den mehrstündigen Touren für Besucher – diese werden fast immer von schwarzen Reiseführern angeboten, so dass man der Gefahr entgeht, nur aus dem klimatisierten Kleinbus durch getönte Scheiben zu beobachten, wie „die Armen und Unterdrückten leben" – geht es nicht nur um Politik und Geschichte, auch wenn der Besuch am Denkmal für den ersten im Schüleraufstand von Soweto von der Polizei getöteten Schülers zum „Pflichtprogramm" gehört. Ein Besuch in einer Kneipe – in Townships heißen sie Shebeens – gehört dazu. Der Empfang ist stets herzlich, zumal wenn man nicht in der Prominentenkneipe Wandie's Place ist, in die fast alle unerfahrenen Besucher geführt werden, sondern in einer der urwüchsigeren, in der man auf Townshipbewohner stößt statt auf amerikanische Wissenschaftler und britische Geschäftsleute, die ihre Wurzeln suchen.

Auch in diesen Shebeens – meist Wohnzimmer kleiner Privathäuser mit einigen Sesseln und einem Fernsehschirm – wird man weit eher

Markt in Kliptown – Soweto

klares Bier erhalten als das in ländlichen Gebieten gängige Hirsebier, wohl aber Pap (Maisbrei), Spinat und Mgqushu, einen Bohnenbrei. Wer noch im Mythos der fünfziger Jahre lebt, als Townships wie Sophiatown angeblich nur aus Jazzkneipen bestanden, bevölkert von Journalisten und Kleinkriminellen, dürfte enttäuscht werden: Weit öfter trifft er, zumal am Freitag, dem für Besucher als gefährlich geltenden „Zahltag", auf liebenswerte, aber nach Alkoholgenuss wenig artikulationsfähige Gesprächspartner.

Stärker als bisher werden in Townships Übernachtungen angeboten, auch für Rucksacktouristen. Wer in Soweto in einem der kleinen Häuser übernachtet – auf Bequemlichkeiten wird man dort verzichten müssen, dafür aber Freundlichkeit erfahren –, wird fast stets erleben, dass „die Gemeinschaft" dafür Sorge trägt, dass er sich sicher fühlt, zumal die Tradition der Nachbarschaftshilfe ausgeprägt ist. Townships bei Kapstadt sind in der Regel weniger gepflegt als in Johannesburg, da sie meist erst in den letzten zwei Jahrzehnten durch ungeregelten Zuzug aus dem Ostkap entstanden und auf sandigem Boden in der Nähe der windigen Küste gebaut wurden. Auch dort aber werden derzeit mehrere Zentren gebaut, an denen Kunsthandwerker ihre Drahtfiguren oder Bilder anbieten. Die Regierung setzt auf einen Ausbau der Besuche in Townships; bisher besuchen nur knapp drei Prozent der jährlich sechs Millionen Auslandstouristen in Südafrika Townships, vor allem, weil sie Johannesburg meiden.   (2001)

Frontstadt

Vier Jahre nach seiner Gründung erlebte Johannesburg die erste Krise. Ein Drittel der Bürger verließ die Stadt. Schwarze, 1886 angelockt vom enormen Reichtum der ersten Goldminen, wurden arbeitslos und hungerten, Weiße wurden mittellos. Seitdem sind Schilderungen der südafrikanischen Wirtschaftsmetropole, des Finanz- und Handelszentrums Afrikas, meist düster. Es gebe etwas in Johannesburg, das gar nicht gesund sei, alle lebten am Rande eines Vulkans, schrieb Agatha Christie 1924 in einem Kriminalroman; und der Dichter Alan Paton trug vor fast fünfzig Jahren in seinem millionenfach gedruckten Roman „Denn sie sollen getröstet werden" ein visionäres Bild der damals geruhsam scheinenden Millionenstadt in die Welt: „Wir werden mehr Schlösser an den Türen befestigen und uns Hunde anschaffen und unsere Handtaschen an uns klammern. Wir werden auf die Schönheit der Bäume bei Nacht und abendliche Wanderungen durch sternerleuchtete Felder verzichten. Wir werden vorsichtig sein und auf dies und jenes in unserem Leben verzichten und uns mit Sicherheit und Vorsicht einigeln."

Kriminalität und Gewalt beherrschen jedes abendliche Gespräch und die Lebensweise der Johannesburger, ob in den weißen nördlichen Vororten mit ausgedehnten Gärten, Schwimmbädern und Elektrozäunen an großzügigen Alleen oder in den „Streichholzschachtelhäusern" Sowetos, dem größten Township Südafrikas. Dutzende Vororte und Straßenzüge haben sich mit hohen Mauern und kontrollierten Eingängen umgeben. Der Stadtverwaltung liegt eine lange Liste weiterer Anträge vor; gegen illegale Absperrungen unternimmt sie nichts, um nicht den Zorn der Anwohner zu steigern.

Sicherheitswohnsiedlungen, Untergangsstimmung, Verfall der Innenstadt, Abwanderung nach Kapstadt oder in das Ausland – so lauten die Schlagzeilen der Zeitungen. Dennoch besitzt Johannesburg eine Energie und innere Kraft, die keiner anderen Stadt Südafrikas, vielleicht ganz Afrikas, eigen ist. Der Umbruch Südafrikas in den neunziger Jahren von einer von Rassendiskriminierung und Unterdrückung gezeichneten zu einer freien, ungeordneten, bisweilen chaotischen Gesellschaft spiegelt sich, mit allen Nachteilen und Vorzügen, in der Innenstadt wider: weniger sauber und sicher, aber auch weniger steril, freier, menschlicher, sprudelnder. Geld verdienen, aufbauen, schaffen ist die Devise, nicht Schönheit, Gelassenheit, Lebensqualität. Stets wurde Johannesburg als Frontstadt der Pioniere empfunden, in der die Hälfte der 300 größten Unternehmen des Landes und eine der zehn größten Börsen der Welt ihren Sitz haben, in deren Innenstadt sechs Prozent des Bruttoinlandsproduktes Südafrikas geschaffen werden. Dort sind Rundfunk und Fernsehen zu Hause, die größten Zeitungen und die wichtigsten Theater.

Ohne Gold gäbe es Johannesburg nicht. Als der Australier George Harrison 1886 auf dem Witwatersrand die reichste Goldader der Welt entdeckte, kamen Abenteuerlustige aus aller Welt. Innerhalb von zwei Jahren erbrachte die Ader, der „Reef" – Johannesburg ist entlang der „Main Reef Road" gebaut worden –, mehr Gold als die Funde in den Vereinigten Staaten. Nach sechs Jahren wurde aus der Wellblechhüttensiedlung die größte Stadt Südafrikas, deren Wohlstand auf den gesamten Subkontinent ausstrahlte.

Andere afrikanische Metropolen wie Lagos, Abidjan, Dakar, Daressalam, Durban haben das Meer, Kairo und Kinshasa einen großen Fluss und das gesegnete Kapstadt gleich Tafelberg und Meer zusammen. Johannesburg hatte nichts als gelbgraue Felder und Sträucher. Und Gold. Die Wirtschaft des einzigen Industriestaates Afrikas gründete sich auf Diamanten in Kimberley und auf Goldminen im Witwatersrand um Johannesburg. So formten charakterlose Bergbaustädte wie Alberton, Vereeniging, Nigel, Boksburg am Rande Johannesburgs das Bild. Deren Grenzen sind so fließend, dass, auch wegen politisch bedingt unzuverlässiger Statistiken, niemand so recht weiß, wie viele Einwohner Groß-Johannesburg hat: Sind es vier, fünf, sechs Millionen? Sicher ist, dass Johannesburg nach Kairo und Lagos die dritte Weltstadt Afrikas ist.

Gold trug auch bei zu dem einzigen Merkmal, das Johannesburgs amerikanisch geprägtes Stadtbild von anderen Orten abhob: dem Ring goldgelber abgeflachter Hügel, Abraumhalden von den Minen. Nun aber ist Johannesburg dabei, seine ohnehin kurze und geringe Tradition abzutragen. Auf dem so gewonnenen Platz sollen neue innenstadtnahe Wohn- und Industrieviertel gebaut werden. Damit wird alles noch mehr gebildet von quadratischen Straßenzügen, teils architektonisch bemerkenswerten Hochhäusern in der Innenstadt, verfallenen ältlichen Gebäuden und Plakatwänden.

Noch immer sind die großen Bergbauhäuser, unter ihnen mit Anglo American der zeitweise größte Bergbaukonzern der Welt, und die von ihnen kontrollierten Banken der Innenstadt treu geblieben, während andere Firmen abwanderten. Der Immobilienarm von Anglo American aber schrieb mehr als ein Drittel des Wertes seiner Innenstadtgebäude ab und drohte, sein Flaggschiff, das Carlton Hotel, zu schließen. Besser als an der Geschichte der Hotels lässt sich das Sterben der Innenstadt kaum zeigen. Vor gut einem Jahrzehnt gab es sechs Luxushotels im Zentrum, das fünfzehn, zwanzig Straßenzüge in Nord-Süd- und in Ost-West-Richtung umfasst. Jetzt ist das Carlton das einzige, und es schloss drei Viertel seiner Räume wegen fehlender Auslastung: Die Gewalt in der Innenstadt vertreibt die Gäste. Das wirkt sich aus auf Ladenpassagen und Boutiquen der Umgebung. Ein Hotel, in dem einst Richard Burton und Elizabeth Taylor, Muhammad Ali und Peter Sellers zu Gast waren, wurde zur Baracke für 600 Polizisten.

Kulturzentrum in Newtown – Innenstadt Johannesburgs

Es blickt auf den Joubert-Park, ein Zentrum der Kriminalität. Die Johannesburger Kunstgalerie mit der wohl besten Sammlung des Landes liegt just dort. Ihre Besucherzahl fiel aus Sorge vor Überfällen von 123 000 auf 50 000 jährlich.

Auch das Markttheater und das Nationale Symphonieorchester werden durch den Rückgang der Zuschauer, die sich abends nicht mehr in die Innenstadt trauen, bedroht. Nachts sind die Straßen leer wie in einer Geisterstadt, während im zuvor nachts noch ausgestorbenen Soweto wieder Spaziergänger flanieren. Läden und Restaurants sind durch Gittertüren abgesperrt, Kunden werden nur nach Gesichtskontrolle eingelassen. Fast alle Wirtschaftszweige zogen in neue Kunststädte weiter im Norden. Sandton, Rosebank, Parktown, Midrand auf halbem Weg zur Verwaltungshauptstadt Pretoria wurden neue Sitze der Hauptverwaltungen, weil die Firmenchefs der Erfahrungen ihrer Mitarbeiter von bewaffneten Autoentführungen überdrüssig wurden. Läden und Restaurants zogen nach. Immer neue bewachte Einkaufszentren entstanden an der Peripherie und in jüngster Zeit in Townships. Selbst einige der beharrlichsten Innenstadtanhänger zogen gen Norden, eine der beiden größten Zeitungsgruppen etwa und Abteilungen eines Bergbaukonzerns.

Dabei gibt es aber nicht nur Niedergang in Johannesburgs Zentrum. Der Bahnhof, über den täglich 150 000 Vorortpendler in die Innenstadt kommen, wird grundlegend erneuert. Newtown um das Markttheater und das Afrika-Museum herum wurden zu einem Kulturzentrum ausgebaut; schleppende Pläne seit 1972 führten zum Bau eines Biermuseums, einer Tanzbühne, einer Arbeiterbibliothek sowie zu einer afrikanischen Kunstbiennale.

Gemeinsame Bemühungen von Polizei und Wirtschaft führten immerhin zum Rückgang der Straßenraube in der Innenstadt. Die Wirtschaft startete Innenstadtinitiativen, getragen von Selbststeuerung und privaten Wachdiensten. Ermuntert wurden sie von der Internationalen Vereinigung der Innenstädte, die Johannesburg Beispiele der Stadtbelebung aus Amerika vorlegte.

Alukmauwi Muruge (24) aus Venda ist arbeitslos und lebt zusammen mit ihrem Freund, der 700 Rand (100 Rand = 8,60 Euro) im Monat verdient

Pinkie Mdlayi (18) ist arbeitslos, Azwinangwisi Madau (21) verdient 750 Rand im Monat, Maggie Ntshaba (48) ist Hausfrau, ihr Mann ist seit 22 Jahren Maler und erhält 1 200 Rand (v. l. n. r.)

Isaya Tutius (32) aus Burundi ist arbeitslos; über Gelegenheitsjobs verdient er 450 Rand im Monat

Das „San Jose" in Hillbrow ist ein ruinöser Wohnblock und Unterkunft für Hunderte von Obdachlosen

Irene Dube (23) aus Zimbabwe bekommt keine finanzielle Unterstützung für ihre Kinder, da sie keine Ausweispapiere besitzt; sie lebt mit ihrem Mann im „San Jose"

Kinder aus einer illegalen Siedlung nahe einer Hühnerfarm

Hier werden alle Zutaten für einen Liebestrank angeboten

Ein bisschen Wellblech, Holzbretter und ein paar Töpfe Farbe – und fertig ist der Friseursalon

Der Künstler Stone-Mabunda zeigt das berühmte „Union Building" aus Pretoria, das er aus Holz geschnitzt hat

Ein junges Mädchen aus Dobsonville springt auf einem Trampolin und genießt den sonnigen Tag

Telefonieren in Yeoville

Das Chelsea Hotel in Hillbrow/Johannesburg war einst ein bekannter Jazzclub, heute trifft man hier Straßenhändler

Arbeitsbedingungen am „Freedom Square" in Soweto

Stil-Ikone, TV-Berühmtheit, Schauspielerin und Entertainerin Nkhensani Nkosi ist ein Aushängeschild für modische afro-urbane Kultur

Ausgelassene Atmosphäre und ein gut aufgelegtes Team machen das RoseBoys zu einer der angesagtesten Locations in Johannesburg

Die Provinzregierung von Gauteng zog von Pretoria nach Johannesburg und übernahm damit viele leere Büroräume. Deren Mieten sind die niedrigsten in großen Innenstädten der Welt: In London liegen sie zehnmal höher, in Tokio zwanzigmal. Während Büros auszogen, kamen Einzelhändler: Schwarze kommen von überall, um dort ihren Bedarf zu decken. Gewinn aus dem regen Betrieb auf den Straßen ziehen auch die 5000 Straßenhändler. Die Innenstadt Johannesburgs ist der größte und konzentrierteste Einzelhandelsmarkt Afrikas. In der Innenstadt arbeiten 280000 Menschen, sechs Prozent aller südafrikanischen Beschäftigten.

Daran gemessen ist die Zahl von 4000 bis 6000 Obdachlosen in der Innenstadt geringer als in anderen Weltstädten, erst recht jene der Autos: So sind Verkehrsstaus in der Stoßzeit lästig, aber im internationalen Vergleich gering. Die meisten Innenstadtpendler kommen mit flexiblen und preisgünstigen Sammeltaxis. Der öffentliche Nahverkehr mit Bussen läuft unübersichtlich, sporadisch, unzulänglich. Da er vorwiegend von Schwarzen benutzt wird, sah die alte Stadtverwaltung wenig Eile. Immer wieder angekündigt wurde der Bau eines innerstädtischen leichten Eisenbahnsystems. Südafrika lebt von Plänen und Ankündigungen, weniger von Taten.

Das Planungswirrwarr wurde verstärkt durch das Nebeneinander zahlreicher Instanzen. Städte Weißer, Schwarzer, Farbiger, Inder wurden, ein Kern der Apartheidpolitik, getrennt verwaltet. Natürlich erhielten Townships nur die Brosamen bei Finanzzuteilungen. Straßen wurden selten geteert, Häuser spät oder nicht elektrifiziert. Der Boykott gegen Mietzahlungen, von Jugendlichen ihren Eltern aufgedrängt, breitete sich aus, wurde zu einer nun schwer überwindbaren Kultur der Nichtzahlung. In Soweto zahlt nur ein Drittel aller Bewohner Mieten und Gebühren, in Alexandra zwischen acht und 18 Prozent. Als Folge wurde Abfall nicht abtransportiert, Strom abgeschaltet, Leitungen und Rohre wurden nicht repariert. Die Kluft zwischen den Vororten Weißer und Schwarzer wurde immer breiter. Der schwarze Mittelstand zog in die zuvor „weißen" Vororte und trug damit zur weiteren Ausdünnung der stabilisierenden Mitte bei.

Warum solle man die Stadt verschönern, sagte ein Stadtrat, die Menschen kämen doch her, um Geschäfte zu treiben: Das zeigt sich immer wieder in absurden Stadtplanungen, etwa im Bau eines Großkrankenhauses, das zum Abriss einiger der wenigen erhaltenen alten Prachtbauten und zur Zerstörung des Blicks auf die Johannesburger Hügellandschaft führte. Um Planungsmangel und der Kluft von Arm und Reich entgegenzuwirken, zogen die Johannesburger Stadtväter die Stadtgrenzen vor der ersten demokratischen Gemeindewahl Ende vergangenen Jahres neu. Vier Stadtteile sollen nun die ziellose Planung von bisher dreizehn überlappenden Verwaltungen koordinieren. Dabei wurden jeweils wohlhabende Vororte mit Townships zusammengefügt, um die Steuerbasis auszugleichen. Sichtbar wird das schon in Soweto und Alexandra, wo Straßen geteert, Straßenlichter errichtet werden. Noch aber fehlen in Soweto Vergnügungsstätten und Läden. Dessen zwei bis vier Millionen Bewohner besitzen zwar eine Universität, zwei Technikons und 368 Schulen, kaum aber ein Kino oder einen Park.

Was denken Johannesburger über ihre Stadt? Eine Architektin spricht von den Narben, die die rassische Fragmentierung hinterlassen habe. Bis vor drei, vier Jahren habe jede Planung gefehlt. Jeder wolle lieber woanders sein, aber niemand gehe. In den Männerwohnheimen am Stadtrand warteten Zehntausende Zuzügler auf Arbeit, die es nicht gebe. Ein Maler sagt, niemand liebe Johannesburg, die Stadt mit halsabschneiderischem Charakter, ob seiner Schönheit. Die Innenstadt wache, anders als andere Städte, auf und gehe schlafen, es gebe dort keine Orte, die durchgehend offen und belebt seien. Restaurants, Jazzlokale und Diskotheken haben sich in Vororte verzogen. Ein Schauspieler fühlt, dass Johannesburg einen treibe und zugleich abweise. Die Energie sei gewaltiger als im kühlen und kontrollierten London, afrikanischer, impulsiver, urwüchsiger und in sich gefährlicher. Johannesburg sei jung, verwirrt, auf der Suche nach sich selbst. (1996)

Weder Kranzler noch Alt-Heidelberg

Fast alles hat sich um die Friedenskirche von Hillbrow herum verändert. Nur der Name des 1912 in dem Vorort von Johannesburg erbauten Kirchengebäudes ist gleichgeblieben. Die Friedenskirche war einst die Mutterkirche Deutscher im südlichen Afrika bis hin nach Moçambique und dem damaligen Rhodesien. Sie blieb in Hillbrow, während andere Glaubensgemeinschaften aus dem Vorort wegzogen, der zum Brennpunkt vieler Konflikte in Südafrika wurde. In der Nähe war bis vor wenigen Jahren die größte Synagoge Johannesburgs; sie siedelte sich in einem vermeintlich sichereren Vorort neu an. In der Synagoge entstand ein Vergnügungszentrum, in dem Brathühnchen verkauft werden. Auch die Moschee schloss nach Jahren der Ungewissheit.

Die Atmosphäre ist bedrückt, verängstigt und zugleich sprudelnd. Hillbrow galt einst als erster Wohnort ausländischer Einwanderer. Jetzt aber wird es nicht nur von Weißen gemieden, es sei denn, sie suchen Rauschgift oder Prostitutionspartner – oder dass sie Mitarbeiter der Friedenskirche sind. Deutsche gibt es kaum mehr in der Gemeinde, fast alle wanderten in andere Gegenden ab. Auch das benachbarte deutsche Altersheim zog fort, und das Generalkonsulat schloss. So wurde die im Dreikaiserjahr 1888, also kurz nach der Gründung Johannesburgs während des Goldrausches, gegründete konservativ-traditionsreiche Gemeinde zur innerstädtischen Missionsgemeinde, die sich um die Bewahrung von Werten und von Lebensmut inmitten des Niedergangs bemüht.

In den Mittneunzigern gab es in Hillbrow noch, rund um die Uhr geöffnet, ein Café Wien, ein Café Kranzler, eine „Wurstbude": Zeichen des starken Einwanderereinflusses im bohemehaften Klein-Europa, das den Hauch von Schwabing oder Montmartre in einem ansonsten prüden Land besaß. Das Restaurant „Alt-Heidelberg" ist nun eine Oben-ohne-Bar. Mehrere hundert Straßenhändler sind an jeder Ecke zu sehen vom „Friseursalon" unter einer Markise bis zum Verkäufer einzelner Bonbons oder Zigaretten.

Der Strukturwandel begann mit den Unruhen in Soweto 1976. Viele Einwanderer verließen wieder das Land. Wer als Weißer dort blieb, konnte sich keine andere Wohnung leisten oder war zu alt zum Umziehen, wagte sich jetzt aber nicht mehr auf die Straße. Immer mehr Wohnungen standen in der Hochhäuserschlucht Hillbrows um den Fernsehturm herum leer. Deren Eigentümer vermieteten nun überwiegend an illegale Einwanderer aus afrikanischen Nachbarländern, die die stark überhöhten Mieten nicht alleine zahlen konnten und deshalb die Zimmer teilten.

Damals galt zwar offiziell noch die Rassentrennung auch für den Wohnort, in der „grauen Zone" Hillbrows schritt die Polizei aber nicht ein. Mieter, da sie dort eigentlich nicht hatten sein dürfen, konnten keine Rechte geltend machen und wurden ausgenutzt. Fast jede Wohnung war stark überbelegt, deren Bausubstanz zerfiel, Abfall häufte sich an jeder Straßenecke, weil sich niemand in der anonymen Durchgangsstadt heimisch fühlte.

Hillbrow wurde zu einer Vorstadt, in der angeblich mehr Menschen an einem Ort zusammenlebten als irgendwo anders auf der Erde: 40 000 je Quadratkilometer, oft mehr als ein Dutzend in einer Einzimmerwohnung. Obwohl der Schusswaffengebrauch und andere Gewalt in Hillbrow Ausmaße annahm, die es andernorts selten gab, sind die Bewohner des an die Innenstadt angrenzenden Viertels im Vergleich mit anderen Südafrikanern relativ wohlhabend. Noch überraschender ist, so ergaben Umfragen, dass ein hoher Prozentsatz zumindest einen Oberschulabschluss besitzt, viele auch studiert haben. Dennoch sei dies Südafrikas Version von Sodom und Gomorra, sagt ein Polizeioffizier.

Viele der Einwanderer handeln mit Rauschgift, zunächst mit Dagga, der südafrikanischen Version des Haschisch, und nun vor allem mit Kokain, Heroin und LSD. Als Händler des harten Rauschgifts gelten vor allem Nigerianer, die Hillbrow zu ihrem Jagdgrund machten. Unter den Prostituierten sind viele Kinder, und viele der Straßenkinder sind Waisen, deren Eltern an Aids starben. Um diese Kinder kümmert sich die Friedenskirchengemeinde nun im Rahmen ihrer Sozialdiakonie, ihres Ausflugs in die Welt, deren Experiment auch in der deutschen Missionskirche aufmerksam beobachtet wird. Falls sich die Kirche aus Hillbrow zurückziehe, wo sich viele Schwierigkeiten, aber auch Herausforderungen konzentrieren, welche Chancen habe sie dann noch als Kirche in einer sich verstädternden Welt, fragte sich der Gemeinderat und handelte. Unterstützt wird er vom Lutherischen Weltbund, der Evangelisch-Lutherischen Mission, von der EKD und von privaten Gebern.

Staatliche Gelder aus Südafrika fließen fast nirgends. Eine Gruppe von Kindern ist im Kindergarten, zwei Gruppen spielen Theater; in dem früheren deutschen Zentrum ist eine früher beliebte Bühne, die nun leer stand. Selbst am Blockflötenunterricht nehmen um die hundert Schüler teil. Der Wunsch, stärker in der Betreuung von Aidskranken tätig zu werden, wird nicht zuletzt dadurch erschwert, dass nur wenige der Infizierten – und noch weniger ihrer Angehörigen – die Art ihrer Erkrankung zugeben wollen. (2000)

Buddhistentempel im Overberg

Noch ist das Gasthaus nicht geöffnet. Der Inhaber aber, zuvor Koch in großen Hotels Südafrikas, bietet seinen Gästen ein wunderbares Menü. Eine Alkohollizenz hat Naas Pienaar naturgemäß noch nicht, und Wein haben die Gäste nicht mitgebracht. Nach wenigen Minuten aber steht ein Rotwein auf dem Tisch, geschenkt vom Nachbartisch, an dem der Inhaber des örtlichen Hotels sitzt. Bald folgt eine Flasche vom anderen Tisch, vom aus England eingewanderten Winzer eines Gutes bei Kapstadt. Und wieder eine Stunde später treffen sich alle Gäste, die sich vorher gar nicht kannten, am Schwimmbad eines anderen Nachbarn: Die Gastfreundschaft wird hier nur noch von der Kontaktfreude übertroffen.

Spötter nennen den Ort Battydale – batty heißt im Volksmund verrückt. Und ungewöhnlich genug ist Barrydale. Die anderen

Künstlerdörfer Südafrikas sind von Touristen übervölkert: Darling, weil dort der legendäre Satiriker Pieter Dirk Uys eine Bühne zum Anziehungspunkt machte; New Bethesda, weil der Dramatiker Athol Fugard mit einem Theaterstück und einem Film auf das Eulenhaus der Künstlerin Helen Martin aufmerksam machte. Barrydale aber sucht die große Bühne nicht – und trotzdem sind Filmemacher, Theaterleute und Tänzer hierhergezogen.

Barrydale wurde zum Sinnbild für einen kleinen Ort, der den Wandel Südafrikas von der alten zur neuen Zeit bewältigt. Die Schriftstellerin Marlene van Niekerk lässt ihren Roman „Agaat" (Achat) auf einer Farm nahe Barrydale spielen. Der gleitende Machtübergang von der kranken und hilflosen weißen Farmersfrau zu ihrer schwarzen Angestellten ist symbolisch. Barrydale ist aber nicht, wie es der Roman widerspiegeln könnte, von Verfall geprägt, sondern von Aufbruch. Sichtbar wird das schon am Zusammenwachsen der beiden früher getrennten Gemeinden, des weißen Barrydale und der Farbigensiedlung Smitsville jenseits des Hügels.

Früher wurden Townships so gebaut, dass man sie nicht sah, die Arbeitskräfte aber zu Fuß kommen konnten. Jetzt geht man in beide Richtungen, zum samstäglichen Markt oder zur Kirche. Die Grundschule ist im Ortsteil der Farbigen, die Oberschule im Ortsteil der Weißen. Bis kurz vor der friedlichen Revolution in Südafrika 1990 waren beide Orte mit zusammen 3 500 Bewohnern noch nach Rassen getrennt. So schnell ändert sich das nicht. Und wie in anderen Regionen, in denen die von schwarz und weiß eingezwängte Minderheit der „Cape Coloureds", der Farbigen, die Mehrheit stellt, spielt Rauschgift eine nicht unerhebliche Rolle, vor allem die synthetische Modedroge Tik.

Gebaut wird auf beiden Seiten. In Smitsville haben nun alle von der Regierung im Rahmen des Aufbauprogramms finanzierten Häuser Strom- und Wasseranschluss, und ihre alten Bewohner konnten sie nach dem Machtwechsel für nur gut hundert Euro erwerben. In Barrydale heißen die ebenfalls kleinen Häuser „Abendmahlhäuschen". Ihren Namen haben sie von den Katen, die Bauern im Ort bauten, wenn sie am Wochenende von ihren Farmen in die Stadt zur Kirche kamen. Nur ein Haus, gebaut von einem deutschen Bauunternehmer, hat richtige Giebel – und schon hatte es den nicht nur freundlich gemeinten Titel „Schloss".

Pracht mag man hier nicht. In vielen Häusern wohnen Kapstädter, obwohl die Stadt gut drei Autostunden entfernt ist: die frühere Primaballerina des Kapstädter Balletts und andere Tänzer von Rang; die Leiter der Handspring Puppet Company, der erfolgreichsten Theatergruppe Afrikas, die gerade in London im Auftrag des Königlichen Nationaltheaters ein neues Stück auf die Bühne brachten; Filmregisseure, Kunsthändler, Autoren. Die Primaballerina wurde weit über die Grenzen bekannt, als sie mit ihrem Programm „Dance For All" Mädchen und Jungen aus den Townships holte und zu teils professionellen Tänzern ausbildete: Auf ihren Auftritt bereiteten sie sich in Barrydale vor. Wilbur Smith, dessen Abenteuerromane international höhere Auflagen erreichten als die jedes anderen Südafrikaners, hat sich am Ortsrand eine Wildfarm gebaut. Selbst buddhistische Mönche aus Burma sind gekommen. Sie suchen auf jedem Kontinent einen gesegneten Ort für ihre goldene Friedenspagode – in Afrika erspürten sie ihn in Lemoenshoek bei Barrydale. Sie alle fühlen sich von der Landschaft des Overberg angezogen, eines fruchtbaren Tals zwischen zwei Hügelketten im Übergang zur trockenen Steppenlandschaft der Karoo. Hier wachsen Mandeln, Trauben, Aprikosen, Feigen. Von hier stammen eine Brandymarke und der lateinische Name des Heidekrauts Erica barrydalensis.

Dazu kommt eine reiche Geschichte. Swellendam ist nahe, wo 1795 widerspenstige Siedler die erste unabhängige Republik Südafrikas ausriefen. Nach Barrydale zieht die Kunstsinnigen die Gelassenheit und Toleranz der Bewohner. So verlegten auch die Gründer von Magpie ihren Sitz von Kapstadt nach Barrydale. Das ist eine Initiative, die aus Plastikabfall phantasievollen Schmuck macht. Mitarbeiter einer Hilfsgruppe für Aidskranke haben die Dekoration entworfen, Bewohner von Smitsville fertigen sie. Helen Zille, die Bürgermeisterin von Kapstadt, ließ sogar den Weihnachtsbaum zwischen Tafelberg und Hafen von Magpie gestalten. Auch in Barrydale steht ein weihnachtlicher Schmuckbaum von Magpie: auf der Hügelkuppe, damit man ihn von beiden Seiten der geteilten Stadt aus sieht.   (2007)

Wahrheit und Versöhnung

Der Wahrheitsausschuss

Opfer der Apartheidjahre und ihre Angehörigen haben vor dem südafrikanischen Wahrheitsausschuss berichtet, wie Ehemänner oder Söhne von der Polizei entführt, gefoltert und vermutlich ermordet wurden. Mit dem Beginn der Anhörungen begann eine „Aufarbeitung" der Vergangenheit, die über zwei Jahre hinweg Südafrika in Atem halten wird. Die erste Zeugin berichtete nüchtern, detailreich, die Zuhörer sichtbar bewegend, wie ihr Mann in Polizeihaft gefoltert, gedemütigt und ermordet wurde; auch sie war inhaftiert und gefoltert worden.

Der Vorsitzende des „Ausschusses für Wahrheit und Versöhnung", der Kapstädter Erzbischof Tutu, betete zu Beginn, die Anhörungen mögen den Schmerz der Apartheidjahre lindern und Heilung bringen. Für die Täter hoffe er auf Reue und bitte um Vergebung. Tutu, der dem Ausschuss einen religiösen Ton verleiht, zündete eine Friedenskerze an, die während der vier Tage währenden Anhörungen in East London brennen wird. Zuvor sagte Tutu bei einem Gottesdienst, die meisten schwarzen Südafrikaner wollten nicht Rache, wohl aber Aufklärung und Wahrheit.

Anschließend wird der Ausschuss Opfer in Kapstadt, Johannesburg und Durban anhören. Am Ende steht ein Bericht über schwere Menschenrechtsverletzungen in den Jahren zwischen 1960 und 1993, der schon jetzt als einer der wichtigsten Regierungsberichte in der Geschichte Südafrikas bezeichnet wird. Der Ausschuss unterscheidet sich deutlich vom Wahrheitsausschuss in Chile, der angeblich als Vorbild diente: In Chile kam es zu einer

Generalamnestie, in Südafrika wird es Einzelamnestien geben, falls der Täter zuvor seine Taten umfassend offenlegt; und in Chile ging es „nur" um das Verschwinden von Personen, in Südafrika auch um Folter, Morde, Verbannung. Zudem werden 60 Ermittler, unter ihnen zwölf ausländische Polizisten etwa aus den Niederlanden und Dänemark, den Vorwürfen nachgehen.

Erzbischof Desmond Tutu

Das Ostkap mit den früheren Homelands Transkei und Ciskei, die Geburtszelle des Afrikanischen Nationalkongresses, war ein Zentrum des Widerstandes und der Unterdrückung. In East London wird der Ausschuss Zeugen zu 28 Fällen anhören; sie wurden aus mehr als 250 Erklärungen ausgesucht. Die Namen der Zeugen wurden zu deren Schutz bis unmittelbar vor Beginn geheim gehalten. Der Ehemann einer Zeugin in East London war in der Polizeizelle vergiftet worden; ihr zuvor verhafteter Sohn wurde vor ihren Augen ermordet, ein anderer Sohn war bei einem Übergriff der Armee in einem Nachbarstaat getötet worden, ihre Tochter starb im Exil.

In vier Zeugenaussagen des ersten Tages ging es um das „Verschwinden" von Personen, meist von Kindern und Jugendlichen, daneben um Tod in Polizeihaft, um einen Mordanschlag und um die Ermordung durch Sicherheitskräfte. Einer der Verschwundenen war ein Neffe Vizepräsident Mbekis. Unter den Zuhörern in East London waren überwiegend Schwarze, aber auch weiße Polizisten in Uniform. Die Anhörung wurde vom Fernsehen und von Rundfunksendern übertragen. Die feierliche Stimmung entsprach dem Empfinden, der Beginn dieser Aufarbeitung sei einer der wichtigen Augenblicke des „neuen Südafrika".

Die erste Zeugin berichtete, ihr Mann sei in Polizeihaft gestorben. Ein Brief, in dem dieser einen „Selbstmord" ankündigte, sei nicht in seiner Handschrift geschrieben. Ihr Mann, ein politisch aktiver Anhänger der Bewegung des schwarzen Selbstbewusstseins, habe gewusst, dass ihre gemeinsame Zeit kurz sein werde. Nach seinem Tod habe ein Gericht befunden, niemand sei für seinen Tod verantwortlich, und ihr eine Rechnung über Gerichtskosten von etwa einer halben Million Mark zugesandt. Sie schilderte erniedrigende und harsche Haftbedingungen. Als „Frau eines Terroristen" habe sie nach seinem Tod eine Anstellung als Lehrerin nicht mehr erhalten. Sie selbst – sie wurde Sekretärin des Studentenführers Steve Biko – kam sechs Monate in Einzelhaft; im ersten Monat hatte sie „nicht einen Tropfen" Wasser zum Waschen. Die Polizei versuchte, sie zu einer Falschaussage zu zwingen und als Polizeispion zu werben. Ihre Kinder sollten wissen, was damals geschah, und dass ihr Vater nicht Selbstmord beging. Anfangs sei sie voller Hass gewesen, vor allem gegen die Polizei; aber sie wisse,

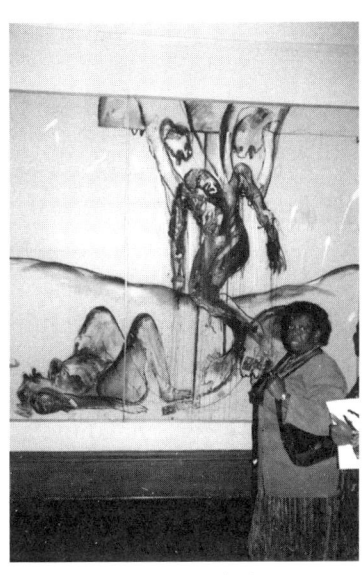

Leiden und Folter, Anti-Apartheid-Kunst im Parlament

dass auch die Polizei sich ändern müsse. Sie nannte den – im Fernsehen wiederholten – Namen eines Polizisten, der sie gefoltert habe. Mutmaßliche Täter, deren Namen in den Vorermittlungen von Zeugen genannt wurden, wurden darauf hingewiesen, damit sie dem Ausschuss ihre eigenen Darstellungen geben könnten.

Unter den vier Zeugen, die der Ausschuss am ersten Tag anhörte, war ein Weißer, der 1993 in einem Handgranatenanschlag, der dem bewaffneten Flügel des Panafrikanistischen Kongresses zugeschrieben wird, einen Arm verloren hatte. Damit wollte der Ausschuss seine Offenheit für Opfer der Apartheidregierung und ihrer Polizei wie auch des bewaffneten Widerstandskampfes zeigen. Eine Äußerung des Justizministers, Übergriffe der Apartheidverfechter und ihrer Widersacher könnten niemals moralisch auf eine Stufe gestellt werden, hatte Unruhe unter Anhängern der alten Ordnung hervorgerufen. (1996)

Chemische Kriegsführung

Nicht nur böse, sogar teuflisch seien manche gewesen in den Jahren der Apartheid: Der sonst zur Versöhnung und zu Humor neigende Desmond Tutu kann sich bei diesen Worten kaum beherrschen. Enthüllungen über – meist nicht ausgeführte – Pläne chemischer und biologischer Kriegsführung einer geheimen Sondereinheit des südafrikanischen Militärs, mit Billigung der Oberen, seien das Schrecklichste, was der von ihm geleitete Wahrheitsausschuss in den zwei Jahren seines Bestehens gehört habe, sagte Tutu; und dabei hörte er täglich Schreckensgeschichten von Mord und Folter. Die Enthüllungen haben auch viele Afrikaaner schockiert, mehr als andere Berichte über Übergriffe im Namen der Apartheid und der bis 1994 Herrschenden – fast fünfzig Jahre, nachdem sie durch die Wahl Ende Mai 1948 an die Macht kamen und diese rücksichtslos nutzten.

Sichtbar wurde die neue Stimmung bei einem Gottesdienst in einer calvinistischen Kirchengemeinde in Pretoria, in der Tutu predigte und Gott dafür dankte, dass der Plan, das Gehirn des damaligen Gefangenen Mandela langsam zu vergiften, nicht ausgeführt worden sei: Was wäre ohne Mandelas Leidenschaft für Vergebung und Versöhnung mit Südafrika geschehen, fragte er. Er sei entsetzt und versuche, seinen Glauben an die

Menschheit zu bewahren. Sieben Minuten lang schwieg die Gemeinde, dann bat ein Geistlicher der Kirche, welche die Apartheid gestützt und teils befördert hatte, um Vergebung; er sagte, nach den Berichten der vergangenen Wochen über die Pläne chemischer Kriegsführung hätten andere Pfarrer und er sich gefragt, wo und wie sie als Diener Gottes versagt hätten. Eine Sonntagszeitung verglich das Vorgehen der südafrikanischen Militärs im Ziel, wenn auch nicht in der Größenordnung, mit dem Vernichtungsvorhaben Josef Mengeles. Mit Wouter Basson, dem Leiter des Programms, habe Südafrika seinen eigenen Mengele gezüchtet.

Viele ehemalige Mitarbeiter Bassons berichteten von Plänen, mit chemischen oder biologischen Waffen schwarze Frauen unfruchtbar zu machen, die aufsässige Jugend mit Rauschgiften wie Ecstasy-Tabletten zu „befrieden", Regierungsgegner mit Schlangengift oder vergifteten Kleidern zu ermorden. Elemente von LSD, Haschisch oder Mandrax sollten bei Demonstrationen dem Tränengas beigegeben werden. Unruhen im Ostkap wollte Basson mit Choleraviren, die in seinem Labor aufbewahrt wurden, „lösen". Als 1986 die Freilassung Mandelas schon einmal bevorstand, hatte der Staatssicherheitsrat ein Vorhaben gebilligt, Mandela mit einem schleichenden Gift zu schwächen, damit er „nicht mehr ein Problem" sei.

Die Suche nach Giften, die nicht zu finden seien, war eine der Obsessionen der Forscher unter Basson. Es blieb nicht nur bei Plänen. Möglicherweise wurde der Studentenführer Steve Biko mit Thallium vergiftet, kurz bevor er von Polizisten in der Zelle zu Tode geprügelt wurde. Auf Versammlungen von Gegnern der Wehrpflicht wurden T-Shirts verteilt, die mit Gift getränkt waren. Ein Soldat an der Grenze zu Angola, der Sympathien für die verbotene Opposition zeigte, wurde mit Schlangengift, ein russischer Berater des ANC in Lusaka mit Milzbrand ermordet. Kleidung des damaligen Generalsekretärs des Südafrikanischen Kirchenrates Frank Chikane wurde mit Gift besprüht; er überlebte. Regenschirmspitzen, Schraubenzieher und Bierdosen, Zucker,

Schokoladen und Zigaretten wurden mit Gift getränkt, Seifen-
dosen mit Sprengstoff, Wanderstäbe mit Geschossen gefüllt, ein
Siegelring mit Giftpuder. Dass diese mehrfach zur Ermordung
von Regierungsgegnern auch im Ausland genutzt wurden, ist
wahrscheinlich.

Es gibt Hinweise, dass chemische Waffen schon in den Kriegen
in Rhodesien und Angola genutzt wurden. Auch die Behauptung
Moçambiques, 1992 sei bei einem Angriff von – vom südafrikanischen Militär unterstützten – Renamo-Rebellen auf moçambiquanische Soldaten Giftgas eingesetzt worden, erscheint nun
glaubhaft. Der Befehl, das Programm einzurichten, soll 1983 vom
damaligen Verteidigungsminister Malan gegeben worden sein.
Auch ein Polizeigeneral war in das Programm einbezogen, dessen
Verleumdungsklage gegen die mutigste regierungskritische Zeitung
der späten Achtziger, das „Vrye Weekblad", zur Schließung der
Zeitung geführt hatte. Die Redakteure sehen sich jetzt bestätigt.

Viele der Forschungsstätten waren dem staatlichen Rüstungs-
konzern zugeordnet. Dort wurde an Affen behandeltes Tränengas ausprobiert, oder sie wurden in „Gaskammern" für Tests
festgehalten und für Versuche, Samen zu erhalten. Experimente
an Affen dienten nicht zuletzt dem Ziel, die Fruchtbarkeit zu
kontrollieren, um so die Geburtenrate schwarzer Südafrikaner
zu verringern. Sein Institut habe, sagte ein Wissenschaftler, der
Basson morgens um sechs Uhr Mambagift übergab, „ordentliche,
gute Wissenschaft" betrieben. Die Debatte über „Todesdoktoren
der Apartheid" und über Missbrauch der Wissenschaft am Kap
hat gerade erst begonnnen. Die leichte Zugänglichkeit und der
hohe Missbrauch von Rauschgift in Südafrika erscheint nun in einem anderen Licht: der Polizeigeneral hatte Basson 200 000 Man-
draxtabletten und große Mengen von LSD gegeben.

Der neue Sprecher der südafrikanischen Regierung hatte im
Juni gesagt, Südafrika habe alle biologischen und chemischen
Waffen unter Mitwirkung ausländischer Regierungen zerstört.
Die Regierung werde sicherstellen, dass Fachkenntnis „unter
keinen Umständen" einem anderen Land, einzelnen oder Un-

ternehmen zuteil werde. 1993 hatte indes, so eine Aussage vor dem Ausschuss, der frühere persönliche Berater Präsident Bothas möglicherweise einem syrischen Waffenhändler Geheimnisse dieses Programms zugänglich gemacht. Einer der Zeugen sagte, Anfang 1993, also noch zur Präsidentschaft de Klerks, habe ein Flugzeug mehrere hundert Kilogramm chemischer Waffen, die Gegner hätten „unfähig" machen können, 150 Seemeilen vor der Südküste in den Atlantik versenkt. Eine der Fragen, die der Wahrheitsausschuss nicht klären konnte, ist, wer in der politischen Führung von dem geheimen Programm gewusst hat. (1998)

Einzelschicksale oder System

Der Abschluss glich dem Beginn: Heftiger Streit hatte vor drei Jahren die Gründung des Wahrheitsausschusses begleitet, und Streit gab es zum vorläufigen Ende. Noch einen Tag vor der geplanten Übergabe des Berichts an Präsident Mandela versuchte dessen Amtsvorgänger de Klerk die Übergabe durch Gerichtsentscheid zu verzögern, wenige Stunden später der ANC ebenfalls gerichtlich, eine Änderung des Berichts zu erzwingen. De Klerk erreichte, dass der Ausschuss Äußerungen über ihn aus dem bereits gedruckten Bericht „widerwillig und zögernd" entfernte.

Seine Nationalpartei will der Übergabe, so sie stattfindet, ebenso fernbleiben wie die Freiheitsfront. Der ANC ist wie andere Parteien über den Bericht erzürnt und nannte einige seiner Befunde willkürlich und grob verfehlt, weil er Kämpfer gegen die Apartheid kriminalisiere und auf die gleiche Stufe stelle wie Verfechter der Rassendiskriminierung. Dass fast jede Partei und viele Politiker den Bericht über Übergriffe in den Jahren der Apartheid, von 1960 bis zum April 1994, mit Unbehagen erwarteten, ihn teils auch scharf kritisierten, zeige, sagten seine Anhänger, dass der Ausschuss die Unparteilichkeit gefunden habe, die vor allem Anhänger der Rechten ihm abstreiten.

Der Weg Südafrikas zur nationalen Versöhnung wurde im Ausland weithin beachtet. Dort wurde er mehr als in Südafrika gelobt und zum Teil als wegweisend bezeichnet. Er zeigte, dass der emotionale Graben zwischen Schwarzen und Weißen noch tief ist und Weiße daran größere Schuld tragen als Schwarze. Er verwehrt zudem jenen, die es ohnehin nicht hören wollen, die Ausrede, sie hätten auch nach dem Ende der Apartheid nichts von grausamen Übergriffen gewusst. Fast drei Jahre lang sagten Tag für Tag in öffentlichen Anhörungen Opfer über Misshandlungen aus. Grausame Foltermethoden, Morde an Regierungsgegnern, Pläne für eine chemische Kriegsführung, mittels derer Schwarze durch speziell „für sie" gezüchtete Bakterienkulturen unfruchtbar oder „friedfertig" gemacht werden sollten, wurden der Öffentlichkeit bekannt. Bei Dutzenden politischen Morden, über deren Täter für viele kaum Zweifel bestanden, die aber nicht beweisbar waren, wurden die Täter, die Motive, die Vorgehensweise genannt, selten aber die Auftraggeber: Wenn dies geschah, waren es, wie es „der Zufall" wollte, jene Politiker oder Polizeigeneräle, die schon tot sind.

Auch die damalige Opposition kam nicht ungeschoren davon. Der Bericht vertritt die Ansicht, ihr Widerstandskampf sei legitim gewesen, nicht aber ihre Methoden. So erhob der ANC den Vorwurf, der Bericht besudele „den legitimen Kampf des ANC". Übergriffe – auch Folter und Hinrichtungen – des ANC in Exillagern werden im fünf Bände umfassenden Bericht kritisiert. Auch Mordanschläge linker Splitterparteien auf weiße Zivilisten, das Vorgehen der einstigen angeblichen „Mutter der (schwarzen) Nation", Winnie Madikizela-Mandela, und nur zögerliche Bemühungen des ANC, dem Mordtreiben ihrer „Leibwache" Einhalt zu gebieten, wurden erwähnt. Die Kritik Weißer an der Arbeitsweise und den Befunden des Ausschusses für Wahrheit und Versöhnung war lauter als die vieler Schwarzer. Aber die Einwände letzterer gingen tiefer und hatten wohl auch größere Berechtigung. Sie werfen „den" Weißen vor, nicht wirklich Einsicht und Reue gezeigt zu haben. Selbst der wie Mandela in seiner Versöhnungsbereitschaft kaum zu überbietende Ausschuss-vorsitzende Tutu schien bisweilen an deren Uneinsichtigkeit zu verzweifeln.

Manche Einwände scheinen berechtigt, vor allem jener, der Ausschuss habe sich zumindest in seinen Anhörungen und bisherigen Äußerungen zu sehr auf Einzelfälle konzentriert: 2 500 der dem Ausschuss bekannten 21 000 Opfer wurden angehört. Dabei konnte der – viele Apartheidbefürworter entlastende – Eindruck entstehen, es habe eine Fülle von Übergriffen einzelner gegeben. Das menschenverachtende System geriet angesichts der Fülle der Einzelschicksale in Vergessenheit. Die Untaten einzelner gerieten stärker in den Vordergrund als verlorene Lebenschancen einer Generation. Darunter wird Südafrika noch lange durch Armut, Kriminalität, Arbeitslosigkeit leiden. Jene große Mehrheit Weißer, die über Jahrzehnte in Wahlen die Verfechter der Apartheid an die Macht brachten, kann sich, fälschlicherweise, entlastet fühlen. So bleibt ein ungutes Gefühl, Südafrika sei mit dem Ausschuss und dessen Bericht einen weiten Weg gegangen zur „historischen" Wahrheit, aber nur einen unvollständigen zur nationalen Versöhnung. Tutu hält dem entgegen, Versöhnung sei nicht eine automatische Folge der Offenbarung der Wahrheit, diese aber sei Voraussetzung dafür. Da das in früheren Jahren unterlassen wurde, gebe es noch jetzt eine Kluft zwischen englisch- und afrikaanssprachigen Weißen aus der Zeit der Burenkriege. Ein großer Teil der weißen Bevölkerung und der vormaligen Regierung habe sich, sagte Tutu, schäbig gezeigt trotz der Großherzigkeit „der anderen Seite". Aber es habe auch großartige Augenblicke gegeben, etwa als ein durch eine Bombe erblindeter früherer Luftwaffenoffizier dem Bombenleger vom ANC die Hand zur Vergebung schüttelte. Der Führer der gemäßigten weißen Rechten, Constand Viljoen, sagte, nach dem Ausschuss sei Südafrika geteilter als zuvor. Er und viele seiner Anhänger fühlten sich „völlig entfremdet vom neuen Südafrika". Eine Umfrage einer Zeitung zeigte, dass die knappe Mehrheit der Schwarzen fand, bessere Rassenbeziehungen seien durch den Ausschuss möglich geworden, während fast 90 Prozent der Weißen von einer Verschlechterung sprachen. Nur in einem Punkt schien es über Rassengrenzen hinweg Übereinstimmung zu geben: Der Wahrheitsausschuss hat die Menschen bewegt.

Aber hätte es einen anderen Weg gegeben? In den frühen Jahren des Exils strebte der ANC offenkundig eine Art Nürnberger Prozess an und sammelte dafür in den siebziger Jahren eifrig Akten; auf die Akten der Machthaber hätten sie nicht zurückgreifen können, da der Geheimdienst kurz vor dem Machtwechsel 1994 fast alles aus der Zeit vor 1990 zerstörte. Hätte der ANC auf Nürnberger Prozessen beharrt, hätten die Machthaber niemals einem friedlichen Übergang zur Demokratie zugestimmt: Amnestie war Voraussetzung für Machtaufgabe. Auch Mandela wies auf Unterschiede zu Nürnberg: Die Regierung in Pretoria war nicht militärisch besiegt worden – sie gab wegen äußeren und inneren Drucks, besserer Einsicht und der staatsmännischen Haltung Mandelas wie auch de Klerks auf. Dabei half auch die Erfahrung Lateinamerikas, in dem nach dem Ende zahlreicher Militärregime ein Wahrheitsausschuss nach dem anderen eingesetzt wurde. Sie zeigten, dass freiwillige Geständnisse, verbunden mit der Aussicht auf Strafbefreiung, mehr Wirkung entfalteten als langwierige Prozesse.   (1998)

Gestalten der Versöhnung

Die Ikone Nelson Mandela

Weise, aber nicht still

Schon vor seiner Freilassung aus fast drei Jahrzehnten Haft im Februar 1990 war Nelson Mandela ein Mythos. Sein Ansehen wuchs weiter, als er, den man in seiner Heimat Südafrika damals weder zitieren noch abbilden durfte, wieder auftrat. Binnen kurzer Zeit gelang es ihm, auch bei weißen Südafrikanern sein Bild zu ändern: Vom mutmaßlichen Terroristen wurde er für viele zum Freiheitshelden und zu einem Versöhner, auf den man stolz war – zu Recht. Wohl kaum ein anderer Politiker genießt immer noch mehr Bewunderung als er; Mandela ist weiterhin eine der bekanntesten Figuren der Zeitgeschichte. Abgesehen vom Dalai Lama und dem Papst sei kein Zeitgenosse weiser als er, lautete das Ergebnis einer Umfrage. Wer angesichts einer solchen, fast unkritischen Wertschätzung nicht abhebt, ist stark – wie Mandela. Er verspottet sich selbst und bezeichnet sich gern als alternden Pensionär.

Seit 1999, als seine fünfjährige Amtszeit als südafrikanischer Präsident zu Ende war, vermittelte der auf dem Dorf aufgewachsene Häuptlingssohn in Konflikten. Er warnte vor Aids, half mit seinem Kinderfonds und ließ Schulen in abgelegenen Dörfern bauen. Heute wird der Friedensnobelpreisträger mit Ehrungen überhäuft, sein früheres Leben war alles andere als leicht. 27 Jahre Haft auf Robben Island vor Kapstadt und zuvor das Leben im Untergrund haben ihre Spuren hinterlassen. Mehr als alles andere dürfte ihn wohl bedrückt haben, was aus seiner Beziehung zu seiner zweiten Frau Winnie Madikizela-Mandela wurde. Sie hatte in den Jahren im Gefängnis zu ihm gehalten, dann aber ihren Halt verloren. Seine Liebe blieb, er trennte sich aber von ihr teils aus Enttäuschung, teils aus Staatsräson. Mit seiner dritten Frau Graça Machel, der Witwe des moçambiquanischen Präsidenten, fand Mandela eine Frau und Partnerin, die ihm an Ansehen, Ausstrahlung und Geist ebenbürtig ist. Sein schwieriges Familienleben ist ein wesentlicher Grund, weshalb Mandela zwar, oft freundlich lächelnd, zugänglich wirkt, sein Inneres jedoch versteckt.

Von Robben Island war Mandela mit einer fast übermenschlich wirkenden Versöhnungsbotschaft zurückgekehrt. Er wurde Geburtshelfer einer Nation, die viele unausweichlich auf dem Weg zum Bürgerkrieg sahen und die dann zum Modell einer bisweilen schwierigen Rassenharmonie wurde. Wenn Südafrika jetzt erstmals in seiner Geschichte so etwas wie eine Nation ist, dann ist das das Werk mehrerer, vor allen anderen aber dasjenige Mandelas. (2003)

Nelson Mandela mit seiner Frau Graça Machel in Pretoria, Mai 1999 – sein letzter Amtstag

Legende zum Anfassen

Niemand anderes in Afrika, kein anderer Schwarzer dürfte einen Namen haben, der an seinen heranreicht. Nelson Mandela gilt aller Welt als Symbol für den Kampf um Freiheit. Kaum ein anderer Lebender hat so vielen Straßen, Schulen, Preisen seinen Namen gegeben: vom afrikanischen Fußballcup bis zum Nelson-Mandela-Preis der Afrikanischen Rundfunkunion. Die innere Größe, die der stattliche, hoch aufgeschossene Mann mit gütig-scharfen Augen und grauen Haaren bei seinen Gesprächen mit seinen ehemaligen Gefängniswärtern und politischen Gegnern zeigt, erzeugt Respekt. Er trägt es gelassen, dass er, wo immer er auftaucht, von jubelnden Schwarzen umgeben ist. Er verkörpert ihre Hoffnung auf ein besseres Leben in Freiheit und Würde. Nicht immer fällt es ihm leicht, zwischen den unerfüllbaren Hoffnungen dieser Millionen und den Ängsten jener zu jonglieren, die ihre Privilegien zu verlieren drohen.

Bis Mandela 1991 als Nachfolger seines Jugendfreundes Oliver Tambo, mit dem zusammen er in Johannesburg die erste Rechtsanwaltskanzlei schwarzer Südafrikaner betrieb, zum Präsidenten des ANC gewählt wurde, äußerte er sich vorsichtig, wich kaum ab von der offiziellen Linie. Dann wurde es eher umgekehrt: Bisweilen stöhnen Parteifunktionäre, wenn er wieder einmal spontan neue Ideen entwickelt. Sie sind nicht vorhersehbar. Er steht zu seinem Wort und zu seinen Loyalitäten. Das ehrt ihn, schafft einem Politiker mit internationalem Ruf aber Schwierigkeiten. Washington zeigte sich irritiert, wenn Mandela mit Kubas Führer Fidel Castro und mit dem PLO-Chef Yassir Arafat den Bruderkuss austauschte. Mandela aber vergisst nicht, dass Moskau, Havanna, Teheran anders als der Westen den ANC in den Jahren des bewaffneten Widerstandes unterstützten.

Eine weitere Wende in Mandelas Wesen: Zunächst war er der Staatsmann, der mit seiner Aura und getragenen, bedächtigen, humorvollen Art Weißen den Übergang erleichtern wollte. Direkt nach der Vereinbarung eines Wahldatums aber wurde er zum Wahlkämpfer, der de Klerk gegenüber Eiseskälte zeigen konnte, hart zurückschlug, wenn er sich bedrängt oder gar betrogen fühlte. Mandela hat viele Seiten: er ist der mitfühlende Großvater, der seine Töchter erst kennenlernen konnte, als sie erwachsen waren; der unerbittliche Kämpfer für Menschenrechte; der verbindliche Politiker, der bei aller Entschiedenheit für alle ein offenes Ohr

Nelson Mandela in Soweto, 1990

hat; der Angehörige einer königlichen Familie; der abgehobene Patriarch mit einer intensiven Ausstrahlung und Würde. Wenn es jemandem gelingen kann, das zerrissene Land zu einen, so ist es jene „Legende zum Anfassen". (1993)

Autobiografie – Kind und Vater Afrikas

Zweimal war Nelson Mandela seiner Bewegung voraus. Er drängte Anfang der sechziger Jahre den ANC zum bewaffneten Widerstand; und er begann 1985 Verhandlungen mit der Regierung, ohne sich auch nur mit seinen engsten Vertrauten zu beraten. Ausgedehnte geheime Gespräche mit Ministern und hohen Beamten trugen dazu bei, dass die Regierung in Pretoria ihre Vorbehalte gegen den ANC abbaute, sich für den Machtwechsel am Kap rüstete. Dazu hat er wohl mehr als jeder andere beigetragen.

Mandelas Autobiografie „Der lange Weg zur Freiheit" (1994) beschreibt diese Ereignisse spannend, ohne Überheblichkeit, mit der ihm eigenen Selbstironie, Demut und Kraft. Das Buch enthüllt und verhüllt, ist Geschichtswerk und Persönlichkeitsbild, und vermittelt außerdem die Botschaft und das Vermächtnis dieses Mannes: eine der großen Politiker-Autobiografien dieses Jahrhunderts, zugleich ein literarisches, stellenweise gar poetisches Werk. Mandela veröffentlicht seine Erinnerungen nicht im Ruhestand, sondern als Präsident Südafrikas, auf dem Höhepunkt seines Ruhms, der fast mystische Ausmaße anzunehmen scheint: Nicht wenige halten ihn für den berühmtesten lebenden Menschen. Tatsächlich zeigen seine Erinnerungen eindrucksvoll seine menschliche Größe und sein intellektuelles Format, die Wurzeln einer Haltung des Verzeihens und der Versöhnung, welche Südafrika vor dem Bürgerkrieg bewahrte.

Als Mandela sein Werk in den Händen hielt, sprach er über das Gefühl einer besonderen Leistung und Erfahrung, das sich für ihn mit diesem Buch verknüpft. Er habe, sagte er bei einem

Gespräch in Johannesburg, wie wohl jeder Mensch an einem bestimmten Punkt seines Lebens darin seine Erlebnisse, Hoffnungen, Erfolge, Ansichten, seinen Lebensausblick niederlegen wollen. Er habe sich selbst nicht „künstlich" geben, vielmehr zeigen wollen, dass er kein „Messias" sei, zu dem ihn die Medien stilisiert hätten. Er sei ein „ganz normaler Mensch mit ernsten Schwächen", der Fehler gemacht habe. Mandela schreibt, er sei es nicht gewohnt, seine Gefühle zu offenbaren. Und doch offenbart er sie immer wieder in erstaunlichem Maße, nicht selten mit Humor und Ironie. Meisterhaft schildert er sein Verhältnis zur Kommunistischen Partei, unter deren Mitgliedern er seine ersten weißen Freunde fand, der er aber nicht beitrat: „Außerdem war ich ziemlich religiös, und die ablehnende Haltung der Partei gegenüber der Religion missfiel mir. Doch die Idee, ein Sandwich zu teilen, gefiel mir."

Mandelas präzises Gedächtnis für Details und Nuancen, für Farben, Stimmungen, Gefühle, rührt wohl aus der Erfahrung seiner Haft, während deren er von allen äußerlichen Reizen isoliert war und nur durch Erinnern geistig überleben konnte. Stolz, Traditionsbewusstsein, die ihm eigene ausgesuchte Höflichkeit gegen jedermann, sein Verständnis von Demokratie, Minderheiten und Führung, seine Zuneigung zu England, die Liebe zur Gärtnerei und zur Natur: all das hat seine Wurzeln in seiner Jugend, die er in ländlicher Abgeschiedenheit verbrachte.

Eindrucksvoll und liebevoll beschreibt er die dörfliche Kindheit und Jugend. In diesen meisterlichen Passagen erlaubt der Verfasser eine Fülle intimer Einblicke in seine Person, die Motive seines Handelns, aber auch in eine zeitferne Lebensart auf dem Lande. Auch die selten öffentlich geschilderte Beschneidungszeremonie wird dargestellt. Doch stellt Mandela schon früh seine Beobachtungen und Einsichten zur Führungskunst vor – etwa am Bilde seines damaligen Häuptlings und Förderers. Willkürlich ist sein in aller Welt geläufiger Vorname Nelson, den nicht seine Eltern, sondern eine Lehrerin – Weiße konnten sich afrikanische Namen nicht merken – ihm gab, als er als einziger des Dorfes zur Schule geschickt und auf Wunsch der Mutter als Methodist getauft wurde.

Den vom früh gestorbenen Vater ererbten Starrsinn unterschlägt Mandela nicht. Mehrfach erwähnt er, dass nicht besondere Begabung ihn vorangebracht habe, sondern Zähigkeit, Fleiß und Disziplin. Den Sinn für Fairness verbindet der Junge mit einem Gefühl der Aufsässigkeit, der ihn zur Flucht vor einer arrangierten Stammeshochzeit in die Stadt trieb und damit bald in die Politik. Für die

Nelson Mandela als Präsident, Parlamentseröffnung, Kapstadt 1996

Entwicklung zum Freiheitskämpfer gab es, schreibt Mandela, „keine Erleuchtung, keine einzigartige Offenbarung, keinen Augenblick der Wahrheit; es war eine ständige Anhäufung von Tausend verschiedenen Dingen, Tausend Kränkungen, Tausend unerinnerten Momenten, die Wut in mir erzeugten, rebellische Haltung, das Verlangen, das System zu bekämpfen, das mein Volk einkerkerte".

Den Hauptteil des Buchs schrieb Mandela von 1974 an, zur Mitte seiner 27 Jahre in der Haft. Er ließ die Fakten von Mithäftlingen und ANC-Veteranen überprüfen und korrigierte seine Fehler dann. Später wurde ein Exemplar seiner Erinnerungen von der Gefangeneninsel Robben Island herausgeschmuggelt, das andere wurde im Gefängnis gefunden; dessen Verbleib ist unbekannt. Mandelas bisweilen hölzern wirkendes Auftreten ist nur in den letzten Abschnitten zu spüren. Je näher er an die Gegenwart kommt, desto stärker vertritt er die „offizielle" ANC-Linie. Manches wirkt da blutlos, distanziert, allzu nüchtern.

Gesicht und Maske wechseln einander ab. Dass die Autobiografie dennoch ein zutiefst persönliches Dokument blieb, ist auch auf den Einfluss seines amerikanischen Verlegers zurückzuführen. Mandela berichtete im Gespräch, er habe häufig „wir" und „die Organisation" geschrieben, der Verleger aber habe nicht ein Geschichtswerk haben wollen, sondern „das Ich". Freiheitskampf und Disziplin sind Mandelas Lieblingswörter. Die Autobiografie beendet populäre Legenden. Die Behauptung, seine berühmte Verteidigungsrede vor Gericht sei nicht von ihm, sondern von „einem weißen Liberalen" geschrieben worden, widerlegt Mandela beiläufig und überzeugend. In ihr hatte er auch jenen Satz vom Weg zur Freiheit geprägt, der abgewandelt in den Titel seines Werkes floss: „Kein leichter Weg zur Freiheit" – ein Wort des indischen Politikers Nehru.

Mandelas würdevolles Auftreten, seine Distanz auch zu jenen, mit denen er Jahrzehnte gemeinsam verbrachte, haben zwei Wurzeln: Seine Jugend, in der er als Mitglied einer Königsfamilie zum Führen erzogen wurde, und die Jahre seiner Haft, in der er eine Maske tragen musste, seine Gefühle nicht preisgab, um sich trotz Demütigungen die Achtung der anderen und die Selbstachtung zu bewahren. Der Umjubelte scheint ein Einsamer zu sein. Als er sich zum letzten Mal von seiner Mutter verabschiedete, umarmte man sich nicht: Das war nicht ihr Brauch, schreibt er etwas wehmütig. An anderer Stelle berichtet er, er habe sein Inneres, seine Zweifel und Schwächen nur Frauen anvertrauen können.

„Schon als Junge lernte ich, meine Gegner zu bezwingen, ohne sie zu entehren": So hielt er es als Mann auch mit seinen politischen Rivalen de Klerk und Buthelezi. Mandela gibt neue Einblicke auch dort, wo er wenig sagt. Die Liebe zu seiner Frau Winnie ist ungebrochen; er sieht sie als vom Gericht zu Unrecht Verurteilte. Bei ihrem ersten Zufallsgespräch in seiner Anwaltskanzlei (am Vortag hatte er sie im Vorbeifahren bei einer Bushaltestelle in Soweto gesehen und sich spontan verliebt) wusste er, dass er sie zur Frau nehmen wollte, bei der nächsten Begegnung bekräftigte er es: Einen formellen Antrag hat er ihr nie gemacht. Dass er sich von

Winnie, seinem stärksten Halt in den Jahren der Haft, im Staatsinteresse hat trennen müssen, muss ihn mehr als alle anderen Opfer geschmerzt haben, die er im Kampf brachte. Anders als bei der Schilderung der Scheidung von seiner ersten Frau verschweigt er die wirklichen Gründe der Trennung. Eine seiner Eigenschaften, die ihn und den ANC bisweilen in politische Bedrängnis brachte, ist Loyalität: zu Winnie, zu alten Verbündeten aus den Jahren des Kampfes, zu Libyen und Iran beispielsweise, zur Kommunistischen Partei, der er sich zu Dank verpflichtet fühlt.

An vielen Weggabelungen hat der Zufall Mandela und damit auch die Geschichte Südafrikas geprägt. Einige weiße afrikaanssprachige Gefängnisaufseher und Polizisten, die ihn höflich, „als Mensch", behandelten, trugen dazu bei, dass er Respekt gewann vor Buren, vor Polizisten trotz ihres Rufs in der schwarzen Gemeinschaft als Folterer, und vor der afrikaansen Sprache. All das trug bei zur fast übermenschlich scheinenden Versöhnungspolitik Mandelas und des ANC.   (1994)

Blockfreie

Noch ein Amt, noch eine Ehre? Es gibt kaum einen Titel, kaum eine Ehrung, die Nelson Mandela noch nicht zuteil wurde. Die Zeitschrift „Time" zählt ihn als einzigen aktiven Politiker unter jene zwanzig Menschen, die das zwanzigste Jahrhundert geprägt haben, der Dalai Lama nennt ihn einen würdigen Nachfolger Mahatma Gandhis. Der amerikanische Geistliche und Antiapartheidkämpfer Leon Sullivan gar meint, er nehme in der Welt einen Platz noch vor Moses und Martin Luther ein. Die Feier zu seinem achtzigsten Geburtstag, verbunden mit seiner Hochzeit mit der Präsidentenwitwe Graça Machel, galt als die „größte Geburtstagsfeier des Planeten". Nur der Friedensnobelpreisträger selbst, der auch autokratisch sein kann, auffahrend oder auch politisch naiv, warnt vor der Neigung, ihn zu vergöttern, spöttelt ein wenig darüber und sagt über einen britischen Fernsehfilm, der ihn kritisiert, es sei schön, auch einmal mit menschlichen Fehlern behaftet gesehen zu werden. Die Welt braucht vielleicht solche Idole, auch wenn die Realität nicht immer den Träumen entspricht.

Mandelas Wahl zum Vorsitzenden der Blockfreienbewegung war eine Anerkennung seines Lebenswerkes für den friedlichen Übergang Südafrikas von einem Polizeistaat, der die schwarze Mehrheit unterdrückte, zu einer Gesellschaft, die sich als leicht durchlöchertes „Regenbogenmodell" der Welt anbietet. Dass Südafrika so schnell und glatt den Weg beschritt vom „Ausgestoßenen" der Welt zum Sprecher der „Dritten Welt", ist im starken Maß ein Verdienst Mandelas und seines designierten Nachfolgers Mbeki. Mandela und nach ihm Mbeki mögen eine große Zahl von Staaten vertreten, deren Wirtschaftskraft auch zusammengenommen allenfalls dem eines kleineren europäischen Staates entspricht; aber sie vertreten in ihrer neuen Rolle mehr als hundert Länder Afrikas, Asiens und Lateinamerikas. Mbeki nennt die Bewegung die souveräne Stimme der Armen der Welt und ein Instrument, die Welt zu verändern. Zunehmend wurde das Wort Mandelas und Südafrikas erbeten bei der Lösung von Konflikten, von Osttimor bis Nordirland. Zudem haben Mandela und Mbeki stärker als andere Politiker des Südens die Unterstützung des Nordens, auch weil sie sich in ihrer Diktion und Zielsetzung fortbewegen von Konfrontation und Polemik. Mandela mag als Vermächtnis hinterlassen nicht nur den Ausgleich im eigenen Land, sondern auch die Annäherung zwischen Süd und Nord.   (1998)

Thabo Mbeki

Der Bedrängte

Wenn der große Tag seines Landes kommt, die Eröffnung der ersten Fußball-Weltmeisterschaft auf afrikanischem Boden, wird er nicht mehr Präsident sein. Doch wie wenige Staatschefs vor

Thabo Mbeki und Nelson Mandela, 1994

ihm hat Thabo Mbeki die WM zur Chefsache gemacht – ihr Ablauf wird das Bild nicht nur Südafrikas, sondern des gesamten Kontinents lange und nachhaltig prägen. Nicht nur auf seiner Liebe zum Detail und seinem Glauben an die „afrikanische Renaissance" beruht sein ständiges Werben, Mahnen, Bemühen, sondern auch auf dem Wissen, dass die WM 2010 sein Erbe sein wird. Bei internationalen Auftritten vermittelt er Selbstbewusstsein und das Gefühl, alles sei auf gutem Wege – und das erst recht, nachdem sich zur wachsenden Zahl der Kritiker an schleppenden südafrikanischen Vorbereitungen auch die Fifa und ihr Präsident Joseph Blatter gesellten. Beim Treffen mit Bundeskanzlerin Angela Merkel brachte er ein Anliegen vor, das nicht im Programm stand – die Bitte um intensive deutsche Hilfe bei der Ausrichtung der WM 2010. Die deutsche Politik und der DFB haben sich darauf bereits eingestellt – schon aus schlechtem Gewissen, weil sie die WM, die Deutschland in einen Taumel führte, den favorisierten Südafrikanern knapp wegschnappten.

Seine Persönlichkeit und Posen wandelten sich. In den frühen neunziger Jahren war er der Pfeife rauchende Charmeur, der mit leichter Hand und gewinnendem Lächeln seine Gesprächspartner für sich und sein Anliegen gewann. So vermochte er in den Jahren des Exils des ANC dessen Zerrbild als „marxistische Gewaltgruppe" nicht nur bei vielen weißen Südafrikanern zurechtzurücken: Wer so gebildet parliert, so offen lacht, konnte kein Übeltäter sein. Der im britischen Exil als Volkswirt ausgebildete Sohn eines ANC-Politikers war als Leiter der Informations- und dann der außenpolitischen Abteilung des ANC deren Chefdiplomat. Über Jahre hinweg knüpfte und pflegte er im Geheimen Kontakte zu weißen Südafrikanern – Hochschullehrern, Geistlichen, Unternehmern, Journalisten und schließlich auch Regierungspolitikern – und baute damit mühsam Vorbehalte auf beiden Seiten ab. Zudem war Mbeki Vordenker und Stratege seiner Partei. Er führte sie im Einklang mit dem Nationalidol Mandela aus dem bewaffneten Widerstand zu Verhandlungen sowie 1994 zu einem friedlichen Machtwechsel und bald darauf auch zu einem Umdenken in der Wirtschaftspolitik.

Früh erkannte Mbeki, dass dem politischen Machtwechsel ein wirtschaftlicher und sozialer folgen müsse, wenn der ANC Erfolg haben wolle. Dabei war er teilweise erfolgreich – die Infrastruktur, die Versorgung der Townships mit Strom, Wasser, Straßen, Schulen wurde besser. Die Armutsschere aber blieb, und Aids führte zu einem Massensterben. Der schwarze Mittelstand, den Mbeki schuf, dämpfte revolutionären Eifer, brachte aber auch Vetternwirtschaft, Korruption und Anspruchsdenken der neuen Elite. Mbeki wusste, dass der aussichtsreiche Weg nicht Populismus sein konnte, zu dem viele seiner Anhänger neigten, sondern eine soziale Marktwirtschaft nach deutschem Modell. Dazu trugen frühe, diskrete Hilfen der Friedrich-Ebert-Stiftung ebenso bei wie Kontakte zur deutschen Wirtschaft. Mbeki war darauf aus, den Einfluss Washingtons und Londons – dessen Botschafter in den Umbruchsjahren vielen als „Prokonsul" galt – zu begrenzen zugunsten eines Landes, das er für außenpolitisch neutraler hielt.

Dann aber kamen Vorwürfe – zur Einflussnahme auf ein Rüstungsgeschäft, zum Umgang mit seinem Rivalen Jacob Zuma, zu seiner verqueren Aids-Politik, zur zögerlichen Haltung gegenüber Zimbabwe, die wohl nur mit der Loyalität gegenüber dem alten Kampfgefährten Mugabe zu erklären ist. So musste Mbeki in den Jahren seiner Präsidentschaft erleben, dass er immer weniger als Sprecher Afrikas akzeptiert wurde. Seine Versuche, durch Vermittlung in afrikanischen Konflikten und mit internationalen Auftritten wieder an Profil zu gewinnen, brachten kaum nachhaltigen Erfolg. Sein Name wird nicht mehr so oft und nicht mehr mit dem gleichen Respekt genannt wie früher, als er zudem oft im Schatten des Übervaters Nelson Mandela stand. Dass seine Haare ergrauten, kommt wohl nicht nur von Arbeitslast und Arbeitswut und seinen 64 Jahren, sondern auch von der Kritik, die er erfuhr. Äußerste Vorsicht, gepaart mit einem tief sitzenden Misstrauen, wurde ihm schon in den Jahren des von außen und innen gefährdeten Exils zur Überlebensstrategie.   (2006)

Charmeur

Die Wahl Thabo Mbekis zum neuen Vorsitzenden des Afrikanischen Nationalkongresses bedeutet auch die Ablösung einer Generation, die geprägt ist von Widerstandskampf, Exil oder Haft und dem Bestreben nach Versöhnung trotz Unterdrückung. Die neue Generation weiß, dass Anpassung und Einpassung Südafrikas in die Welt nicht mehr allein auf dem Mythos einer Regenbogennation aufbauen kann, die das Wohlwollen der Welt verdiene, sondern auf Wettbewerb um Märkte und Investitionen, auf Effektivität, Entscheidungsfreude und bisweilen Härte. Dafür ist Mbeki besser gerüstet als Mandela. Dabei ist das Bild Mbekis das des pfeiferauchenden, hellwachen, leicht ergrauten Charmeurs. Über viele Jahre hinweg, als der ANC in Südafrika noch bis 1990 verboten war, war er das Aushängeschild des ANC. Er wusste mit Geschick und einem entwaffnenden Witz Vorbehalte abzubauen gegen den ANC: bei den Verfassungsverhandlungen, in Gesprächen mit der weißen Rechten und mit der

Thabo Mbeki als Präsident

Inkatha-Freiheitspartei. Sein Beitrag zum friedlichen Übergang in Südafrika war immens.

Seine Zurückhaltung und das Bild Mandelas mögen das verdeckt haben. Während über Mandelas Familie jeder alles zu wissen glaubt, wissen wohl nur wenige Südafrikaner, dass Mbeki mit einer beachtlichen Kämpferin für Frauenrechte auf dem Land verheiratet ist, dass sein einziger Sohn verschollen und einer seiner Brüder von der Sicherheitspolizei ermordet worden ist. Während niemand hinter Mandela Arges vermuten wird, zog Mbeki oft Kritik auf sich. Er sei rätselhaft, heißt es. Die Kronprinzenrolle Mbekis war seit mehr als einem Jahrzehnt vorgezeichnet. Dazu trägt in einer traditionsbewussten Bewegung bei, dass Mbeki nicht nur älter und „dienstälter" ist als einige seiner früheren Rivalen, sondern er auch aus einer der alten „Adelsfamilien" des ANC kam, die seit Jahrzehnten miteinander eng verbunden waren. Mbekis Vater Govan Mbeki ist einer der Veteranen der Mandela-Generation, Kommunistenführer und einstiger ANC-Vorsitzender. Kurz bevor sein Vater etwa zeitgleich mit Mandela verhaftet und nach Robben Island geschickt wurde, ging Thabo Mbeki auf Befehl des ANC ins Exil, studierte Wirtschaftswissenschaften in Großbritannien und ließ sich in der Sowjetunion militärisch ausbilden.

Mbeki sei ein begnadeter Taktiker: Darin sind sich fast alle einig. Damit schaffte er es, wirkliche oder vermeintliche Rivalen – manche sagen skrupellos – beiseitezuschieben. Er schaffte es aber auch, den ANC auf einen Kurs zu bringen, den nur wenige erwartet hatten, als Musterknabe des Wirtschaftsliberalismus und Liebling des Westens in Afrika. Dabei geht er anders vor als Mandela. Dieser hört sich bei Sitzungen die Meinung anderer an und entscheidet dann im Bemühen um Konsens. Mbeki hört auch zu, sagt aber, falls es keine Einigkeit gibt, das sei alles kompliziert und müsse später weiterberaten werden; dann geht er in sein Büro und handelt, wie er es für nötig erachtet. Die Gruppe Vertrauter, die um ihn herum im Kabinett, in der Partei oder im Vizepräsidentenbüro ist, ist schwer zu fassen. Er schätze bisweilen schwache Mitarbeiter, heißt es. Auch Mbeki selbst wurde immer schwerer zugänglich, einhergehend mit seiner wachsenden Arbeitsbelastung. Welche „Ideologie" er vertrete – einst war er Kommunist, jetzt ist er Pragmatiker –, ist aus seinen Äußerungen schwer ersichtlich.

Am deutlichsten wurde Mbekis Grundhaltung in seiner rhetorisch brillanten Rede „Ich bin ein Afrikaner", die er im Parlament bei der Verabschiedung der Verfassung hielt. Wer ihn aber daher als „Afrikanist" einordnet, liegt auch nicht ganz richtig. Die von Mbeki vielfach beschworene „afrikanische Renaissance", die ihn als angenehme Nebenerscheinung zu einem der „Führer des neuen Afrika" machte, ist ein ungenauer Begriff. Wenn er zornig wird, und das ist zumindest nach außen selten, kann er deutlich werden. Südafrika sei, sagte er in einem solchen Moment, kurz davor, auf diplomatische Sprache zu verzichten, falls Weiße weiterhin dem Wandel widerständen und den Übergang verzögerten. Weiterhin sei Südafrika von tiefen Furchen gezeichnet zwischen Schwarz und Weiß, Arm und Reich, Hungrigen und Wohlhabenden. (1997)

Desmond Tutu

Wahrheitssucher

Was soll man an ihm am meisten bewundern: seinen Mut, seine Unabhängigkeit, seine rhetorische Brillanz, seinen Humor? Südafrikas Präsident Nelson Mandela hätte kaum eine bessere Wahl treffen können. Desmond Tutu ist es als Vorsitzender des Wahrheitsausschusses aufgetragen, die südafrikanische Gesellschaft zu einen, Verbrechen aller Seiten in den Jahren der Apartheid aufzuklären und Amnestie sowie Entschädigung zu gewähren. Nach seiner Benennung sagte Tutu in New York, die 17 Ausschussmitglieder wollten nicht einen Nürnberger Prozess veranstalten. Der Wahrheitsausschuss wolle eher Wunden heilen denn Verbrecher strafen. Eigentlich hatte der anglikanische Erzbischof

Erzbischof Desmond Tutu

von Kapstadt nach seiner „Pensionierung" eine Gastprofessur im amerikanischen Atlanta annehmen wollen, in seiner dritten Heimat neben Soweto und Kapstadt. In Atlanta hatte Martin Luther King gewirkt, ebenfalls ein Versöhner zwischen den Rassen: Zu den Auszeichnungen Tutus zählen der Martin-Luther-King-Preis, der Friedensnobelpreis 1984, an die drei Dutzend Ehrendoktorwürden, davon eine aus Bochum.

Als Vorsitzender wird Tutu genauso unabhängig und kritisch auch gegenüber seinen Freunden sein wie zuvor. Seiner Regierung werde er ein Quälgeist sein, sagte er. So warf er Pretoria vor, seine neue moralische Führungsrolle in der Welt zu gefährden, weil es zeitweise Menschenrechtsverächter in Nigeria besänftigte oder Waffen nach Ruanda lieferte. Nigeria, Ruanda, Burundi, der Mittlere Osten, Osteuropa: vielerorts ist Tutu als Vermittler gefragt. Auch in den Jahren der Unterdrückung in Südafrika war er der Quälgeist, der die Minderheitsregierung vielleicht mehr als jeder andere irritierte, gegen den sie aber trotz Verleumdungskampagnen öffentlich nicht vorzugehen wagte. Mandela sagte, Tutu sei mutig aufgestanden gegen die Tyrannei der Unterdrückung, als andere Proteste zum Schweigen gebracht wurden. Dabei aber verurteilte Tutu, der Wirtschaftssanktionen betrieb, aber Gewalt ablehnte, Halskrausenmorde in den Townships; er rettete unter eigener Gefährdung Opfer der Lynchjustiz. Die neue Regierung nimmt er von Kritik nicht aus. Bis 1990 war er die Stimme des Widerstandes, ein Inbild des politischen streitbaren Priesters, beeinflusst von Bonhoeffers Widerstandstheologie. Sobald der ANC legalisiert wurde, zog er sich zurück aus der Tagespolitik.

Tutu sprüht vor Energie. Seine blitzenden Augen und sein Wortwitz tragen dazu bei, dass er Gesprächspartner fesseln und deren Emotionen manipulieren kann wie nur wenige. Mit seinem schallenden Lachen, seinem Schalk und seiner Fistelstimme erweckt er bei anderen Gelächter, doch dann kommt der Stich. Unangenehme Wahrheiten, so weiß er, können mit Humor leichter genommen werden. Bischöfe, glaubt er, seien „nicht mehr so spießig und fad". Während der 64 Jahre alte Erzbischof

sich morgens auf der Tretmühle fit hält, betet er für die Welt.
Sein Lebenslauf bis zum Metropoliten Südafrikas war zielgerichtet: Lehrer, Priester, Universitätsdozent, Bischof von Lesotho und von Johannesburg, Generalsekretär des Südafrikanischen Kirchenrates. Vergebung sei teuer und nicht einfach, sagt Tutu. Das werden auch seine Landsleute spüren. Propheten, Visionäre, Prediger sind unbequem. (1995)

Frederik Willem de Klerk

Reformer

Diese Parallele wird immer wieder gezogen, nicht nur weil beide den Friedensnobelpreis erhielten: Frederik Willem („FW") de Klerk und der frühere russische Präsident Michail Gorbatschow haben vieles gemeinsam. Sie waren Reformer, die – eher ungewollt – nicht nur einen friedlichen Machtwechsel in ihrer Heimat herbeiführten, sondern auch zum Kollaps einer totalitären Ideologie beitrugen, der Apartheid und des Kommunismus. Aber anders als Gorbatschow braucht de Klerk nicht ins Ausland zu fahren, um seinen Geburtstag angemessen zu feiern. Er hat im Parlament in Kapstadt einen Ehrenplatz. An diesem Ort hatte er im Februar 1990 seine Rede gehalten, die Südafrika verändern sollte: Apartheidgesetze werden abgeschafft, verbotene Parteien wie der ANC zugelassen, und die letzten politischen Gefangenen kommen frei. Wenige Tage danach ließ er Nelson Mandela frei, nach 27 Jahren Haft. Vier Jahre später folgte Mandela de Klerk als Präsident; ein paar Jahre später zog sich de Klerk zurück: zunächst als Vizepräsident und dann als Vorsitzender der Nationalpartei, der er seit seiner Jugend eng verbunden war. Von seinem Vorgänger Pieter Willem Botha hob er sich deutlich ab: Der nüchterne, unideologische Jurist verabscheute Bothas bombastisches Auftreten und hatte ein Gespür für Rechtsstaatlichkeit. Sein Verhältnis

Frederik Willem de Klerk als Präsident

zu Mandela – beide erhielten den Friedensnobelpreis 1993 – war ein wesentlicher Grund, weshalb der Machtwechsel, das „Wunder am Kap", so friedlich verlief. Treffend beschrieb Mandela de Klerks Rolle, als dieser sich im August 1997 überraschend aus der Politik zurückzog: Er hoffe, Südafrikaner vergäßen nicht dessen historische Rolle. De Klerk war ein Symbol der Vergangenheit, aber anderen weit überlegen. Dieser Zwiespalt seiner Person und im Urteil über ihn zeigt sich daran, dass „FW" das Ausmaß der Zerstörung und des Leids, das die Apartheid Südafrikanern brachte, wohl nie voll begriff oder sich nicht eingestand. Seine Leistung aber, sich von der Tradition und dem Glauben seiner Väter, seiner Familie und seines Volkes abzuwenden, hatte viel Überwindung gefordert. (2006)

Helen Suzman

Lehrt das Fürchten

Ohne die zähe und furchtlose Kritikerin der Apartheidpolitik hätte Südafrika anders ausgesehen. Der Friedensnobelpreisträger Desmond Tutu nannte Helen Suzman ein Geschenk für die Welt und für sein Land. Selten waren sich alle Politiker, alle Parteien Südafrikas so einig wie nach ihrem Tod im Januar 2009: Regierung und Oppositionsparteien priesen eine Frau, die alle das Fürchten lehrte. Vor allem in ihren dreizehn Jahren zwischen 1961 und 1974 als einzige Abgeordnete der liberalen Opposition und als einzige Frau im Kapstädter Parlament trieb Helen Suzman die Herrschenden, machtbewusste burische Männer, zur Weißglut mit messerscharfen Angriffen auf die Politik der Rassendiskriminierung und auf Polizeistaatsmethoden. Sie war getrieben von einem tiefen Gerechtigkeitsgefühl, vor allem aber trieb sie andere. Der südafrikanische Übergangspräsident Kgalema Motlanthe ordnete halbmast an für die im Alter von 91 Jahren verstorbene Tochter litauischer Einwanderer mit den Worten, sie sei in den dunkelsten Tagen ihres Landes eine der wenigen Stimmen der Vernunft geblieben. Der ANC würdigte sie als Dorn im Fleisch der Apartheid. Der frühere Präsident Frederik Willem de Klerk lobte ihren unschätzbaren Beitrag zu Demokratie und Gerechtigkeit am Kap.

Sechsunddreißig Jahre, bis 1989, war die Unbezwingbare Abgeordnete. Auf vielfältige Art hielt Suzman den Widerstand wach und die Aufmerksamkeit des Auslandes, aber auch den Glauben der Inhaftierten und nach 1994 Regierenden der schwarzen Mehrheit: und das nicht nur als Symbol. Ihre Fragen im Parlament, die zu beantworten die Regierung verpflichtet war, enthüllten die Schrecken, aber auch die Lächerlichkeit der Apartheid und halfen so, Propaganda zu untergraben. Im Parlament genoss sie Rede- und Fragefreiheit. Über alles, was im Parlament zur Rede kam, konnten Zeitungen frei berichten, was ihnen ansonsten unter dem strengsten Zensurgesetz der Welt oft verboten gewesen wäre. Als erste Abgeordnete, und einzige Frau, besuchte sie politische Häftlinge auf Robben Island und trug bei zur Verbesserung ihrer Haftbedingungen. In dieser Zeit begann ihre Verbundenheit mit Nelson Mandela.

Als Mandela 1994 Präsident wurde, stand Helen Suzman an seiner Seite. Er verlieh ihr die höchste Verdienstmedaille. An Ehrungen mangelte es der Wirtschaftshistorikerin nicht: Viele ihrer 27 Ehrendoktorwürden kamen von den großen Hochschulen der Welt. Sie erhielt den Menschenrechtspreis der Vereinten Nationen und den Freiheitspreis der Liberalen Internationalen, zweimal wurde sie zum Friedensnobelpreis vorgeschlagen. Zu den deutschen Auszeichnungen zählte der Moses-Mendelssohn-Preis des Berliner Senats. Zeitweise hieß es, sie sei öfter geehrt worden als jeder andere lebende Politiker.

Stärker aber freute sie sich in ihrer listigen Art, als der zimbabwische Diktator Robert Mugabe sie zur „Feindin des Volkes" erklärte, und ihr Intimfeind Pieter Willem Botha in dessen Zeit als südafrikanischer Präsident zur „bösartigen kleinen Katze".

Helen Suzman

Bis ins hohe Alter behielt Helen Suzman, die große Dame der südafrikanischen Politik und große Liberale, ihre Anmut, Geistesgegenwart und innere Freiheit. Sie verband Witz mit harter Arbeit. Politisch korrektes Denken war ihr fremd: Sie kritisierte nicht nur dümmliche Rassisten, sondern auch Überangepasste in Politik, Wirtschaft und Medien – also Weiße nach 1994 – wie auch intolerante Linke.

Gleichheit, die Geltung der Menschenrechte, Rechtsstaat, Machtteilung, eine unabhängige Justiz, eine soziale Marktwirtschaft waren liberale Grundsätze, für die sie kämpfte und die in den Wendejahren um 1994 stärker als zuvor und danach beachtet wurden. Der Schriftsteller Alan Paton, Helen Suzman, der Oppositionsvorsitzende und Wissenschaftler Frederik van Zyl Slabbert und die Kapstädter Bürgermeisterin Helen Zille vertreten vier Generationen furchtloser und einflussreicher Liberaler am Kap. Auch nach Suzmans Tod gibt es Institutionen, die sich für das gefährdete Gut freien Denkens einsetzen – neben dem South African Institute of Race Relations in Johannesburg mit seinem unschätzbaren Jahrbuch voller Hintergründe und Fakten gehört die von der Friedrich-Naumann-Stiftung geförderte Helen Suzman Foundation dazu. Auch so wird ihr Name fortdauern als Symbol und stete Mahnung. (2009)

Momente des Wandels

Elf Druckzeilen beenden die Apartheid

Die südafrikanische Regierung hat einen Gesetzentwurf in das Parlament eingebracht, durch den das Gesetz zur Bevölkerungsregistrierung aufgehoben wird, der Eckstein der Apartheid. Unter diesem 1950 verabschiedeten Gesetz wurden alle Südafrikaner einer Bevölkerungsgruppe – schwarz, weiß, farbig, Inder mit weiteren Unterteilungen – zugeordnet, die über Lebensgestaltung und Rechte entschied. Damit werde, sagte der Innenminister, „40 Jahre Herzschmerz" beendet: durch einen elf Druckzeilen langen Entwurf. Durch die Aufhebung der Rassenregistrierung entfällt automatisch die Grundlage jedes verbleibenden Apartheidgesetzes. Eine Übergangsregelung sieht vor, dass bisherige Registrierungen in Kraft bleiben bis zur Aushandlung einer neuen Verfassung, die Schwarzen das Wahlrecht gibt. Bisher bestand das Parlament aus drei Kammern für Weiße, Farbige und Asiaten – Schwarze besaßen nicht Wahlrecht. Die EU, die Vereinigten Staaten und Teile Afrikas wollen nach dieser Gesetzesänderung verbleibende Wirtschaftssanktionen gegen Südafrika aufheben.

30,8 Millionen Südafrikaner sind im Bevölkerungsregister erfasst – 21,6 Millionen Schwarze, fünf Millionen Weiße, 3,2 Millionen Farbige (Coloureds) und knapp eine Million Asiaten (Inder). Die Zuordnung entschied über den Lebensablauf und die Zukunftschancen, da jede Bevölkerungsgruppe getrennt leben sollte. Die Rasse bestimmte den Wohnort, Schule und Universität, den Beruf – verschiedene Tätigkeiten waren Weißen vorbehalten – und den Verdienst. Alles war geregelt und beschränkt:

wen der einzelne heiraten durfte – intime Beziehungen über Rassengrenzen hinweg galten als „Unzucht" –, das „zuständige" Krankenhaus, selbst der Friedhof. Strände, Busse, Bibliotheken waren nach Rassen getrennt.

Viele Einzelschicksale wurden, oft tragisch, durch die Rassenzuordnung geprägt. Als Folge der Rassengesetze wurden 3,5 Millionen Südafrikaner zwangsumgesiedelt, mehr als 17 Millionen waren zwischen 1921 und 1986 wegen Verstoßes gegen Zuzugsbeschränkungen für Schwarze festgenommen worden. Die Praxis bei der Bevölkerungsregistrierung hatte die Regierung oft der Lächerlichkeit preisgegeben. Von 1960 an führten Beamte „wissenschaftliche Tests" durch, um „unklare" Rassenzugehörigkeiten zu bestimmen, etwa bei Findelkindern. Zu ihnen zählte der „Bleistifttest". Ein Beamter steckte einen Bleistift in das Haar. Falls er beim Kopfschütteln heraus fiel, galt das Kind als farbig, falls nicht, als schwarz, da das Haar Schwarzer angeblich dichter gekräuselt sei. (1991)

Flaggenwechsel

Der frühere politische Häftling Murphy Morobe sagt nur: „Die Stunde ist gekommen." Dann wird eine Minute vor Mitternacht die Fahne eingeholt, begleitet von der alten Nationalhymne. Reden wollte niemand halten. Jetzt hängt die neue südafrikanische Flagge, sechsfarbig, am Mast. Ernst dreinschauende weiße Soldaten hatten die orangeweißblaue Flagge der Weißen eingeholt und die „afrikanische" in der Minute gehisst, als die neue Verfassung in Kraft trat und damit mehr als drei Jahrhunderte weißer Alleinherrschaft am Kap endeten.

Viele Hundert, meist junge Menschen, kamen zum Feiern – mehr Weiße als Schwarze. Sie singen die neue Nationalhymne „Gott schütze Afrika" mit Inbrunst, und eine Stunde später, zur Bekräftigung, gleich noch einmal. Viele sind bewegt, nennen es einen „emotionalen Moment". Nach der Beklommenheit der vergangenen Monate ist dies nun einer der ersten Augenblicke, in dem Freude sichtbar wird. Einige Politiker des ANC sind gekommen, von der alten Regierung aber nur einer. Arbeitsminister Leon Wessels war stets der erste, wenn es darum ging, Versöhnung zu suchen, um Verzeihung zu bitten für den Schmerz, den seine Partei mit der Apartheid über Jahrzehnte Millionen Menschen brachte.

Was fühlen Schwarze in einer solchen Minute? Die Flagge repräsentiere nun auch ihn, sagt Sipho Tshabalala, Verkäufer im Plattengeschäft. Er fühle sich gut, wirklich gut. Dies sei ein Abschied von Vorster, Malan und Verwoerd, den Architekten der Apartheid. Er sei nun Teil des Ganzen, gehöre dazu. Es sei höchste Zeit gewesen, zu viele seien auf dem Weg für diesen Augenblick gestorben. Auch Saci Macozoma denkt in diesem Augenblick an diejenigen, die nicht dabei sein können, getötet wurden, auch wenn er sich wunderbar fühle. Macozoma ging einen langen Weg: Studentenführer, wegen „Terrorismus" zu fünf Jahren Haft auf Robben Island verurteilt, weil er eine Demonstration organisieren wollte, Mitarbeiter des Südafrikanischen Kirchenrats, Sprecher des ANC-Präsidenten Mandela und seit Jahresbeginn Manager eines Bierkonzerns.

Maria Kint, holländische Organisatorin einer überwiegend schwarzen Tanzgruppe, kam mit einer Sektflasche. Fernsehkameras folgen der Flasche, die nach Mitternacht geleert wird. Dies sei wie hundert Neujahrsfeiern zusammen, sagt Maria. Kurz danach, die African Jazz Pioneers spielen südafrikanischen Jazz vor dem sechzehnstöckigen Verwaltungsgebäude Johannesburgs, krächzt der Lautsprecher. Viele zucken zusammen, wissen, dass diese Feier das geeignete Ziel für die Bombenattentäter der vergangenen Tage hätte sein müssen. Das sei nicht der Ton, den man im Augenblick in Johannesburg hören mochte, sagt Maria.

Eine festliche Stimmung ist überall zu spüren. Nach dem Einholen der alten Flagge klatschen viele, jauchzen und trillern, beim Hissen der neuen heben sie die geballte Faust. Mit der alten

Flagge habe er, sagt der (weiße) Avantgardekünstler Steven Cohen, der das Provozieren liebt, alles verbunden, was er am weißen Südafrika gehasst habe, Wehrpflicht und Militär und Unterdrückung. Dann umarmen sich viele, Freunde und Unbekannte. In Namibia hatte diese Freude über Monate den Unabhängigkeitsprozess begleitet, beim großen Nachbarn fehlte sie bisher. Vielleicht sei das gut, sagt der frühere Bundesjustizminister Jürgen Schmude, der mit anderen Bundestagsabgeordneten die Wahlen beobachtet: Aus zu großer Freude, einer Begeisterungswelle könne leichter Wut werden. Natürliche Gelassenheit sei gesünder für eine neue Demokratie, bewahre Stabilität. Moçambiquanische Künstler beobachten den Flaggenwechsel. Sie seien glücklich über das neue Südafrika; das alte habe ihr Land destabilisiert und zerstört.

Fast hätte man sich nicht rechtzeitig über die neue Flagge verständigt. Über Monate standen Flagge und Hymne im Mittelpunkt von Leserbriefseiten und Fehden. Nach vielen Hundert Entwürfen einigte man sich schließlich auf ein seitlich gedrehtes Ypsilon, das afrikanisches Muster und die Farben des schwarzen wie des weißen Südafrika in sich eint. Sipho sagt, es sei gut, dass sie beides, das Schwarze und das Weiße, einträchtig verbinde, sie gehörten zusammen. Erst zwei Wochen vor dem offiziellen Wechsel zum „neuen Südafrika" billigte das Südafrikanische Standardbüro die Farben, Form und Größe der neuen Flagge. Etwa 100 000 Flaggen mussten dann innerhalb kurzer Zeit genäht werden. Da südafrikanische Hersteller das nicht schafften, wurden 40 000 in den Niederlanden gefertigt.

Er habe ein merkwürdig gemischtes Gefühl, sagt Achmat Dangor. Der Schriftsteller und Entwicklungspolitiker sagt, ein Vierteljahrhundert lang hätten viele von ihnen Politik gegessen, geträumt, gearbeitet. Und in den Wochen vor der Wahl seien alle allabendlich mit parteipolitischen Botschaften überflutet worden. Er sei dessen müde. Jetzt, in dieser Nacht, könne er ruhig schlafen und Politik anderen, allen überlassen, jetzt sei er ein „normaler Bürger": Das sei wundervoll. Dies sei das Ende eines langen

Kampfes, aber die neue Flagge sei nur ein Anfang. In einer seiner Kurzgeschichten schrieb der in den siebziger Jahren als Regierungsgegner gebannte Dangor, Südafrika hätte ein Land des Friedens für alle sein können. Nur schwarze Südafrikaner, behauptet er in einem Gedicht, hätten noch die Fähigkeit zu lieben: Liegt die Erlösung nun in ihren Händen?

Sie habe heute geweint aus Freude, sagt Nomsa Nene, fühle sich geehrt, Teil der Geschichte zu sein. Sie kam aus Hollywood zurück, gewann alle denkbaren Schauspielpreise Südafrikas, darunter im gleichen Jahr, bisher einmalig, den als beste englischsprachige und als beste afrikaanssprachige Darstellerin des Jahres. Während sie spricht, kommt jemand auf sie zu, sagt, er habe nie geglaubt, sie einmal „im wirklichen Leben" zu sehen, jetzt seien zwei Träume zugleich wahr geworden. (1994)

Lobsinger im Parlament

Das hat das südafrikanische Parlament noch nicht erlebt in den langen Jahrzehnten seiner ehrwürdig-langweiligen britisch geprägten Tradition: Ein Lobsinger in traditioneller Kleidung mit Federbusch, geschnitzten Schlagstöcken, halbfreiem Oberkörper und langem Haarzopf singt und tanzt vor den Abgeordneten. De Klerk, wenige Minuten noch südafrikanischer Präsident, genießt es offenkundig, einige weniger souveräne Abgeordnete seiner Nationalpartei zeigen sich verblüfft. Das Bild im Hohen Haus ist bunt wie nie, in jeder Beziehung. Ein Abgeordneter kommt in der Kleidung der Muslime. Eine schwarze Ordensschwester in ihrer Tracht, die von ihrem Bischof eine Ausnahmegenehmigung erhielt, will politisch tätig werden.

Im Mittelpunkt steht Nelson Mandela. Was wohl in ihm vorgeht, als er um zehn Minuten vor elf Uhr über den roten Teppich in das Parlament schreitet, mit einer weißen Nelke im Knopfloch? Sein Verbündeter Joe Slovo, Vorsitzender der Kommunistischen Partei, er sitzt nahe Mandela in der ersten Reihe, trägt dagegen eine rote Nelke und, wie stets bei besonderen Gelegenheiten, rote Socken. Auch Ronnie Kasrils trägt eine rote Nelke: Jetzt, als Abgeordneter vereidigt, strahlt er. Unlängst noch galt der ANC-Guerrillaführer als polizeilich gesuchter Erzfeind.

Das Bild im neuen Parlament spiegelt erstmals die Vielfalt der Hautfarben, Religionen, politischen Überzeugungen im Land wider. Unter den Abgeordneten sind Dichter und eine Sängerin, deren sanfte Chansons den Unterdrückten Stimme verlieh, neben dem ehemaligen Armeekommandeur und seinen einstigen Gegnern aus jahrzehntelangem Buschkampf. Einige Plätze weiter sitzen dann Zulu-Traditionalisten, zuvor ermahnt, dass sie ihre „kulturellen Waffen", Schild und Speer, nicht in die Abgeordnetenkammer bringen dürfen.

Mandela wirkt gefasst, nach außen unbewegt, zunächst mit heruntergezogenen Mundwinkeln, dann lacht er. Er wird von seinem Vorgänger de Klerk auf den Platz geleitet. Neben de Klerk sitzt der Erste Vizepräsident Mbeki. Auf den Stufen des Parlaments aber, wie schon früher, wendet sich Mandela erst seinem zweiten Vizepräsidenten de Klerk zu, schüttelt zunächst ihm die Hand, als wolle er wieder vor der Welt bekunden, dass weiße Südafrikaner nichts von einer ANC-Regierung zu befürchten haben. Dann, nach dem Federbusch-Lobgesang, folgt der vielleicht symbolträchtigste Augenblick: Mandela steht auf, geht auf den Präsidenten der Inkatha-Freiheitspartei, Buthelezi, zu, der nun Abgeordneter in Kapstadt ist statt Ministerpräsident eines Homelands. Beide umarmen sich, besiegeln so das Bündnis nach Jahren eines blutigen Kampfes, dem weit mehr als Zehntausend Menschen zum Opfer fielen. Beide hatten sich als Freunde und Verbündete gesehen, bis sich Ende der siebziger Jahre der ANC von der Inkatha und Buthelezi abwandte, den es einst selbst in die Politik entsandt hatte. Ist dies der Beginn einer Ära des Friedens? Später steht Mandela nochmals auf in einer Geste der Versöhnung und umarmt die fünf Abgeordneten des kämpferischen Panafrikanistischen Kongresses, der sich vor mehr als 30 Jahren vom ANC abgespalten hatte.

Die ersten Worte im ersten demokratisch gewählten Parlament spricht auf Afrikaans ein Geistlicher. Er sagt nach einem Gebet, falls es je in Südafrika einen Grund zum Feiern gegeben habe, dann sei er jetzt gekommen, da es eine Regierung des Volkes für das Volk gebe. Zum Schluss betet ein Muslim – es sind vermutlich die ersten arabischen Worte im Parlament. Dass eine Frau Sprecherin wird – Frene Ginwala spricht ihre einführenden Worte in einem gepflegten Oxford-Englisch, wie man es in jüngeren Jahren dort selten hörte –, soll vielleicht abmildern, dass der ANC im Kabinett die Männerherrschaft früherer Jahre weitgehend fortsetzt.

Um zwölf Uhr fünfzehn dann der von Millionen Südafrikanern erwartete Augenblick: Der einzige Kandidat für das Amt des Staatspräsidenten ist Mandela. Der Oberste Richter erklärt ihn ohne Abstimmung für gewählt. Ein seltsam förmlicher, fast steifer kurzer Moment. Wieder kommt lauter Beifall unter Abgeordneten und Zuschauern auf. Einige wischen sich mit der Hand über die Augen. Auf diesen Tag mit dem ersten demokratisch gewählten, ersten schwarzen Präsidenten in der Geschichte des Landes habe Südafrika mehr als 300 Jahre gewartet, sagt Erzbischof Tutu am Nachmittag auf dem Balkon des Kapstädter Rathauses, den Tag der Befreiung für alle. Der Friedensnobelpreisträger sagt, er habe an diesem Tag erstmals die Nationalhymne der Weißen, die „Stem", gesungen, die eine der beiden künftigen offiziellen Hymnen ist, und er habe „sie geliebt". Tutu macht „dem Mann der Stunde, des Jahrzehnts und des Jahrhunderts" Platz. Mandela verweist vor mehreren Zehntausend Zuhörern auf die Geschichte des Widerstands, auf die nahegelegene Gefangeneninsel Robben Island, die Vision eines besseren Lebens. Vom gleichen Balkon hatte Mandela am Tag seiner Freilassung nach 27 Jahren Haft am 11. Februar 1990 gesprochen. Damals führte seine Rede zu einem Kurssturz an den Börsen, dem Verlust von zwei Milliarden Mark an Aktienwerten und zu Plünderungen in Geschäften. Jetzt sind die Zuhörer glücklich und diszipliniert, die Aktienkurse fest. Dann ruft Tutu wieder aus: „Wir sind heute frei." (1994)

Das erlösende Wort

Um ein Uhr morgens kommt das erlösende Wort. Der Generalsekretär der Nationalpartei, Roelf Meyer, sagt, die Nationalpartei werde trotz einiger Bedenken der Verfassung zustimmen. Dies sei das Ende einer Ära. Ernst und gespielte Albernheiten, Gähnen, einige Schärfen, dazwischen Pathos und Schattenkämpfe kennzeichneten das letzte Ringen um Südafrikas Verfassung. Am Nachmittag schon hatten sich die 490 Mitglieder der verfassunggebenden Versammlung vor dem Parlament in Kapstadt zum Gruppenfoto aufgestellt, derweil die Band zum Festakt für den nächsten Tag übte. Ob es aber zur Konfrontation und einer Verfassungskrise kommen werde oder zum Einvernehmen und jenem Fest, zu dem bereits mehrere Hundert Gäste geladen waren, war da keineswegs gewiss.

Noch am späten Abend liefen Verhandlungsführer hastig umher. Weit nach Mitternacht waren sich die Vorsitzenden der kleineren Parteien, der liberalen Demokratischen Partei, der gemäßigt-rechten Freiheitsfront, des Panafrikanistischen Kongresses von Azania noch unschlüssig, ob sie die Verfassung am nächsten Morgen billigen oder ablehnen würden; frühmorgendliche Fraktionssitzungen standen bevor, nachdem kurz vor Mitternacht umfangreiche und grundlegende Änderungen des Verfassungsentwurfs verteilt und verabschiedet wurden. Mit dem innerhalb seiner Partei heftig umstrittenen Wort Meyers aber war die Zweidrittelmehrheit und damit die neue Verfassung gesichert. Dabei ging es bei den Punkten, die erst in letzter Minute, südafrikanischer Tradition gemäß, entschieden wurden, um Themen, die für den Umbruch am Kap wichtig waren: Erziehung, Arbeitsrecht, Eigentumssicherung. Fast ohne Debatte wurden mitternächtlich Änderungen eingeschmuggelt und abgehakt, die zu anderer Zeit Aufsehen erregt hätten: Die Stimmenmehrheit, mit der das Parlament seinen Sitz von Kapstadt fort verlegen kann; der Zeitpunkt, zu dem die neue Verfassung in Kraft tritt; und die Sicherung von Pensionen für Beamte, Politiker und ehemalige Buschkämpfer und politische Häftlinge. Das hatte am Ende der Debatte unerwartet zur Verzögerung geführt. War dies nur ein „technisches Übersehen" oder ein Versuch der alten Machthaber, ihre ohnehin doppelten und dreifachen Pensionen ohne hohen Aufmerksamkeitswert weiter aufzustocken dank des Einigungszwanges? Ein ungutes Gefühl blieb, dass einigen Abgeordneten und Ministern der Apartheidjahre ihre Selbstversorgung wichtiger schien als zukunftsweisende Fragen.

Die Szenen erinnerten an die hektischen Schlussstunden der Verhandlungen von Kempton Park, die vor zweieinhalb Jahren zur Übergangsregierung, zur Übergangsverfassung, die nun abgelöst wird, zu den ersten demokratischen Wahlen in Südafrikas Geschichte und zum Machtwechsel führten. Damals waren die Emotionen echter und ausgelassener, es kam zu Umarmungen und nächtlichen Feiern. Jetzt ist man staatstragender und gefasster. Immerhin, Wasser- und Forstminister Kader Asmal, ein brillanter Sprecher, fasst für den ANC als letzter Sprecher die Grundzüge der Verfassung zusammen, einige Errungenschaften, bei denen die neue Verfassung vorbildlich ist für die Welt. Ein ANC-Abgeordneter sagt, dies sei der endgültige Abschied von der Apartheid im Schulwesen, ein anderer, dies sei die Nacht, in der alle Parteien zueinanderfänden.

Der Ablauf des Abends schien ein Sinnbild für das neue Südafrika, die Offenheit und Suche, die die neue Gesellschaft kennzeichnet, aber auch die Desorganisation. Irgendwie klappt am Ende alles doch. Südafrika ist eine der gewaltsamsten Gesellschaften der Welt. Dennoch gab es fast keine Sicherheitskontrolle beim Zugang zum Parlament und den Debatten, bei denen – außer Präsident Mandela und seinen beiden Stellvertretern – alle namhaften Politiker Südafrikas versammelt waren. In dem Ausschuss sitzen alle durcheinander, Abgeordnete, Senatoren und Minister, Fotografen und Journalisten, der Botschafter aus Bonn und Verfassungsberater aus Hannover. Carel Boshoff ist darunter, im gleichen Saal, in dem sein Schwiegervater Hendrik Frensch Verwoerd, als Premierminister einer der Väter der Apartheid, 1966 ermordet worden war.

Boshoffs Äußerung zur neuen Verfassung verblüfft: Die Verfassung habe fast alle Wünsche der weißen Rechten aufgegriffen, das Selbstbestimmungsrecht, den Volksstaatsrat, die kulturellen Rechte der Minderheiten. Boshoff ist Anführer einer Gruppe Weißer, die versucht, im abgelegenen und trockenen Nordkap eine weiße Enklave Orania aufzubauen.

Die Tribüne der großen Parlamentskammer zeigt ein ebenso buntes Bild. Zwölf Frauen in der traditionellen Kleidung der Abathembu, des Stammesclans Präsident Mandelas, kamen. Sie brachten ein Musikinstrument, einen Bogen mit aufgefügter Kalabasse, genutzt als Harfe. Der Pfeil fehlt im Bogen. Nahebei sitzen eine Frau in Rastamütze und der jugendliche Koordinator der Geheimdienste, ein früherer Buschkämpfer des ANC. Zwei Reihen davor lauscht der Generalsekretär des Gewerkschaftsdachverbandes mit Prinz-Heinrich-Mütze.

Vergnügt gibt sich auch der Vorsitzende der verfassunggebenden Versammlung, Cyril Ramaphosa: Er verliest den Abgeordneten mit ernsthafter Miene ein Dokument, auf das sich angeblich alle geeinigt hätten. Jeder Arbeitgeber darf aus jedem Grund aussperren; alle Kinder sollten in Afrikaans unterrichtet werden; bei der Zahlung von Entschädigungen für Enteignungen sollten zuvor die Provinzverbände der Landbesitzer und der Landbesetzer konsultiert werden und die Weltbank; bei der Deutung der Verfassung sollten das internationale Recht und das Kamasutra einbezogen werden. Jeder lacht über das Kabarettstückchen, Spannung und Schärfen schwinden. Dann gibt Ramaphosa eine abermalige Verschiebung um „nur zwanzig Minuten" – sie wird eine Stunde – bekannt, um „ein letztes kleines Problem" zu lösen. Dispute werden in kleinen Gruppen beraten zwischen dem ANC und der Nationalpartei. Kleine Parteien erreichen im Ausschuss noch einige Änderungen im Geist der neuen Eintracht, etwa die nicht zuletzt für deutsche Schulen in Südafrika wichtige Klausel, dass Privatschulen staatlich finanziert werden dürfen. Deutsch wird auch in der Verfassung genannt als erste unter den – neben den elf Landessprachen – zusätzlichen Sprachen, die gefördert und respektiert werden sollen: von Sanskrit und Telugu über Buschmannsprachen bis zur Zeichensprache Taubstummer. Am Ende murmelt eine Abgeordnete des ANC auf dem Weg zur Kammer, das hätte man wohl alles schon vor einer Woche erreichen können, Südafrikaner liebten aber wohl die Dramatik. Sie haben zumindest eine Taktik mit Erfolg gepflegt: Verhandlung durch Ermattung. (1996)

Glaube und Staat

Schuldbekenntnis und Versöhnungswille

Ein Sprecher der größten calvinistischen Kirche hat sich auf der ersten Konferenz aller bedeutenden Kirchen des Landes zur Schuld bekannt für das Leiden der Schwarzen, für das „soziale, politische, wirtschaftliche und strukturelle Unrecht, das die südafrikanische Gesellschaft entmenschlicht" habe. Die Nederduitse Gereformeerde Kerk (NGK) hatte einst die ihr eng verbundene Regierung gedrängt, die Apartheidpolitik zu festigen. Erzbischof Desmond Tutu nahm dieses Schuldbekenntnis an und bot, unterstützt durch eine Entschließung der Konferenz, Vergebung an. Damit gelang es der Nationalen Konferenz der Kirche in Rustenburg, die beiden gegenläufigen Strömungen unter den Kirchen Südafrikas einander anzunähern. Tutu sagte anschließend, dass die Kirchen gemeinsam beim Aufbau einer neuen Gesellschaft mitwirken wollten.

Mehr als 300 Vertreter von 85 Glaubensgemeinschaften halfen so, ihre Differenzen zu überwinden. Zwei Hauptgruppen stehen sich gegenüber: die „Anti-Apartheid-Kirchen", etwa Anglikaner, Katholiken, Methodisten, und jene, die eine politische Rolle der Kirche zurückhaltend beurteilen, etwa Calvinisten, Evangelikale, Baptisten, Pfingstler und viele der 2 400 schwarzen unabhängigen Kirchen. Nur zwei kleine konservative calvinistische Kirchen lehnten eine Teilnahme ab. In kleinerem Rahmen waren beide Seiten schon einmal zusammengekommen: 1960 im Johannesburger Vorort Cottesloe unter dem Eindruck eines Massakers in Sharpeville, bei dem Polizisten auf friedlich demonstrierende Schwarze geschossen und 69 Menschen getötet hatten.

Kurz nach der Einigung von Cottesloe war die NGK von der gemeinsamen Erklärung abgerückt. Das war für einen ihrer bekanntesten Geistlichen, Beyers Naudé, Anlass, seine Kirchenämter niederzulegen. Naudé, später in aller Welt respektierter Generalsekretär des Südafrikanischen Kirchenrates, predigte kurz vor der Rustenburg-Konferenz erstmals seit 27 Jahren von einer Kanzel der NGK. Er berichtete, die dem Südafrikanischen Kirchenrat verbundenen regierungskritischen Kirchen legten stärker Wert auf Gerechtigkeit, Menschenrechte und Menschenwürde, die „politisch neutralen" Kirchen betonten Versöhnung und Vermittlung.

Auf ihrer Synode kurz vor dem Rustenburg-Treffen hatte die niederländisch-reformierte Kirche in einem Bericht über „Kirche und Gesellschaft" Apartheid mittelbar zur Sünde erklärt und gesagt, sie habe zu lange geschwiegen. Naudé sagte, diese Synode sei ein Versuch der NGK gewesen, aus ihrer Isolation herauszufinden und einen Bruch mit der calvinistischen Kirche Farbiger und Schwarzer zu vermeiden. Die Synode, wichtiger Barometer für die Stimmung unter afrikaanssprachigen Weißen, forderte eine Menschenrechtscharta als Schutz gegen die „absolutistische Beherrschung" durch den Staat.   (1990)

Die Theologen ziehen sich zurück

Der Generalsekretär des Ökumenischen Rates der Kirchen, Konrad Raiser, wird bei einem Besuch in Südafrika eine Tagung des Zentralausschusses des Weltkirchenrates in Südafrika vorbereiten und sich mit dem Umbruch am Kap vertraut machen. Der Heidelberger Theologe kommt zu einer Zeit, in der nicht nur Politik und Gesellschaft im Fluss sind wie selten zuvor in der Geschichte des Landes; auch die Kirche und ihre Rolle wandeln sich. Wie wird es mit der Religionsfreiheit werden? Wie wird sich das Verhältnis von Staat und Kirche im „neuen Südafrika" gestalten? Zwei Tendenzen zeichnen sich ab: der Rückzug der Kirchenführer aus der Politik und der Verzicht des Staates auf das Bestreben, christliche Werte der Bevölkerung verbindlich zu machen. Diese doppelte Abkoppelung von Staat und Kirche lässt eine deutliche, aber von Wohlwollen gezeichnete Trennung von Staat und Kirche erwarten. Dazu kommt die Absicht aller Verfassungsväter im Mehrparteienkonvent in Kempton Park bei Johannesburg, erstmals in der Geschichte des Landes die Religionsfreiheit in einer gerichtlich einklagbaren Grundrechtscharta zu verankern.

Religionsfreiheit wurde auch bisher weitgehend beachtet, war aber bis 1990 beeinträchtigt durch Apartheid und die Sicherheitsgesetzgebung sowie durch den Versuch, trotz konfessioneller Vielfalt die Gesetzgebung calvinistisch-puritanisch zu prägen. Die Trennung der Rassen in getrennten Wohngebieten führte zu getrennten Gemeinden und Theologenausbildungsstätten. Die Bewegungsfreiheit von Pfarrern war eingeschränkt. Dazu kamen staatliche Repressionen gegen oppositionelle Pfarrer, wenn sie etwa gegen Zwangsumsiedlungen protestierten. Unliebsame „politische Priester" wurden ausgewiesen, gebannt, verhaftet. Zu den bekanntesten unter ihnen zählte der spätere Erzbischof Trevor Huddleston, der nach seiner erzwungenen Ausreise 1956 die britische Anti-Apartheid-Bewegung gründete und leitete. Er kehrte 1991 zurück, um den Kongress des ANC in Durban mit Gebet und erhobener Faust zu eröffnen.

In den Jahren des Verbotes der Widerstandsbewegungen wie des ANC übernahmen südafrikanische Kirchen oft eine Stellvertreterrolle. Kirchenführer sprachen bei politischen Veranstaltungen, gleichsam als Stimme der stimmlosen Unterdrückten, und forderten die Beachtung der Menschenrechte. Politische Veranstaltungen fanden oft in Kirchen statt, etwa der Regina Mundi in Soweto. Als Politiker aus der Haft oder dem Exil zurückkehrten, war das nicht mehr erforderlich.

Besonders auffallend war der Rückzug aus der Politik schon bald nach der Freilassung Mandelas bei dem Friedensnobelpreisträger Desmond Tutu. Der wortstarke Kapstädter Erzbischof forderte anglikanische Priester auf, nicht Parteien beizutreten; sonst sei es ihnen unmöglich, ihre pastorale Aufgabe zu erfüllen. Der frühere Generalsekretär der Bischofskonferenz der katholischen Kirche dagegen kritisierte diese „wenig hilfreiche" Äußerung Tutus. Die Kirche müsse die „Lügen der regierenden Klasse" enthüllen. Ein ANC-Sprecher behauptete gar, Christentum und Parteimitgliedschaft seien „untrennbar verbunden", Gott sei „im ANC" (der in seiner Frühgeschichte tatsächlich weitgehend von Pfarrern geprägt und geleitet wurde). Tutu aber hielt seine Position konsequent durch und war weniger sichtbar als früher. Der calvinistische Pfarrer Allan Boesak zog eine andere, ihm von seinem Lebensstil aufgezwungene Konsequenz. Er legte den Vorsitz des Reformierten Weltbundes nieder und verlor auch sein Pfarramt. Stattdessen wurde er nach einigem Hin und Her Regionalvorsitzender des ANC in der westlichen Kapprovinz.

Durchgängig ist der Rückzug aus der Politik nicht. Sichtbar wurde das, als sich der Südafrikanische Kirchenrat und die methodistischen und presbyterianischen Kirchen auf einer Konferenz der „Patriotischen Front" jenen Gruppen anschlossen, die ein Wahlbündnis mit dem ANC eingehen wollen. Der vorwiegend aus dem Ausland finanzierte Kirchenrat wiederum stellte Bedingungen für die Aufhebung noch bestehender Sanktionen, die noch über jene des ANC hinausgehen. Der Kirchenrat beriet in Absprache mit dem Antirassismus-Programm des Weltkirchenrates auch über einen Verhaltenskodex für Unternehmen.

Viele politisch aktive südafrikanische Theologen griffen den Kairos-Gedanken auf. Kairos will Unterdrückung, Menschenwürde und Wahrheit in den Vordergrund stellen. Der frühere Präsident des Weltkirchenrates, der botswanische Bischof Walter Makhulu, zitiert Kairos-Theologen mit dem Satz, Frieden oder Versöhnung ohne Gerechtigkeit könne es nicht geben. Kairos-Theologen, so Makhulu, wendeten sich dagegen, „süßlich zu lächeln", zu vergeben und zu vergessen, ohne sich „wirklich" um Wiedergutmachung zu kümmern. Hinter dem Streit um Kairos steht weiterhin die Frage, ob die Kirche im Streit als „dritte Partei" vermitteln oder stets auf der Seite der Unterdrückten stehen müsse.

Die „Befreiungstheologie" in Südafrika, die sich von jener in Lateinamerika unterschied, stieß auf erheblichen Widerspruch: Einer der führenden Liberalen Südafrikas, John Kane-Berman, und das von ihm geleitete Südafrikanische Institut für Rassenbeziehungen behaupten, die Kirchen hätten mit ihrer zweideutigen Haltung zur Gewalt, die sich in dem Antirassismus-Programm des Weltkirchenrates ausdrücke – von 1970 an erhielten Widerstandsbewegungen im südlichen Afrika zehn Millionen Mark vom Kirchenrat –, Gewalt legitimiert und damit gesät. Er kenne nicht eine einzige Stellungnahme der Kirchen, sagt Kane-Berman, welche Gewaltanwendung für politische Zwecke verurteile. Daher sei die Kirche mitverantwortlich für die Welle der Rechtlosigkeit und Gewalt.

Tutu kritisiert, dass Südafrika behaupte, ein christliches Land zu sein, während es dazu neige, andere Religionen zu übersehen. Eine Sonderrolle hatte auch hier die Nederduitse Gereformeerde Kerk gespielt, die über viele Jahre die Politik und Gesetzgebung des Staates zu beeinflussen wusste. Sie zog sich in jüngerer Zeit aus ihrer beherrschenden Rolle zurück; von ihr ist in der breiteren Öffentlichkeit kaum mehr etwas zu hören. Die Regierung in Pretoria zog aus der Erkenntnis, dass in Südafrika Christen, Hindus, Muslime, Juden, Ahnengläubige eng nebeneinander leben, 1992 Folgerungen. Von calvinistischem Denken geprägte Gesetze wurden geändert oder gelockert: das Verbot des Glücksspiels etwa und die Sonntagsheiligungsgesetze, die Kinovorführungen am Sonntag verboten, Handel beschränkt hatten. Südafrika war, behauptete der Direktor einer Kinokette, neben Iran und Libyen der einzige Staat der Welt gewesen, der Sonntagskino verboten habe.

Die Niederdeutsche Reformierte Kirche ebnete mit synodalen Stellungnahmen zur Apartheid, die sie früher mitentwickelt und mitgetragen hatte, den Weg zur Abschaffung der Rassendiskriminierung. Sie wie andere Kirchen bemühten sich in der Übergangsphase, politische Gewalt einzudämmen, widerstreitende Gruppen zusammenzubringen und miteinander zu versöhnen.

Zunächst war eine Aussöhnung untereinander gefordert. Erstmals trafen sich auf einer Kirchenkonferenz in Rustenburg Ende 1990 die Mitgliedskirchen des Südafrikanischen Kirchenrates mit Geistlichen der Nederduitse Gereformeerde Kerk, der charismatischen Pfingstler und der Afrikanischen unabhängigen Kirchen. Sie bekannten gemeinsam die Schuld, die sie auf unterschiedliche Art an der Apartheid trugen. Es seien Christen gewesen, sagte Frank Chikane, Generalsekretär des Südafrikanischen Kirchenrates, die ein „unmenschliches, böses und rassistisches Apartheidsystem theologisch gerechtfertigt" hätten. Ein Theologe wies auf Schwierigkeiten der in Südafrika „kranken Christenheit" hin: Ihr Beitrag zur Aussöhnung einer gespaltenen Gesellschaft werde dadurch behindert, dass die Kirche Teil des Problems sei.   (1993)

Ostern in Moria

Schmuck, Lippenstifte, Zigaretten, Waffen und Kameras dürfen nicht mit hineingenommen werden. Auf einem Schild am Eingang steht etwas verwirrend, „Europäer und Nicht-Europäer" dürften „weder Photos noch Nachrichten nehmen". Wenn zu Ostern wieder viele Hunderttausend, vielleicht mehr als eine Million schwarze Südafrikaner nach Moria zum alljährlich wohl größten Treffen von Christen in aller Welt kommen, sind Berichterstatter nicht erwünscht. Bei einem Besuch an einem früheren Wochenende werden die beiden Weißen – die einzigen, die weit und breit zu sehen sind – zwar freundlich, aber zurückhaltend begrüßt. Da sie nicht die „Sicherheitskarte" der Mitglieder der „Zion Christian Church" (ZCC) besitzen, begleitet sie der Wächter vom Eingang – das weitläufige Kirchengelände in Moria im Norden Südafrikas ist umzäunt – bis zum zentralen Platz vor der Kirche.

Hierhin also pilgern bis zu dreimal im Jahr – zu Ostern, Weihnachten und im August – die Gläubigen der größten Glaubensgemeinschaft Südafrikas, die zugleich die weitaus größte unabhängige schwarze Kirche des südlichen Afrika ist. Mit

4,5 Millionen Mitgliedern ist sie am Kap fast doppelt so groß wie die katholische Kirche dort. Zum 80. Gründungstag 1990 waren über Ostern nach Angaben der Kirche 3,1 Millionen Anhänger gekommen, auch aus Nachbarländern wie Namibia, Sambia und Zimbabwe. Aufnahmen aus der Luft zeigten eine unübersehbare Menge von Menschen und Bussen. Zwischen Gründonnerstag und Ostermontag sollte jeder die Hauptstraße von Pretoria aus gen Norden, Richtung Zimbabwe, meiden, will er nicht auf einer Strecke von 250 Kilometern in eine endlose Kolonne von Fahrzeugen geraten.

In der Nähe der Kirche in Moria tanzen an jenem „normalen" Sonntag gut 300 Frauen, einheitlich gekleidet in den traditionellen Farben Zitronengelb, Dunkelgrün, dazu Schwarz und Blau. Eine Blaskapelle, deren Mitglieder in Moria City leben, spielt. Viele ständige Bewohner gibt es neben der Kirchenleitung, der Blaskapelle und den Wächtern nicht. Am Hügelrand stehen viele Hütten bereit für Häuptlinge, die zu Besuch kommen.

Der stellvertretende Generalsekretär der ZCC, Solomon, trägt nur unwillig dazu bei, Fragen aufzuklären. Wo der Name Moria

Zion City Moria im Norden Südafrikas

herstamme, wisse er nicht, ebenso wenig, was der fünfzackige Stern, das Kirchensymbol, bedeute, das jedes Mitglied an seine Brust steckt. Ob man denn kurz in das im Jahr 1948 gebaute Kirchengebäude hineinschauen dürfe? Nein, darüber müsse nach vorheriger Anmeldung erst der Kirchenrat entscheiden. Die Öffentlichkeitsscheu innerhalb der gesellschaftlich und politisch einflussreichen Kirche hat zu Vorwürfen geführt, sie häufe Vermögen an. Dem wird entgegengehalten, dass das Vermögen, etwa eine Busgesellschaft, eine Sägemühle und großer Landbesitz, dazu diente, Gläubigen in Finanznot zu helfen und die mehr als 600 Kirchen zu unterhalten.

Zu den Ostertreffen kommen Ministerpräsidenten der Homelands und Bürgermeister der großen Townships. Im Jahr 1985 sprach dort Präsident Pieter Willem Botha. Für ihn war es ein Erfolg: Er konnte zeigen, dass ihm inmitten der Unruhen eine Schar von zwei Millionen Schwarzen zuhörte und Beifall spendete. Bothas Auftreten entsprach dem weitgehend konservativen Bild der Kirche. Khotso, Frieden, ist der traditionelle Gruß der Gläubigen. Sie sind im Umgang freundlich, fast untertänig, lehnen entschieden jede Gewalt ab und halten sich von der Politik fern. Dem Südafrikanischen Kirchenrat, dessen Haltung zur Gewalt nicht immer eindeutig war, gehört die ZCC nicht an. Auch in Kleidung und Lebensführung geben sich die Mitglieder konservativ. Die Männer in Moria, viele in Khaki, meist mit Jacketts, wirken fast uniformiert. Rauchen, Alkohol trinken und Schweinefleisch essen dürfen die Gläubigen nicht, die Heiligung des Sonntags nehmen sie ernst.

Theologisch steht die Zionskirche den Reformierten nahe, vermengt mit traditionellen afrikanischen Elementen und Riten. Neben ihr gibt es gut 3 000 weitere, meist sehr kleine schwarze unabhängige Kirchen in Südafrika. Ihre Zahl und ihre Größe wuchsen seit dem Beginn des Jahrhunderts sehr schnell. Jeder fünfte schwarze Südafrikaner gehört einer der unabhängigen Kirchen an, es dürfte Doppelmitgliedschaften mit den „etablierten" Konfessionen geben. Zwei Typen gibt es unter den Unabhängigen, die „Äthiopier", die sich von Missionskirchen wie den Methodisten oder Presbyterianern abspalteten und ihnen theologisch verbunden bleiben, und die „Zionisten" oder Apostoliker. Ihren Namen führen sie zurück auf amerikanische Pfingstler-Missionare, die aus Zion City im amerikanischen Bundesstaat Illinois kamen. Zion beziehen sie auf das Königreich Gottes, nicht auf Israel. Die „Zionisten" heben die Bedeutung des Heiligen Geistes, der Glaubensheiler und des Sprechens in Zungen hervor. Afrikanische Traditionen und Christentum werden verbunden.

Unterhalb des am Hügel in weißen Steinen ausgelegten, von der Straße weithin sichtbaren Schriftzugs „Zion City Moria" und dem fünfzackigen Stern mit ZCC in der Mitte steht das Haus des Kirchenführers. Der 35 Jahre alte Bischof Barnabas Lekganyane predigt jedes Jahr am Ostersonntag mehrere Stunden lang. Sonst ist er in der Öffentlichkeit nur selten, etwa beim Besuch einer der Gemeinden, zu sehen. Er genießt unter den Gläubigen große Verehrung. Viele sehen Bischof Barnabas als König von Zion und den Vertreter Gottes auf Erden an. Er ist Enkel des Kirchengründers, der die Gründung im Jahr 1910 mit einer himmlischen Vision begründete. Barnabas übernahm die Führung mit 21 Jahren von seinem Vater. (1991)

Kette des Segens

Als der Koran am Anfang der „Kette des Segens" von der ersten zur zweiten Moschee getragen wurde, begleiteten ihn einige Hundert Muslime durch die Straßen Kapstadts. Auf der letzten Wegstrecke zum Schrein Scheich Josephs, sechs Wochen später, waren es mehr als Zehntausend. Das kann als Symbol aufgefasst werden für die Renaissance, die der Islam in Südafrika erlebt. Ein Ausschuss hatte die Gedenkfeiern zur Ankunft Scheich Josephs im April 1694 bis ins Letzte vorbereitet. Abschnitte des Korans wurden nacheinander in mehr als 150 Moscheen und Privathäusern gelesen. Junge Muslime in weißen Gewändern trugen das heilige Buch weiter. Eine solche „Kette des Baraka", des Segens, habe es in der muslimischen Welt wohl noch nie gegeben, urteilte die muslimische Gemeinschaft in Südafrika. Im Kramat (Schrein) unweit der Meeresküste soll die aus Mekka stammende Koranausgabe nun für die nächsten 300 Jahre liegen.

Als erstes Glied in der Kette las in der Owal-Moschee, der 1797 gegründeten ältesten Moschee des Landes, der älteste Koranrezitator, ein 83 Jahre alter Scheich. Ihm folgte ein ägyptischer

Owal Moschee im Bo-Kaap, Kapstadt 1994

Scheich; Kap-Muslime, so wurde er begrüßt, hätten stets Ägypten als Mittelpunkt der Gelehrsamkeit empfunden. Die Gedenkfeiern in Südafrika wurden von Muslimen in aller Welt unterstützt. In Istanbul hatte der Mufti der Stadt dem Ausschuss eine Kopie des Siegels des Propheten gegeben, das Original wird im Topkapipalast aufbewahrt. In London sagte die Muslimische Kunststiftung zu, ein Sonderheft ihrer Zeitschrift den südafrikanischen Muslimen zu widmen. In Dschidda versprachen die Organisation der Islamischen Konferenz und die Islamische Entwicklungsbank Hilfe. In Malaysia – dessen Verteidigungsminister zum Abschluss der Feiern nach Südafrika kam – fand der Ausschuss Gehör mit seinem Anliegen, mit Abendschulen die Zahl der Analphabeten zu senken.

Das zweite Glied der Kette war die Moschee im District Six. Die Gebäude in ihrer Umgebung wurden vor knapp 30 Jahren abgerissen, um die Farbigen aus dem Distrikt zu vertreiben – er war damals Mittelpunkt des kulturellen Lebens, der Bonhomie und des Bandentums farbiger Kapstädter. District Six am Fuße des Tafelberges blieb in aller Welt ein Symbol des Rassenwahns. Bücher und ein Musical halten die Erinnerung an ihn wach.

Die Owal-Moschee liegt inmitten des Bokaap, des Malaienviertels zwischen Innenstadt und Signalhügel. Die Kapmalaien kamen kurz nach der Ankunft der ersten Siedler aus den Niederlanden 1652 als Handwerker, Musiker – der traditionsreiche Coonkarneval zum Jahresbeginn und zahlreiche Malaienchöre zeugen davon –, Kutscher und Köchinnen. Sie galten als zuverlässig und geschickt. Der Zustrom von Sklaven und etwa Tausend politischen Flüchtlingen aus Indonesien, Südindien und Ceylon wurde 1767 unterbunden. Die ersten „freien Malaien" aus den Molukken genossen aber gleiche Rechte wie die „freien Bürger" aus dem holländischen Mutterland.

Mit der Ankunft Scheich Josephs und seiner Imame aus Java begann der Islam in Südafrika aufzublühen. Der Scheich war als Freiheitskämpfer den holländischen Behörden in Indonesien lästig geworden; der Gouverneur der Kapprovinz indes hieß ihn willkommen. Scheich Joseph gilt als Begründer der muslimischen Gemeinschaft am Kap und als bedeutender Gelehrter. In seinen letzten Lebensjahren bekehrte er Sklaven und Hottentotten. Sein Schrein in Macassar bei Faure, nahe Kapstadt, ist Wallfahrtsort: Dort fand die „Kette des Segens" ihren Abschluss. Etwa die Hälfte der 450 000 Muslime in Südafrika sind Farbige und wohnen bei Kapstadt.

Eine zweite große Gruppe sind die indischen Muslime. Die Arbeiter auf den Zuckerplantagen, die von 1860 an nach Natal gebracht wurden, waren meist Hindus. Unter den „freien" Einwanderern aus Indien dagegen waren die Muslime stärker vertreten. Auch jetzt sind muslimische Inder meist besser ausgebildet als die Hindus Südafrikas.

Schließlich gibt es kleinere muslimische Gemeinschaften, Anhänger der Ahmadiyya-Bewegung aus Pakistan etwa, „schwarze Zanzibari", Nachkommen von Sklaven aus Sansibar, und zunehmend Schwarze aus den Townships. Der Haupt-Imam von Mekka und Medina weihte eine Moschee in Khayelitsha ein, einer

Die „Ditch Workers" (Grabenbauer) stampfen im Takt ihrer Lieder das frisch ausgehobene Erdreich fest, Johannesburg, 1951

Die „Midnight Kids", Sophiatown, 1954

„Township Shuffle", das Swing-Publikum war von den heißen Rhythmen begeistert,
Sophiatown, 1951

Weiße in Südafrika: Die bessere Gesellschaft traf sich jährlich im Juli beim Pferderennen in Durban, 1960

Seilspringen am Pool, Johannesburg, 1960

Freitagabends ging man ins „Ritz", um Swing zu tanzen, Johannesburg, 1951

Nelson Mandela in seiner Anwaltskanzlei, Johannesburg, 1952

Nelson Mandela in der Gefängniszelle, hier verbrachte er 18 seiner 27 Jahre in Haft, Robben Island, 1994

Open-Air-Friseur, Soweto, 2003

Charlie und Paul in einer Schulaufführung, Johannesburg, 1994

Mutter und Kind: ein Leben in Kliptown, Soweto, 2003

Mr. Tomatie, Soweto, 2003

Leah Bruintjies mit ihrer Tochter Griet Fortuin, Oudtshoorn, 2005

Johannah Boya in ihrer Küche in Tweefontein, Limpopo Province, 2005

Miriam Makeba, „Mama Afrika", Johannesburg, 1955

Slumsiedlung bei Kapstadt, nach, wie es hieß, „Jahrzehnten des Kampfes" für die Festigung des Islams in den Townships. Auch in Soweto steht eine Moschee. (1994)

Südafrikas Muslime erwachen

Seit 300 Jahren leben Muslime in Südafrika. Bis vor ein, zwei Jahren hatten sie sich politisch wenig geregt. Das wollen sie jetzt anscheinend rasch und gründlich ändern. Sichtbar wurde das bei den Feiern, mit denen sie der Ankunft ihres ersten geistlichen Führers Scheich Joseph im April 1694 gedachten. Mehrere Zehntausend Muslime marschierten auf den Straßen Kapstadts. Der ANC-Präsident Mandela blieb seinem Gespür treu, im Wahl-

Muslimische Demonstration in Kapstadt

kampf an den richtigen Stellen zu sein und die richtigen Worte zu finden. Er dankte Muslimen für ihre Rolle im Befreiungskampf und sagte, der ANC sichere Religionsfreiheit zu. Er trete für die Anerkennung des muslimischen Familienrechts ein. Es sei, so Mandela, eine Schande, dass muslimische Eheschließungen in Südafrika nicht anerkannt würden.

Nur gut ein Prozent der gut 40 Millionen Südafrikaner bekennen sich zum Islam: fünf Prozent der Farbigen und 19 Prozent der Inder. Diese Zahl scheint gering, gemessen an den 350 Millionen Muslimen in Afrika. Der Einfluss der südafrikanischen Muslime wird jedoch größer. Sichtbar wird ihr Erwachen weniger in der Gründung von zwei islamischen Splitterparteien als in der Gründung einer Fülle neuer Verbände, dem häufigeren Tragen des Schleiers oder der palästinensischen Kleidung und einer Radikalisierung kleiner Gruppen. Etwa 600 Organisationen, die muslimische Interessen in Südafrika vertreten, hatten einen Verband Muslimischer Einheit gebildet. Die Gründungsversammlung fand in einer von zwei Islamischen Banken am Kap statt. Eine Muslimische Mediengesellschaft beantragte eine Sendelizenz.

Die Radikalisierung der Muslim-Gruppen ging einher mit ihrer Zersplitterung. Im Golfkrieg unterstützten einige zunächst den irakischen Präsidenten Saddam Hussein „als Glaubensgenossen". Ein Muslimischer Theologenrat in Port Elizabeth wollte 10 000 Mann für den Krieg im Irak rekrutieren. Wegen der Kurdenverfolgung aber besann man sich später anders; Saddam Hussein habe, so der Herausgeber einer muslimischen Zeitung, sein wahres Gesicht gezeigt. Er töte unschuldige Muslime, um an der Macht zu bleiben. Andere Gruppen unterstützen Iran. Die 1980 in Kapstadt gegründete Qibla-Bewegung unterstützt den kämpferischen Panafrikanistischen Kongress von Azania (PAC). Bei einer Konferenz in Teheran sprachen sich Qibla-Anhänger für die Bildung einer „Internationalen Muslimischen Armee" aus, die Palästinensern beim Kampf gegen Israel helfen sollte. (1994)

Jüdische Diaspora

Ein Demograf hat in einer Untersuchung festgestellt, dass Juden in Südafrika Glaubenstraditionen strikter anerkennen und befolgen als in den Vereinigten Staaten und Großbritannien. Der Hochschullehrer Barry Kosmin, ein führender Fachmann für jüdische Demografie, bezeichnete südafrikanische Juden als die gläubigsten Juden der Welt. Der Anteil der Juden, die wöchentlich Synagogen besuchen, liegt in Südafrika mit 40 Prozent doppelt so hoch wie in Großbritannien und viermal so hoch wie in Amerika. Nur sechs Prozent südafrikanischer Juden beschreiben sich als nicht religiös. Während mehr als die Halfte amerikanischer Juden außerhalb ihres Glaubens heirateten, liege der Anteil in Südafrika bei nur sieben Prozent, berichtete der in Johannesburg erscheinende „Jewish Report". Untersuchungen Kosmins in den Vereinigten Staaten im Jahr 1990 hatten zu Unruhe unter amerikanischen Juden geführt, weil er eine hohe Analphabetismusrate und einen hohen Anteil von Heiraten außerhalb des eigenen Glaubens festgestellt hatte.

Kosmin bezeichnete die südafrikanische jüdische Gemeinschaft als stark und kraftvoll verglichen mit anderen größeren Diaspora-Gemeinden. Im Finanzwesen, im Bergbau, in der Literatur und in der Wissenschaft stellen jüdische Südafrikaner einen herausragenden Anteil. Zu ihnen zählt etwa die Bürgerrechtlerin Helen Suzman, die lange Jahre als einzige Frau und einzige Oppositionsabgeordnete im Parlament entschieden für die schwarze Mehrheit und für die Achtung der Menschenrechte eintrat. Auch der Anteil jüdischer Bürger unter Weißen, die in den Jahren des Exils und Widerstands dem Afrikanischen Nationalkongress nahestanden, war hoch. Geschwächt wurde in den vergangenen Jahren die jüdische Gemeinschaft, heute etwa 100 000 Menschen, durch eine große Auswanderungswelle. Auch der Direktor des Südafrikanischen Jüdischen Rates will in die Vereinigten Staaten auswandern. Die erste jüdische Gemeinde wurde 1841 in Kapstadt gegründet, in Johannesburg wurde sie 1887 kurz nach der Gründung der Stadt begründet. Johannesburg wurde nach der Entdeckung von Diamanten und Gold, die zu einer starken Einwanderung geführt hatten, Mittelpunkt der jüdischen Gemeinschaft. Diese Gemeinschaft wurde durch die Zuwanderung vieler geflüchteter jüdischer Deutscher in den dreißiger Jahren gestärkt und führte zu einem Aufschwung in der Pflege klassischer Musik und der bildenden Kunst. (1999)

Holocaust-Museum

Die jüdische Einwanderung nach Südafrika, Parallelen zwischen den Rassengesetzen des Nationalsozialismus und der Apartheid, die Rolle der südafrikanischen Luftwaffe beim Aufspüren von Konzentrationslagern: Die Holocaust-Gedenkstätte in Kapstadt will die südafrikanische Jugend mahnen. Die eindrucksvolle Stätte, angegliedert an eine Synagoge, ein jüdisches Museum und ein Gemeindezentrum in der Nähe des Parlaments, ist mit ihrer Gestaltung und Zielsetzung auf große Aufmerksamkeit gestoßen. Finanziert wurde das erste Holocaust-Museum Afrikas – es gibt etwa 200 Gedenkstätten überwiegend in Nordamerika und Europa – ausschließlich durch Spenden der jüdischen Gemeinde in Kapstadt.

Es macht darauf aufmerksam, dass Deutsche auch Widerstand leisteten und Rettungsaktionen unternahmen, verbunden etwa mit den Namen Weiße Rose, Martin Niemöller und Oskar Schindler. Zudem wird nicht nur der ermordeten Juden gedacht, sondern auch anderer Opfer aus den Vernichtungslagern wie Sinti und Roma, Behinderter, Homosexueller und Zeugen Jehovas. Vor Antisemitismus wird gewarnt, aber auch vor anderen Formen der Diskriminierung wie Rassismus und Rassenhass.

Unter den ersten Besuchern waren zahlreiche Deutsche, vor allem Touristen, weniger Ortsansässige. Einige Ausstellungsstücke stammen aus dem Bundesarchiv und dem deutschen Generalkonsulat in Kapstadt. Zur Deutschen Schule in Kapstadt gibt es gute Kontakte: Das Museum führt deutsche Klassen zusammen mit Klassen aus jüdischen Schulen. Schwarze Schüler – Klassen aus den Townships – gehörten zu den ersten Besuchern.

Die Schaubilder und Fotos zeigen Parallelen zwischen den Nürnberger Gesetzen und der Apartheidsgesetzgebung: Parkbänke nur für Schwarze oder nur für Juden, das Verbot von „Mischehen" und „Rassenschande", Rassenklassifizierung oder das Vermessen der Schädel von Juden. Es ist kein Zufall, dass viele der Architekten der Apartheid in den dreißiger Jahren in Deutschland studiert und dort grundlegende Ideen gesammelt haben.

Eine südafrikanische christliche, nationalistische und sozialistische Bewegung, deren Mitglieder später „Grauhemden" genannt wurden, wurde 1933 mit Sitz in Kapstadt gegründet. Später wurde sie aufgesogen von der Nationalpartei, die in Pretoria 1948 die Macht übernahm. Sie unterlag knapp, als das Parlament in Kapstadt über den Kriegseintritt Südafrikas an der Seite der Alliierten entschied. Erfolg hatte sie dagegen beim Versuch, die jüdische Einwanderung ans Kap zu verhindern. 3 600 deutsche Juden waren bis 1936 nach Südafrika gekommen. Der größte Teil der kleinen, aber einflussreichen jüdischen Bevölkerung Südafrikas kam indes vorher, zwischen 1880 und 1930, aus Litauen und Lettland. Im Oktober 1936 protestierten mehr als Tausend Grauhemden am Kapstädter Hafen bei der Ankunft der „Stuttgart" gegen 538 deutsch-jüdische Einwanderer. Bald darauf erließ Südafrika, im Einklang mit vielen anderen Staaten, ein strikteres Einwanderungsgesetz.

Das Museum weist auf eine wenig bekannte Rolle Südafrikas hin: Ein südafrikanisches Luftaufklärungsgeschwader hatte im Zweiten Weltkrieg einen großen Teil der Luftfotos über Deutschland aufgenommen. Unter ihnen waren am 4. April 1944 Luftaufnahmen aus Auschwitz, auf denen die Lager und die Menschenreihen deutlich sichtbar waren. Erst 28 Jahre später gab der amerikanische Geheimdienst die Herkunft der Bilder bekannt; sie galten bis dahin als amerikanische Luftaufnahmen.

Eine Frage, die Schüler aus den Townships bei der Führung immer wieder stellen, ist die nach der Rolle der Juden in den Jahren der Apartheid: Haben sie gelernt aus ihrer Vergangenheit und Widerstand geboten? Unter den 23 angeklagten Weißen beim Hochverratsprozess gegen Apartheidgegner vor fast 40 Jahren waren elf Juden. Der von Pretoria einst meistgehasste Weiße im Untergrund war der Kommunistenführer Joe Slovo, ein jüdischer Südafrikaner. Es gab mutige Juden und Rabbis, eine offizielle Verurteilung der Apartheid durch jüdische Organisationen indes nicht. Das Anliegen der Gedenkstätte wird im Symbol des Holocaust-Zentrums wiedergegeben: Ein einzelnes grünes Blatt sprießt zwischen Stacheldraht hervor. (1999)

Kunst und Kern

Barbaren vor den Türen

Vier große und angesehene Theater mit jeweils mehreren Bühnen gab es zur Jahrtausendwende noch in Johannesburg und Pretoria, dem wirtschaftlichen Herzland Südafrikas. Kurz danach ist eines geschlossen. Die anderen drei, darunter das weltbekannte Markttheater in Johannesburg, sind bedroht. Vor allem „eurozentrische" Kunstformen werden als überflüssig betrachtet. Fast monatlich schloss eine Ballettgruppe, ein Orchester, eine Bühne. Die neunzig Jahre alte Johannesburger Kunstgalerie mit Beständen Alter Meister ist gefährdet, nachdem sich die Besucherzahlen mehr als halbiert haben, Ausstellungen bedeutender europäischer Künstler gelegentlich ohne Besucher bleiben, der Regen durch die Decke tröpfelt. Gleichzeitig aber sprießen in den sterilen weißen Außenbezirken der Millionenstadt Kasinos, ein Abenteuerpark, Boulevardbühnen, Kinos, Einkaufszentren aus dem Boden.

Johannesburg, das kulturelle Zentrum des südlichen Afrika und vielleicht auch Afrikas, werde zu einer Wüste, sagt resignierend einer der erfolgreichsten Theaterproduzenten Südafrikas, dessen Aufführungen auf Festivals in Europa und Amerika gesucht sind, in der Heimatstadt aber vor leeren Rängen spielen. Zeitungen sprechen vom „Kulturmord". Südafrikas kundigste Tanzkritikerin Adrienne Sichel schreibt, das Land sei dabei, wie ein west- oder zentralafrikanischer Staat zu werden, dessen ästhetische Pioniere als Exilanten nach Europa gingen. Ein Theaterkritiker schrieb in Anlehnung an den Roman John Coetzees, die Barbaren, auf die man warte, seien nicht mehr an den Toren, sie seien innen und oben. Leserbriefschreiber fühlen sich an eine Kulturrevolution erinnert. Ein schwarzer Oppositionspolitiker gar weist auf den kambodschanischen Diktator Pol Pot, der zu Beginn seines Zerstörungsfeldzugs alle Zentren der Ausbildung und der Künste untergrub. Was bleibt noch in einem Land, das von künstlerischer Energie, von Tatendrang und Talent, auch von internationalem Ansehen in den Künsten, birst, und dessen Präsident unablässig eine „afrikanische Renaissance" beschwört, wenn die große Kunst gegangen ist?

Drei der vier Symphonieorchester Südafrikas und das Nationale Kammerorchester sind seit Jahresbeginn aufgelöst worden. Ein hauptberufliches Orchester gibt es nur noch in der Hafenstadt Durban. Der halbstaatliche Rundfunksender schaffte sein seit sechsundsiebzig Jahren bestehendes Nationales Symphonieorchester ab und entließ die sechsundsechzig Musiker. Einer verdingt sich jetzt als Blumenhändler, ein anderer als Taxifahrer, ein Dritter spielt seine Tuba immerhin noch in der Kirche. Das Rundfunkorchester war im vergangenen Jahr fast jede Woche öffentlich aufgetreten, auch in Townships, im Bemühen, deren Bewohnern klassische Musik näher zu bringen. Dabei stieß es auf offene Ohren, weil kirchliche Choralmusik im schwarzen Südafrika eine alte und tiefe Tradition hat. Ende Juni gab dann das Kapstädter Philharmonische Orchester nach sechsundachtzig Jahren auf; ein kleineres Nachfolgeorchester sucht noch nach Sponsoren und einem Wirtschaftsplan. Das Kammerorchester in Mafikeng mit sechsunddreißig Musikern wurde wegen Geldmangels liquidiert, obwohl es im vergangenen Jahr als einziges Orchester abseits der Großstädte 175 Aufführungen vor einer Million fast durchgehend schwarzer Zuhörer gab. Der zuständige Beamte begründete die Schließung damit, das Ensemble habe „eine elitäre Form der Musik" gespielt.

In Kapstadt und Johannesburg versuchen immerhin entlassene Musiker, von ihnen selbst getragene kleinere Orchester als Nachfolger zu gründen: mit Hilfe von Unternehmen. Vom

Staat, der mit seiner neuen kulturellen Ausrichtung vor allem afrikanische Musik und Townshiptheater fördern will, aber auch das nicht so recht tut, können sie kein Geld mehr erwarten. Im vergangenen Jahr hatte der Kultusminister dem Nationalen Symphonieorchester, das er einen „nationalen Schatz" nannte, noch 30 000 Euro Subvention geboten: gut ein Prozent des Jahresbedarfs. Sponsoren können ihre Spenden nicht steuerlich absetzen, ein wesentlicher Grund für die Malaise in einem Land, das eigentlich eine höhere Spendenbereitschaft zeigt als viele andere Gesellschaften.

Mit der Schließung des Kapstädter Orchesters können Opern- und Ballettaufführungen nur noch mit Begleitung durch Musikkonserven aufgeführt werden. Immerhin gibt es in Kapstadt noch die einzige, auf dreißig Tänzer verkleinerte Balletttruppe Südafrikas. In Pretoria war das Ballett gleichzeitig mit der Schließung des Staatstheaters in den vergangenen Wochen aufgelöst worden. Das Kapstädter Ballett galt einst als eines der besten der Welt. Viele britische Spitzentänzer und Choreografen zum Beispiel im Londoner Royal Ballet kamen – wie auch der Südafrikaner John Cranko, der später zum Stuttgarter wurde – von der Kapstädter Ballettschule, der ersten einer Universität angegliederten Ballettschule der Welt. Bei der Abschiedsvorstellung des Balletts in Pretoria, das siebenunddreißig Jahre lang stets vor vollen Häusern gespielt hatte und Gastspiele selbst in Peking gab, wiederholten vier Paare nacheinander das Liebesduett der „Lustigen Witwe". Flaggen auf der Bühne hingen halbmast. Ein Tänzer zeigte auf die leere Kriegstruhe des Operetten-Kleinstaates, auf der „Südafrikanische Künste" stand. Das Königliche Dänische Ballett erfuhr erst bei seiner Ankunft in Pretoria von der kurzfristigen Schließung: Beide Gruppen hatten nach mehr als einem Jahr Vorbereitungen gemeinsam auftreten wollen.

Ebenso aufgelöst wurde die zeitgenössische Tanzgruppe am Staatstheater, die vielfach international auftrat. Die Tänzer der von Beginn an rassisch integrierten Gruppe gehen jetzt ins norwegische Bergen, nach London, nach Schweden, die Ballett-tänzer nach Hongkong, Paris und Santiago de Chile. Viele junge schwarze Tänzer und Schauspieler sehen in ihrer Heimat keine künstlerische Zukunft mehr. Ballett war, wie klassische Musik, bis vor Kurzem noch eine überwiegend weiße Kunstform. Just da sich das aber zu ändern begann – unter den siebzig Schülern der Ballettschule in Pretoria sind fünfundvierzig schwarz –, wird ihrer Zukunftsplanung der Boden entzogen.

Selbst im Schauspiel, das in Südafrika alles andere als eine „elitäre, eurozentrische" Kunst ist, sondern eines der Elemente des Widerstands in den Jahren der Apartheid war, wird der Niedergang spürbar: Als eine schwarze Truppe Shakespeares „Julius Caesar" in Soweto zeigte, waren dort doppelt so viele Schauspieler wie Zuschauer zu sehen. Als der Schriftsteller André Brink sein erstes Theaterstück seit zwei Jahrzehnten auf die Bühne brachte, kamen zur öffentlichen Generalprobe sieben Zuschauer, darunter drei Ausländer. Zur Johannesburger Eröffnung eines Puppentheater-Stückes der Handspring Puppet Company, der seit vielen Jahren im Ausland erfolgreichsten südafrikanischen Theatertruppe, kam fast jeder, der Rang oder Namen hat in der südafrikanischen Theaterwelt. Die Kritiken in Zeitungen befanden, die Collage von Puppenspiel, Schauspiel, Videofilm, Theater und Originalmusik über die Auswilderung eines gezähmten Schimpansen sei „magisch", „eindringlich", „ehrfurchtgebietend", verändere die Sehweise. Am zweiten Abend aber fanden nur sechzehn Zuschauer in die Aufführung eines Stückes, das zuvor bei Festivals in Hannover, Recklinghausen und München volle Häuser hatte.

Die erste große Theaterschließung gab es in Kapstadt, Pretoria folgte mit dem Staatstheater. Beim Staatstheater spricht das Kultusministerium offiziell nur von „Einmotten". Auch hier wird eine lange geplante Vorstellung, Arthur Millers „Tod eines Handlungsreisenden", als vorläufig letztes Stück nur angeboten, weil Schauspieler, Regisseur und Bühnentechniker das finanzielle Risiko übernahmen. Grund der Schließung war nicht zuletzt,

dass die Theaterverwaltung einen Reptilienfonds in Millionen-
höhe spekulativ angelegt und alle Gelder verloren hatte, wohl
auch Gelder verschwanden: Das Kultusministerium, das seine
Aufsichtspflichten vernachlässigte, wollte dafür nicht einstehen.

In Johannesburg hat das Staatstheater einen kleineren Ableger
im denkmalsgeschützten „Windybrow" mit ebenfalls drei Bühnen. Dort treten fast ausschließlich schwarze Gruppen auf, größte
Zielgruppe sind Schulen mit vorwiegend schwarzen Schülern. An
der Hautfarbe lag es also nicht, sondern an Geldmangel und an
anderen Prioritäten, dass auch das „Windybrow" vom Theatertod
bedroht ist und nur durch eine Finanzspritze des Ministeriums
kurz vor dem Konkurs das Sterben um einige Wochen verlängert
wurde. Eine solche Finanzspritze gab es beim ungleich größeren und besser ausgestatteten Stadttheater Johannesburg mit
200 000 Zuschauern jährlich nicht, zumal auch der Stadtrat wenig
Interesse an Kultur zeigt. Vorerst dürfte das Gebäude ebenso wie
das Staatstheater vermietet werden für Unternehmenskonferen-
zen und Rave-Partys.

Wohl am deutlichsten und nachhaltigsten, und außerhalb
Südafrika folgenreichsten, ist die Krise des „Markttheaters", das
als inoffizielles Nationaltheater nach dem Machtwechsel vom
Ministerium immerhin einige Millionen, aber zu wenig zum
Überleben erhielt. Das Markttheater mit seinen drei Bühnen in
einem ehemaligen indischen Gemüsemarkt war seit zwei Jahrzehnten das Zentrum des nichtrassischen Kulturlebens Johannesburgs und Südafrikas. Im Theater und dem angrenzenden
Jazzlokal Kippie's traf sich fast allabendlich die geistige Elite des
Landes. Dort waren Minister, Gewerkschaftsvorsitzende, Unternehmer, der jetzige Präsident regelmäßig zu sehen. Dorthin
kamen Politiker von Al Gore bis zu Joschka Fischer, europäische
Königinnen, Musiker von Harry Belafonte bis zu ZZ Top, mal
mit großem Aufwand, mal still. Viele Stücke des Südafrikaners
Athol Fugard, die anschließend um die Welt gingen, wurden
hier uraufgeführt. Peter Brook und Steven Berkoff traten hier
auf.

In diesen Tagen aber wird die Hälfte der nur dreiundsechzig Mitarbeiter entlassen. Die Heizung funktioniert nicht, kann aber wegen Geldmangels nicht repariert werden: nicht gerade Zuschauer heranlockend bei abendlichen Temperaturen um oder unter dem Gefrierpunkt. Der Leiter des Markttheaters, der angesehene Schauspieler John Kani, der auch dem Staatstheater vor seiner Schließung vorgestanden hatte, lässt sich in seinem Haus kaum sehen, das nicht zuletzt am Desinteresse seiner Führung leidet, die lieber im Ausland auftritt und Preise entgegennimmt. Die Krise des „Markttheaters" und die desolate Situation der anderen Häuser kann als Symbol für die Krise Südafrikas und seiner Zerrissenheit gelesen werden. Denn die Zahl junger Menschen steigt, die es aus Südafrika fortzieht nach Australien, Kanada, Europa. (2000)

Marlene Dumas

Sie sei nicht von hier und nicht von dort: Mit diesem klaren und doch rätselhaften Satz beschreibt Marlene Dumas ihr Verhältnis zu ihrem Geburtsland Südafrika und zu ihrer Wahlheimat, den Niederlanden. Beide Länder betrachten sie als ihre wichtigste Künstlerin. In Europa wird sie bewundert und teils verehrt, in ihrem Geburtsland kannten selbst viele Kunstkenner nicht ihren Namen, geschweige denn ihre Werke, die auf dem Kunstmarkt höhere Preise erzielen als die jeder anderen lebenden Künstlerin. Das beginnt sich zu ändern mit der ersten Ausstellung in Südafrika, die nicht nur eine Art später Heimholung ist, sondern auch eine von ihr selbst kuratierte Werkschau, die es in dieser Art von ihr bisher nicht gab, sichtbar schon am Titel: „Intime Beziehungen".

Die Ausstellung in der Südafrikanischen Nationalgalerie in Kapstadt zeigt neben einem Gesamtüberblick erstmals ihre ersten Zeichnungen aus Schultagen, frühe Bilder aus Familienbesitz, ihr Tagebuch und Notizen aus Schul- und Studientagen. Die Überblicksschau kommt zur richtigen Zeit: Mit dem Düsseldorfer

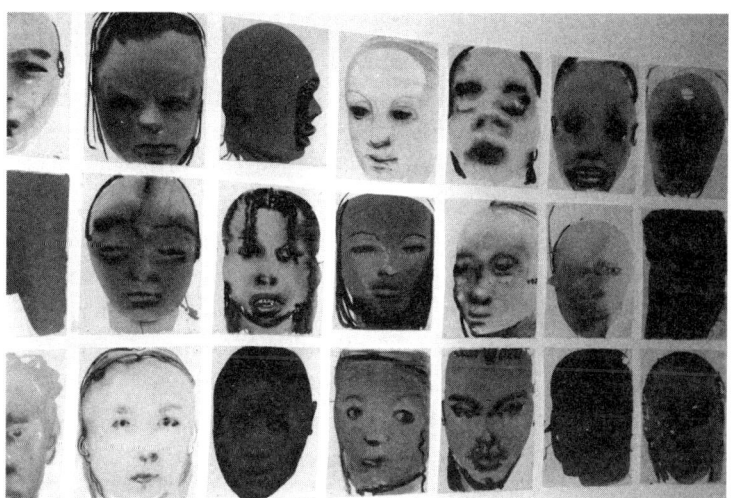

Porträtserie „Die nächste Generation" von Marlene Dumas

Kunstpreis, der für ein in der Gegenwartskunst richtungweisendes Werk verliehen wird, erhielt Dumas im Dezember 2007 eine der höchstdotierten deutschen Kulturauszeichnungen – und just versöhnt sie sich innerlich und äußerlich mit ihrem Heimatland. Sie hatte es 1976 nicht wie viele andere als Exilant verlassen, sondern um sich weiter auszubilden. Nach dem raschen Erfolg – er begann mit ihrem ersten Documenta-Auftritt 1982 als erste Künstlerin aus Afrika – aber blieb sie.

Im Weinanbaugebiet nahe Kapstadt war sie aufgewachsen. Durch ihre Berichte und Notizen werden viele ihrer späteren Themen biografisch zuordenbar. Ihr Verhältnis zur Sexualität, zu Mann und Frau steht im Zusammenhang mit der Prüderie des Schülerheims in Stellenbosch, wo sie „ihre erste Begegnung mit dem Bösen" hatte; ihre Darstellung des Fremden, von Menschenporträts aller Rassen und Altersgruppen mit ihrer Erfahrung mit der Apartheid. Ihre Studien an der Michaelis School of Fine Art der Kapstädter Universität haben, sagt sie, ihre Ideen, ihre Bilderkraft, den Zugang zu Philosophen und Künstlern, die Umsetzung in ihre Kunst geprägt.

Dumas' Werke aus den Siebzigern und frühen Achtzigern waren scheinbar weniger politisch, zumindest weniger plakativ als die manch anderer südafrikanischer Künstler – aber dadurch auch tiefgründiger. Ihr Selbstporträt von 1984 nennt sie frei nach Hannah Arendt „Böse ist banal". In jenen Jahren spielt die Farbe Weiß eine Rolle in ihren Bildern – Schneewittchen ist ebenso vergiftet wie das Bild „Die weiße Krankheit". Weiß in Südafrika zu sein ist wie schleichendes Gift und wie Rassismus eine Krankheit. Sie sei, schrieb Marlene Dumas, nicht gekommen, um Freiheit zu propagieren, sondern um die Krankheitssymptome ihrer Zeit zu zeigen. Dass sie auch in der Ferne sich Kapstadt verbunden fühlte, zeigte schon ein Ensemble, das seit Langem in der Nationalgalerie hängt: Dreiundvierzig Porträts und zwei Bilder von Geschlechtsorganen, die sie „Die nächste Generation" nennt – verrucht, traurig, blasiert. Sie schuf es für die erste Johannesburger Biennale 1995 und lieh es anschließend der Nationalgalerie; 2003 schenkte sie ihr die Bilderserie.

Schon für eines dieser fünfundvierzig Zeichnungen hätte die Nationalgalerie ihr Ankaufsbudget mehrerer Jahre zusammenlegen müssen. Die Ausstellung zeigt nicht nur Marlene Dumas in einem neuen Bild, sondern weist zugleich auf die traurige Lage der Museen und der Künste in Südafrika. Das Land birst schier von Talenten in Kunst, Musik, Literatur und Bühne, wird aber dank Geldmangel und fehlendem Interesse ausgezehrt. Die Regierung glaubt, nur Häuserbau und Pensionen, Fußballstadien und Rüstung finanzieren zu können, nicht aber die Kunst. Das Ankaufsbudget der Südafrikanischen Nationalgalerie sinkt beständig auf derzeit 15 000 Euro im Jahr: 0,3 Prozent der Ankaufsgelder der Nationalgalerien in Australien, Kanada, Großbritannien. Die Stadt Kapstadt verzichtet gar als einzige des Landes auf jede Förderung eines Museums. Dazu kommt das geringe Interesse der Bevölkerung, die für Sport, Strand und Freizeitvergnügen stets genug Geld hat, nicht aber für die Kunst. Auch die Dumas-Ausstellung kam wie andere bemerkenswerte der letzten Jahre zu Chagall, Miró, Picasso nur zustande durch

Gelder aus Europa und gelegentlich einer südafrikanischen Bank.

Zur Eröffnung der ersten Einzelausstellung ihrer größten Künstlerin, die in den renommierten Museen der Welt von London, Paris und Chicago bis Tokio Einzelausstellungen erhielt, kam weder der Kulturminister noch ein anderer Politiker von Rang. Das in Südafrika bestehende Desinteresse an einer längst international erfolgreichen Künstlerin mag möglicherweise eine Folge der langjährigen Isolierung von der Kunstwelt sein, die durch den Kunstboykott in den Jahren der Apartheid gefördert wurde. Gezeigt hat sich dies auch am Fall von „Africa Remix". Die wohl größte Ausstellung zeitgenössischer afrikanischer Kunst kam nach Johannesburg drei Jahre nachdem sie in Düsseldorf, London, Paris, Tokio, Stockholm zu sehen war – finanziert aus Frankreich und den Niederlanden; immerhin ein Sechstel der Kosten wurde von einer südafrikanischen Provinzregierung beigesteuert.

Die Museen sind an der Misere nicht immer unschuldig: Die Nationalgalerie litt unter beständigen Personalquerelen und ließ es zu, dass ein Tochtermuseum geschlossen wurde: Bilder gingen verloren, ein Teil des gestifteten Grundstücks wurde von der Regierung verscherbelt. So fordert jetzt ein Nachfahre des Stifters, eines italienischen Grafen, Rückgabe und Entschädigung. Das Kulturministerium befand es noch nicht einmal für nötig, auf Schreiben des Anwalts zu antworten. Viele Künstler wählten, so der Klageruf eines schwarzen Kulturjournalisten in der Kulturzeitschrift „Rootz", das innere oder das äußere Exil, weil Südafrika weder die Künste finanziert noch sie achtet.   (2008)

Gerard Sekoto

Werke aus dem Nachlass des berühmtesten schwarzen südafrikanischen Künstlers Gerard Sekoto sind in Muizenberg nahe Kapstadt in der Südafrikanischen Nationalgalerie zu sehen. Diese übernahm als Dauerleihgabe 2 200 Bilder, Zeichnungen, Briefe, Fotos sowie Malereiausrüstungen Sekotos. Sekoto war 1993 verarmt im französischen Exil gestorben. Es dauerte einen Tag, bis eine „schwarze" Radiostation seinen Tod meldete, zwei Tage, bis die „weißen" Rundfunksender dies berichteten. Dem weißen Südafrika fällt der Zugang zur Kultur der schwarzen Mehrheit noch immer nicht leicht. Als die Johannesburger Kunstgalerie 1940 ein Bild Sekotos erwarb – das erste eines schwarzen Künstlers –, beschloss man fast zeitgleich, „wohlgekleideten" Schwarzen den Zugang zur Galerie zu erlauben. Man war indes besorgt, sie könnten Gefallen finden an Gemälden unbekleideter weißer Frauen. Ebenfalls 1940 lehnte die Johannesburger Galerie eine Bewerbung Sekotos als Putzkraft ab wegen dessen Hautfarbe. Zweiunddreißig Jahre lang blieb die Straßenszene in Sophiatown das einzige Bild eines schwarzen Künstlers im Kunstmuseum der Wirtschaftsmetropole.

Bemerkenswert ist die Sammlung aus mehreren Gründen: Mit ihr kehrte der Hauptteil seines Erbes – und damit das Werk des Begründers der Township-Kunst – in seine Heimat zurück; es überspannt mit einer zweiten kleineren Sekoto-Sammlung in Johannesburg 45 Schaffensjahre und stellt damit eine umfassende, geschlossene Werksammlung dar. Frankreich hat mit der Rückgabe nach fünf Jahre währenden Gesprächen erstmals auf Erbschaftsteuer für den Nachlass eines in Frankreich verstorbenen Künstlers verzichtet. Nach der französischen Erbschaftsteuerregelung hätte der Staat auf fast das gesamte Erbe Anspruch erheben können, weil der zuletzt zurückgezogen lebende Sekoto unverheiratet war und finanziell vom Staat unterhalten worden war. Doch der damalige französische Finanzminister verzichtete auf den Steueranspruch, auch um den Weg Südafrikas „zurück zu seinen Wurzeln" nach dem Machtwechsel am Kap 1994 zu stützen.

Sekoto vermachte seinen Nachlass einer nach ihm benannten Stiftung, mit deren Erträgen etwa aus Urheberrechten das Interesse südafrikanischer Kinder an der Kunst gefördert werden soll.

Die Gerard-Sekoto-Stiftung gab die Sammlung als Leihgabe an die Südafrikanische Nationalgalerie in Kapstadt. Das entbehrt nicht einer gewissen Ironie, da die Nationalgalerie erst spät und zögernd begann, Kunst schwarzer Südafrikaner zu sammeln. Ausgeglichen wurde die Vernachlässigung in den vergangenen Jahren nicht zuletzt mit der Schaffung eines jährlich in südafrikanischen Kunstmuseen gefeierten „Sekoto-Tages" am 1. Juni und der Ausgabe von Briefmarken mit seinen Motiven. Auf einer Briefmarke ist sein berühmtestes, öfters nachgeahmtes Motiv zu sehen, „Lieder der Spitzhacke", auf dem neun schwarze Arbeiter in geschlossener Reihe kraftvoll auf Kommando eines pfeiferauchenden weißen Vorarbeiters die Hacke schwingen. Farbkräftige, in der Erinnerung verklärte Bilder schuf er auch von belebten Straßen der Townships, vorwiegend des legendären Johannesburger Sophiatown, das später von der (weißen) Regierung abgerissen und von einem Vorort Weißer mit dem zynischen Namen „Triumph" ersetzt wurde. In den Gesichtsausdrücken, Gesten und Stimmungen seiner Bilder spiegelt sich die Würde der Township-Bewohner inmitten der Not. In den Jahren des Exils verloren die Township-Bilder zunehmend Kraft und Individualität. Von Afrika abgenabelt, stockte seine Bildsprache. Sekotos Stil fand unter jungen schwarzen Künstlern zahlreiche Nachahmer, die indes manchmal dazu neigen, das Township-Leben zu idealisieren.

Sekoto, im Dezember 1913 in der Missionsstation Botshabelo geboren, hatte Südafrika 1947 verlassen, ein Jahr vor dem Wahlsieg der Nationalpartei, die die Apartheidpolitik in den folgenden fünf Jahrzehnten festigte. Seine Entscheidung, im Alter von 26 Jahren seinen Lehrerberuf aufzugeben, um sich der Malerei zu widmen, und das trotz fehlender akademischer Kunstausbildung, zeugte von Mut und Selbstbewusstsein. Nur noch einmal besuchte er vor seinem Tod seinen Heimatkontinent, um 1967 in Senegal – dessen damaliger Präsident Leopold Senghor ihn förderte – an einer Künstlerkonferenz teilzunehmen. Trotz vieler Einzelausstellungen, die erste davon 1949 in Paris, überlebte er als Musiker und, vor seinem Abdriften in den Alkoholismus, als charmanter Unterhalter in Pariser Clubs. Vier Jahrzehnte nachdem er sein Leben unter anderem durch den Verkauf von Metrofahrkarten gefristet hatte, erreichte eines seiner Bilder den bis dahin höchsten Preis auf dem südafrikanischen Kunstmarkt, ein Erfolg, der ihn offenbar mehr amüsierte als betrübte oder mit Stolz erfüllte. Erst ab 1988 wurde seine Kunst in Südafrika wieder bemerkt, rasch wurde er dann zur Legende. Möglicherweise wird für ihn, der den Beinamen „schwarzer Picasso" erhielt, das erste einem schwarzen Künstler gewidmete Museum in Südafrika gebaut werden. (2000/1993)

Azaria Mbatha

Er habe geglaubt, er sei in seiner Heimat „einfach vergessen, einfach tot". Azaria Mbatha, der bedeutendste Linolschnittkünstler Südafrikas, lebt seit 1969 in Schweden. In Deutschland erschien 1986 ein Buch über ihn, dort stellt er häufig aus und ist in den

Azaria Mbatha in Johannesburg, 1996

Museen von Aachen (wo er zeitweise lebte), Frankfurt und Bayreuth vertreten. Er war der erste schwarze Künstler Südafrikas, den das Museum of Modern Art in New York in seine ständige Sammlung aufnahm. In Johannesburg, der Kunstmetropole seiner Heimat Südafrika, erlebte Mbatha indes erst spät seine erste Einzelausstellung, und in einer Privatgalerie statt in einem Museum. Immerhin erwarb die Johannesburger Kunstgalerie seine Arbeit „Misereor Fastenzeit Schleier", den mit knapp fünf Quadratmetern größten je gefertigten Linolschnitt. Er entstand 1994 in deutschem und Schweizer Auftrag: Eine sechsteilige Bildergeschichte, die biblische und afrikanische Historie verbindet.

In seinem sechzehnteiligen Zyklus „Stationen des Kreuzes", der den „Fall Afrikas" mit dem Kreuzweg Jesu verbindet, fragt Mbatha, weshalb Afrika scheiterte, weshalb Afrikaner so viele Dornenkronen wie Dürre und Sklavenhandel tragen müssen. Nicht eine einzige südafrikanische Zeitung aber widmete Mbatha eine Besprechung, keine erwähnte, dass einer der Großen der südafrikanischen Kunst vorübergehend heimkehrte. In Musik und Tanz hatte das weiße Südafrika seine großen Künstler zumindest bemerkt, nachdem sie internationalen Erfolg aufweisen konnten, in der bildenden Kunst aber scheint die Zeitverzögerung größer zu sein. Südafrika achtet seine Künstler spät oder gar nicht.

Mbatha will vorerst in der schwedischen Universitätsstadt Lund bleiben. Er werde, sagte er in Johannesburg, „eines Tages" zurückkehren. Vorher aber wolle er spüren, dass er daheim gebraucht werde. Der 54 Jahre alte Künstler glaubt, er könne sich in Schweden wegen der starken Unterschiede besser auf Kunst und Kultur seines Landes konzentrieren, als er es daheim könnte. So bleibe die innere Verbindung zu Afrika enger, seine Wurzeln würden nicht gestört. Seine Wurzeln: Das sind für Mbatha die Zulukultur und die Missionsstation Rorke's Drift, eines der wenigen frühen Künstlerzentren Südafrikas. Rorke's Drift – von dort kam er erstmals 1965 durch einen Austausch für begabte Studenten nach Schweden – habe ihn stark beeinflusst. Dort zählte der verstorbene Namibier John Muafangejo zu seinen Schülern; Muafangejo wurde in den vergangenen Jahren, ebenfalls mit oft religiös inspirierten Bildergeschichten, international bekannt. Muafangejo und Mbatha gehören nicht zur „Township"-Schule schwarzer südafrikanischer Kunst, sie zeigen Versöhnung statt Zorn.

Den Linolschnitt bevorzugt Mbatha, weil das den Bauernsohn an die Holzschnitzereien seiner Kindheit erinnert. Als Kind half er seinem Vater auf dem Feld, modellierte Figuren aus Lehm und lauschte den Erzählungen der Älteren: Das habe seine Identität als Zulu und die in seinen Bildern sichtbare Mythologie geformt. Gelegentlich haben Mbathas Schwarzweißbilder einen politischen Aspekt, wie das Selbstporträt, bei dem er im Sessel die Fernsehnachrichten von der bevorstehenden Freilassung Nelson Mandelas hört: Zwei Gesichter, eines schwarz, es könnte Erzbischof Tutu sein, das andere weiß-schwarz, zeigen Freude. Im Hintergrund ist ein altes Versöhnungsmotiv Mbathas zu sehen, benannt Hoffnung und Verzweiflung, das 1967 entstand. Es zeigt ebenfalls einen Schwarzen und einen Weißen, doch diesmal bedrückt, ein Kreuz im Hintergrund. Er hatte das Bild im Februar 1990 in der Nacht nach der Ankündigung des Umbruchs, des „neuen Südafrika", entworfen. (1996)

Marc Chagall

Vor allem eines wollte der südafrikanische Präsident Thabo Mbeki von Mthunzi Ndimande wissen, als dieser ihn vor Bildern Chagalls führte in der ersten Ausstellung von Originalwerken eines europäischen Großmeisters dieses Ranges in Südafrika: Wer komme zur Ausstellung, und wie reagierten schwarze Kinder? Die Antwort war ernüchternd und hoffnungsvoll zugleich. In den Wandelgängen von Museen sind bisher überwiegend Weiße zu sehen, während schwarzen Südafrikanern das Konzept von Museen weitgehend fremd ist. Das soll sich aber ändern. Die Bank, die auch das nach Edinburgh größte Kunstfestival der Erde im südafrikanischen Grahamstown trägt, finanziert über fünf Jahre hinweg ein großangelegtes Programm von „Kunstbotschaftern", das in dieser Art einmalig ist. Ndimande als Ausbildungskurator der Galerie sucht und koordiniert unter Kunststudenten „Botschafter", die ausgebildet und dann in kunstferne Umgebungen gesandt werden. In Schulen der Townships, in Altersheimen oder Heimen für Körperversehrte oder Hörgeschädigte bilden sie Arbeitsgruppen, in denen Zugang zur bildenden Kunst und Begeisterung für sie vermittelt werden soll in der Hoffnung, dass sich das Interesse schneeballgleich ausbreitet.

Vorerst will man damit etwa 50 000 Menschen in den Townships erreichen, um ihr Leben zu bereichern und Scheu vor Kunst abzubauen. Bisher gibt es in den Ortschaften Schwarzer bei Johannesburg und Farbiger bei Kapstadt, anders als an vielen ehemals „weißen" Schulen, allenfalls an jeder Hundertsten Schule Kunstunterricht. Mit Bussen und fachkundigen Begleitern werden Kinder und Jugendliche in Museen der Innenstadt und in Studios von Künstlern gebracht. Mit dem neuen Vorgehen soll mancherlei erreicht werden: Nicht nur die Museen wolle man füllen, in die sich oft nur wenige Besucher verirren, sondern schöpferische Phantasie vermitteln. Mthunzi Ndimande berichtet, man wolle den Township-Bewohnern etwas Schönheit in ihr oft graues Leben bringen und ihnen zeigen, wie Kunst ihr Leben bereichern und ihnen Ziele und Courage geben könne.

Dazu ist Chagall mit seiner Farbkraft, seiner Ikonografie und seinen Symbolen, die sich vielen Afrikanern erschließen, eine perfekte Wahl. Zum einen sprechen seine farbenfrohen Motive Schulkinder an, die über die Lehrer, finanziert von der Bank, in die Ausstellung gebracht werden. Zum anderen bieten seine Motive Vorbilder – etwa die Israeliten, die das Rote Meer durchqueren wie das schwarze Südafrika, das in den vergangenen Jahren sein Ziel einer selbstbestimmten Regierung erreichte. Chagall, so erzählt Ndimande, ein zeitweise in New York ausgebildeter

Künstler, den Kindern in singender und gestenreicher Erzählweise, sei auch diskriminiert und ins Exil vertrieben worden. Jüdische Schüler in Weißrussland hätten ebenso wie bis vor Kurzem südafrikanische Kinder nur bestimmte Schulen besuchen dürfen und stets Ausweise mit sich führen müssen. Aber trotz aller Hindernisse und Erfahrungen der Einsamkeit und des Ausgestoßenseins habe Chagall Großes geschaffen dank seines Willens, sich Vorgegebenem zu verweigern. Chagall zeige südafrikanischen Kindern, dass sie träumen müssten und dass auch für sie nur der Himmel eine Grenze sei. Niemand, nur sie selbst, könne sie stoppen. (2000)

Township-Kunst

Unterkunft, Strom, Essen, Trinkwasser, Arbeit – das sind die Dinge, an die schwarze Südafrikaner zuerst denken, wenn sie zehn Jahre nach dem friedlichen Machtwechsel am Kap Bilanz ziehen. Sodann denken sie an Gesundheit und die Ausbildung ihrer Kinder. Wer sich finanziell und sozial stabilisiert fühlt, ist dankbar für die neuen Freiheiten und die Sicherheit vor Folter und Missbrauch. Für Kunst interessieren sich nur sehr wenige Bewohner der Townships. So scheint das Vorhaben eines deutschen Autobauers gewagt, aus der eigenen Sammlung bestückte Ausstellungen nach Südafrika zu bringen – zunächst an das Kunstmuseum in Pretoria und das Museum Afrika in Johannesburg, dann nach Kapstadt in die Nationalgalerie. Gewagt auch, weil hier nicht figürliche Kunst gezeigt wird, die die meisten Südafrikaner kennen und bevorzugen, sondern Kunst der vergangenen vier Jahrzehnte. Bisher gab es in Südafrika keine Ausstellung, die Werke des Minimalismus, der Konzeptkunst, des Konstruktivismus vorgestellt hätte. Zwei frühere Versuche – eine Beuys-Ausstellung in Pretoria und eine Baselitz-Schau in Johannesburg, organisiert von einer deutschen Großbank – blieben in Erinnerung durch einen üppigen Katalog, leere Säle, fehlendes Verständnis und geringe Resonanz.

Von diesen Erfahrungen lernten Daimler und ihr Kunstberater Ralf Seippel, ein Kölner Galerist. Sie haben Künstler zu Arbeitstreffen geladen, Pendelbusse von den Schulen in die Museen organisiert und Kunststudenten und Lehrer ausgebildet, Schüler durch die Ausstellung zu führen. Mit Hilfe altersgemäßer Erklärungen und eines Arbeitsbuches mit einer Startauflage von zehntausend Exemplaren, das jedem Besucher in die Hand gedrückt wird, sollen Schüler ermuntert werden, überhaupt hinzusehen.

Hinführung zur abstrakten Kunst, Kunstmuseum Pretoria

Die ersten beiden Abschnitte des Buches, die sich an Grundschüler und ältere Schüler wenden, sind, reich bebildert, in vier der elf südafrikanischen Landessprachen gedruckt, neben Englisch auch Xhosa, Zulu und Venda. Sie zeigen etwa den Künstler Mbongeni Buthelezi, der nicht mit Farbe, Bleistift oder Tuch arbeitet, sondern Plastiktüten sammelt, aus denen er Collagen fertigt. Gezeigt wird ein Foto des Künstlers, eingetaucht in Plastik und Werbesprüche, sodann eines seiner Bilder. Es folgt die Frage, welche Materialien die Schüler selbst auf der Straße, daheim oder in der Schule finden und welche in der Ausstellung. Erst im dritten Teil, der sich an Lehrer und Studenten richtet, werden für junge Südafrikaner zumeist unbekannte Begriffe und Kunstrichtungen wie Dada, Fluxus oder Bauhaus mit Bildbeispielen erläutert. Dass die Betrachter südafrikanische Künstler wie Mbongeni Buthelezi, Kay Hassan und Jane Alexander zwischen Andy Warhol und Max Bill, Robert Longo und Auke de Vries finden, hilft nicht nur, Vertrautes zu sehen, sondern auch, das eigene Selbstbewusstsein zu stärken.

Der Beginn des Experiments schien zu glücken: Schülerinnen standen noch eine Stunde nach dem Ende ihrer Führung vor Bildern und debattierten, unbeeindruckt davon, dass im Nebenraum Politiker und Kunstkritiker die Ausstellung eröffneten. Selbst die Frau des Präsidenten bekannte, dass sie erst jetzt von der Kunst Buthelezis, der sie offenkundig beeindruckte, erfahren habe. Bildungsminister Kader Asmal beklagte, dass es Südafrika selbst bislang nicht vermocht habe, Kunst in die Townships zu bringen; dort fehlten Museen, Buchläden, Kinos, jetzt aber habe der Autobauer die Lücke entdeckt. Südafrika war für Daimler wie für andere deutsche Autofirmen stets ein wichtiger Markt und für die Stuttgarter – wie auch für BMW, die 1986 mit einer wegweisenden Ausstellung erstmals die Kunst schwarzer Südafrikaner in traditionelle Museen brachte – in früheren Jahrzehnten der einzige Standort einer Fabrik außerhalb Deutschlands. Schon deshalb hatte fast jeder deutsche Automanager von Rang einmal in Südafrika gearbeitet. So fördert der Konzern

Stephen Maqashela in seinem Studio, Johannesburg

die Kunst am Kap durch einen jährlich vergebenen Kunstpreis, der an einen Maler, einen Jazzmusiker, einen Bildhauer oder einen Fotografen ging.

Ziel des Daimler-Konzepts ist es, dass junge Südafrikaner Museen als Orte des Spaßes und der Anregung wahrnehmen, nicht nur als ferne Kunsttempel ohne Vermittlungsauftrag. Ein Hindernis besteht darin, dass Kunst in den Townships eher belächelt wird. Der Künstler und Kunsterzieher Mthunzi Ndimande verweist darauf, dass ein schwarzer Gärtner in den Townships ein Gärtner genannt werde, ein weißer gar Gartenarchitekt; eine schwarze Köchin heiße schlicht Köchin. Nur Künstler würden bespöttelt: Ein Maler sei im Township-Slang ein „Zeichner", ein Schauspieler spiele nicht in einem Theaterstück, sondern in einem „Sketch". Überdies werde Kunst nicht als lohnende Karriere betrachtet. Um das zu ändern, setzt Ndimande auf öffentliche Kunst an öffentlichen Plätzen statt in Galerien: Solche Kunst würde bemerkt, und aus ersten Debatten in Sammeltaxis entstehe langsam ein neues Bewusstsein.   (2004)

Jürgen Schadeberg

Nelson Mandela schaut 1994 in sich gekehrt durch Gitterstäbe aus der Zelle, in der er auf Robben Island vor Kapstadt inhaftiert war. Die Photographer's Gallery in London wählte dieses Foto zu einem der eindrucksvollsten des vergangenen Jahrhunderts. Das Ungewöhnliche: Der Fotograf Jürgen Schadeberg hatte Mandela auch 42 Jahre davor fotografiert in seiner Anwaltskanzlei in Johannesburg, lange bevor er zum wohl meistbewunderten lebenden Staatsmann wurde. Die gleiche Weitsicht gelang ihm, als er Große des südafrikanischen Jazz von Miriam Makeba über Hugh Masekela bis Dolly Rathebe aufnahm, als „niemand" die just Zwanzigjährigen kannte, und dann ein halbes Jahrhundert später wieder. Kein Fotograf hat die Fotogeschichte und damit das visuelle Gedächtnis Südafrikas stärker geprägt als Schadeberg, der im jungen Alter aus Deutschland auswanderte und als Cheffotograf bei „Drum" anheuerte. Er wurde zum Mentor von zwei Generationen schwarzer und auch weißer Fotografen.

Mit seinen Bildgeschichten aus dem schwarzen Südafrika machte er „Drum" in den Fünfzigern rasch zur einflussreichsten gesellschaftskritischen Zeitschrift des südlichen Afrika. Der Spielfilm „Drum" schildert die Lebensgeschichte dieses ebenso mutigen wie bescheidenen Fotografen, der zu Lebzeiten zur Legende wurde. Er war in Townships und deren Kneipen zu Hause, in die sich sonst Weiße nicht trauten und als sich kaum ein Weißer für das schwarze Leben interessierte. Damit half er dem schwarzen Südafrika neben seiner äußeren zu einer inneren Befreiung durch die Besinnung auf seine Wurzeln und seine Würde. Seine Bilder spiegeln Lebensfreude, innere Kraft und Widerstandswillen gegen die Herrschaft der Apartheid.

Es dürfte wohl keinen anderen Fotografen der Welt geben, der über sechs Jahrzehnte hinweg Musik und Menschen mit der Linse begleitete und ihnen Gesicht gab. Mit seiner doppelten Leidenschaft für die Schwarz-Weiß-Fotografie und für Jazz widerspiegelt Schadeberg das Lebensgefühl einer Generation.

Unbefangen, unkonventionell, listig, vorurteilslos, leidenschaftlich – ohne diese Eigenschaften des jungen Berliners sähe unser Bild der Townshipkultur anders aus. Ihm gelangen Bilder, die über die Schablone gut/böse, schwarz/weiß hinausgingen. Er fing die Atmosphäre jener Welt ein. Stimmung und Wesen interessierte und bewegte ihn, nicht die Tagespolitik; sowie Kraft und Energie, weniger Elend oder vermeintliche Idylle. Die Kraft seiner Bilder war und ist ungebrochen. Der junge unbekümmerte Cheffotograf des „Drum" gab Schwarzen ihre Stimme und das Gefühl, sich selbst in den Fotos wiederzuerkennen, die er von 1951 bis 1959 aufnahm. Jürgen Schadeberg sah Bilder, die andere übersahen, die nur in vorgefertigten Kategorien dachten.

Dabei hatte der Sohn einer Schauspielerin zu dieser Welt eher zufällig gefunden, und gewiss nicht als politischer Aktivist, der

Jürgen Schadeberg

er nie war, sondern über „seine" Musik, den Jazz. In Berlin hatte Schadeberg die Grundbegriffe seines Fachs erlernt. Er nahm als Zwölfjähriger sein erstes Foto auf – in einem Luftschutzkeller gegen Ende des Zweiten Weltkriegs. Dort hörte er Musik, trank sein erstes Bier. Öfter kam er auf dieses Erlebnis zurück, eine Aufbruchstimmung inmitten der Bedrängnis. In den Townships um Johannesburg herum, vor allem in dem „multirassischen" Sophiatown, spürte er diese eindringliche Atmosphäre wieder. Dort wurde getanzt, trotz Alkoholverbots kräftig gezecht, mit glitzernden gewagten Kleidern, Hollywoodstreifen und Swing amerikanisches Erbe gepflegt.

Damals empfand er sich als Teil der verlorenen Generation. Er wollte eine Gesellschaft und ein Vaterland verlassen, die er „gelernt hatte zu verabscheuen, zu hassen". Mit einer Kamera und mageren Englisch-Kenntnissen bestieg er voller Zuversicht 1950 einen Dampfer nach Kapstadt und wunderte sich, dass es im Süden Afrikas keine Tiger gab. Schon bald merkte er – er scheut nicht, sich selber als blauäugig zu bezeichnen – verstört, dass es in Südafrika den gleichen Rassismus, die gleiche Menschenverachtung gibt, der er just entkommen wollte.

Dazu kam, dass ihn das weiße städtische Leben in Johannesburg mit Teestuben, Kricketspielen und dem Kinobesuch als Höhepunkt der Woche schlicht langweilte. Bei seinem Wechsel nach Südafrika habe er einen Kulturschock erlebt, sagte er einmal – aber nicht durch die schwarze Welt, die er als ebenso fröhlich empfand wie damals die deutsche, sondern bei den Weißen mit deren kolonialen Attitüden. Zudem fand er nicht andere Arbeit – an kritischen Fotoreportagen waren weiße Arbeitgeber nicht interessiert. Viele Weiße hielten sich von ihm fern oder stuften ihn gar ein als „verrückt". Und das, obwohl er dem damals in Südafrika kaum existierenden Fotojournalismus eine Grundlage bot: Den konventionellen Fotografen fehlte neben dem Ehrgeiz, dem Blick, der Erfahrung und der Unbefangenheit auch die technische Ausrüstung, über die Schadeberg verfügte, und seine seltene Fähigkeit „zu verschwinden". Auch wenn er die

Kamera im Anschlag hat, scheint es, als sei er nicht da – wie er es anstrebt. Zudem schien er vielen distanziert-kühl, auch wenn er in entscheidenden Momenten seine Emotionalität nicht verbergen kann.

Der „Alfred Eisenstaedt Südafrikas" war dort, wohin sich andere Weiße nicht trauten, fühlte sich dabei wohl und erwarb Vertrauen in Jahren gegenseitigen Misstrauens. Musik, Tanz, Kneipenleben und Frohsinn trotz aller Unbill waren seine Welt, mehr als Polizei, Unterdrückung, Ausbeutung. Dabei fielen schon mal spöttisch-liebevolle Kernsätze als Motto von „Drum" wie „Lebe schnell, sterbe jung und habe eine gut aussehende Leiche". Eine Kulturgeschichte Sophiatowns (dem von der Regierung abgerissenen Township, in dem sich Freigeister aller Art und Farbe tummelten und wohlfühlten) erhielt danach den ungewöhnlichen Buchtitel „Eine gut aussehende Leiche". Dass die Gefahr reell war, wussten alle und machten trotzdem mit. Johannesburg, Soweto, Sophiatown – das „schwarze Paris" – war die Stadt des Jazz, aber auch der Tsotsi, rivalisierender Gangsterbanden. In jenen „goldenen Jahren" lag die Mordrate am Goldgürtel um Johannesburg herum neunmal höher als in Chicago.

Trotz aller Freude am überschäumenden Leben übersah Schadeberg Unterdrückung und Elend nie – die Passgesetze und die minderwertige „Bantuerziehung", das Mischehenverbot und Zwangsvertreibungen, die Gewalt von außen und innen, die Armut und die Bandenkriege. Er war Mitbegründer des Drum-Stils, Kultur und Politik zu verbinden und damit einen Nährboden zu schaffen für die Denkrichtung des „schwarzen Selbstbewusstseins", die eine unerlässliche Rolle spielte im Widerstand um den in Polizeihaft ermordeten Studentenführer Steve Biko herum und den Schüleraufstand in Soweto 1976. Stets war er auf der Seite der Benachteiligten und Entrechteten, wofür er Unbill und Schmähungen litt und mehrere Festnahmen. Er nahm Fotos von der Trauerfeier für die beim Sharpeville-Massaker 1960 von Polizisten Erschossenen oder von Misshandlungen auf Farmen, die erstmals erniedrigende Zustände beweisbar der Welt zeigten.

Seine Jazzfotos sind so legendär wie er selber. Anrührend ist, Thandi Klaasen als junge aufreizende Sängerin 1959 zu sehen bei Proben für „King Kong", Südafrikas erster Jazzoper. 41 Jahre später ist sie gezeichnet vom Alter und einem Unfall und dennoch selbstbewusst und stark. Ohne ihn gäbe es wohl nicht Fotos der jungen Miriam Makeba, die später ungekrönte Musikkönigin Afrikas, oder des Teenagers Hugh Masekela in dem Augenblick, in dem er seine erste eigene Trompete geschenkt erhält – jetzt ist er der bedeutendste Trompeter Afrikas. Aufnahmen damals und heute nahm er auch von Dolly Rathebe. „In the Heyday of Swing, when life was ok, it was Dolly", hieß es in Johannesburg. Sie war in den Fünfzigern Sängerin, Filmstar und Pin-up-Girl. Jetzt ist Dolly Rathebe über 80 Jahre alt. Ihre Karriere erlitt einen Bruch, als sie von Gangstern mit einem Messer angegriffen und verletzt wurde. Wie bei Lucky Dube, dem beliebtesten und erfolgreichsten Reggae-Star Afrikas, hat die Kriminalität in Johannesburg und auch Kapstadt viele Opfer auch unter den Künstlern zu beklagen. Was Schadeberg in seiner Bescheidenheit nicht erwähnt: Er war nicht nur Betrachter, sondern auch Anreger. Legendäre Gruppen wie „The African Inkspots", die auseinandergefallen waren, hatte er in den Neunzigern wieder zusammengebracht. Sie holten ihre Instrumente hervor und kamen zusammen für einige seiner Videofilme.

Lange schien er wenig beachtet; jetzt aber ist er so gefragt wie nie. In Südafrika, Frankreich, Italien, Großbritannien und vor allem seinem Geburtsland eilt er von einer Ausstellung seiner Fotos zur nächsten. Ebenso turbulent sieht es aus bei der Veröffentlichung seiner Bildbände – in den letzten sechs Jahren mindestens jedes Jahr ein neuer. Schadebergs Wiederentdeckung in seiner Geburtsstadt Berlin hatte Christina Rau, die Frau des früheren Bundespräsidenten, angeregt. Sie stieß bei einem Staatsbesuch ihres Mannes in Pretoria auf seine Bilder und schlug eine Doppelausstellung in Berlin vor, die sie auch eröffnete.

Er hatte Berlin und Deutschland 1950 verlassen. In Johannesburg lehrte er jene Fotografen, die später Väter des schwarzen

Fotojournalismus wurden. Den Weißen aber war er zu schwarz. Viele Schwarzen sahen ihn, der stets farbenblind war, nur als Weißen. Weiß zu sein, ist derzeit in Südafrika nicht immer von Vorteil. Er zog in den Hochjahren der Apartheid aus Südafrika zurück nach Europa und in die Vereinigten Staaten, wo er lehrte, für europäische und amerikanische Zeitungen und Zeitschriften fotografierte und bemerkenswerte Fotoreportagen etwa in Glasgow und Berlin aufnahm. Für ihn sei die Musik der Fünfziger, sagt Schadeberg, eine Form des Widerstands gewesen, des Überlebens und ein Symbol der Freiheit.   (2009)

Glasperlen

In Ondini, am Stadtrand von Ulundi, der Hauptstadt KwaZulus, hat das KwaZulu-Kulturmuseum eine erlesene Sammlung von Zulu-Glasperlen erworben. Die von einem privaten Sammler in London zusammengestellte Kollektion umfasst Glasperlen der Buschleute und Hottentotten, der Völker der Xhosa, Swazi und Sotho und vor allem der Zulu-Clans. Eine Kollektion vergleichbarer Güte werde wohl, so der Denkmalsrat KwaZulus, nie mehr auf den Markt kommen. Die Glasperlensammlung des Museums war bisher unvollständig. Dass der Schmuck in London war, ist kein Zufall: Der größte Bestand traditioneller Kunst des südlichen Afrika liegt im Britischen Museum, oft wenig sachkundig ausgezeichnet. In Südafrika wurde man sich erst in den letzten Jahren, angeregt durch einige Ausstellungen und heimgebrachte Sammlungen, bewusst, dass es auch am Kap eine bedeutende traditionelle Kunst gab, deren Schwerpunkte Holzschnitzwerke, aber auch Glasperlen sind. Zuvor konzentrierte sich die Aufmerksamkeit auf die Kulturen West- und Zentralafrikas.

Glasperlen spielen in Kunst und Kunsthandwerk der Zulu, des mit acht Millionen weitaus größten südafrikanischen Volkes, eine erhebliche Rolle. Erste Exemplare gelangten vor mehr als Tausend Jahren über Händler aus Indien und Südostasien nach

Südafrika. Die meisten relativ preiswerten Glasperlen auf dem afrikanischen Kontinent kamen später aus Böhmen und Mähren. Die Glasperlenkunst ist ein Spiegel der Kultur, des sozialen, politischen, wirtschaftlichen und religiösen Lebens der Zulu. Hell oder dunkel, durchsichtig oder trübe, die Farben, die Anordnung: Alles trägt zur Verdeutlichung der Aussage bei. Bisweilen prägen auch reine Mode, beeinflusst vom jeweiligen König und dessen Frauen, oder regionale Vorlieben Farbe und Gestaltung. Glasperlen zeigten den sozialen Status der Träger, deren Alter oder Familienstand. Schmuck war besonders wichtig in der Phase des Lieswerbens. Der Halsschmuck junger Frauen war ein für Kundige entschlüsselbarer Liebesbrief.

Obwohl sie auch Symbol politischer Identität oder des Widerstandes ist, hat die Forschung die südafrikanische Glasperlenkunst bislang vernachlässigt. Dass auch das moderne schwarze Südafrika diesem Aspekt seiner Kultur Bedeutung zumisst, ist einem Foto zu entnehmen, das Nelson Mandela als jungen Mann mit Umhang und Glasperlenschmuck am Hals und Arm zeigt. Es ist zu sehen in einer vom deutschen Generalkonsulat in Kapstadt ermöglichten Ausstellung von Glasperlenkunst der Xhosa in der Südafrikanischen Nationalgalerie. Mandela kam 1962 zur Urteilsverkündung im Hochverratsprozess gegen ihn in Johannesburg in der Kleidung seines Thembu-Stammes mit Glasperlenschmuck. Damit erstaunte er den Richter so sehr, dass dieser mehr als eine Minute brauchte, um Fassung und Stimme wiederzugewinnen. Offenbar wollte Mandela damit Stolz und Selbstbewusstsein stärken und politischen Widerstand entfachen.

Europäische Missionare im neunzehnten Jahrhundert trugen dazu nicht bei: Sie verbrannten den Glasperlenschmuck rituell mit dem Übertritt zum Christentum und gaben den Bekehrten statt dessen ein weißes Taschentuch. Falls Nelson und Winnie Mandela oder Mangosuthu Buthelezi heute gelegentlich Glasperlenschmuck tragen, versuchen sie ihn dagegen mit Kleidung aus Ghana oder Ostafrika zu verbinden, um einen panafrikanischen Eindruck zu vermitteln. (1994)

Breyten Breytenbach

Bilder und Gefühle vermittelt er, der sprachgewaltigste und bedeutendste der Dichter in afrikaanser Sprache. Ob jede Analyse „stimmt", ob jeder stets mit ihm übereinstimmt, ist Breyten Breytenbach nicht wichtig. Beliebt, bequem, politisch korrekt gar – das wird anderen südafrikanischen Dichtern wie der Literaturnobelpreisträgerin Nadine Gordimer und dem Novellisten Andre Brink bisweilen vorgeworfen – will er nicht sein. „Breyten" liebt das Provozieren; aber nicht um des Provozierens willen. Er will zum Nachdenken anregen, und das tut er mehr als andere Südafrikaner. Dichtung sei zutiefst subversiv, sagt er, und Dichter stünden im Wettbewerb mit Politikern.

Der Poet, Maler, Denker hat es seinem schwierigen Heimatland nicht leicht gemacht und dieses ihm nicht. Es verdammte ihn ins Exil, weil er mit seiner Frau aus Vietnam nicht hatte in einem Staat des Rassendünkels und der Rassentrennung zusammenleben dürfen. Dann steckte es ihn ins Gefängnis, nachdem er, seiner anarchistischen Strömung nachgebend, entdeckt wurde, als er in Verkleidung und mit Unterwanderungsplänen zurückkam. Seine Verurteilung war für eine Schriftstellergeneration, deren wichtigste Stimme er war, Fanal für die Abkehr von ihrem Staat, dem „vergifteten Paradies".

Unterwandern, subversiv, wider den Stachel löcken, das sind Worte, die seiner Lebenshaltung nahekommen. Einzuordnen ist er nirgends, auch nicht in seinen Anmerkungen zu Südafrika. Mal beklagt er zu Recht die fehlende Ordnung, das unzureichende Rechtsbewusstsein, dann glaubt er, in Südafrika seien nur die Personen ausgetauscht worden, nicht das System. In Südafrika mag er nicht mehr leben, er kehrt aber häufig zurück. Er will über Afrikaans nicht mehr sprechen, weil ihn die Debatten über seine kernig-bodenständige Sprache, die nicht zuletzt er zu einer Sprache auch der Dichtung gemacht hat, langweilen. Und dann wird sein Name an vorderer Stelle genannt, wenn es darum geht, für den Erhalt des Afrikaansen zu kämpfen.

Breyten Breytenbach

Schon sein bald nach dem Umbruch am Kap – den er nicht für einen Umbruch hält – erschienenes Buch von der Heimkehr ins „vergiftete Paradies" zeigte, wie innerlich zerrissen er ist. Einsamkeit ist daraus zu spüren, Trauer und Freude zugleich. Damals schon sagte er, er könne Südafrika gegenüber nicht mehr objektiv sein. Wenn er dennoch sich immer wieder öffentlich äußert, zum scharfen Kritiker des Landes wird, sollte jeder einhalten und zuhören. Allzu leicht machten es sich jene, die ihn einvernehmen und als Kronzeugen missbrauchen für ihre Skepsis gegenüber dem „neuen Südafrika". Wenn er auf die Kriminalität in Johannesburg und die Bandenkriege in Kapstadt weist, tut er das hintergründiger als andere: Ihm kommt es weniger an auf ein aufgebrochenes Auto oder eine Schießerei, sondern auf die Wahrnehmung und auf die psychologischen Narben, die das im Leben eines jeden hinterlässt. Wer bei jedem Geräusch zusammenschreckt und von Überfällen träumt, weil wieder einmal eine Bekannte überfallen und ihr Haus ausgeraubt wurde, weiß, was Breytenbach meint.

Einfach macht Breytenbach es den Weißen auch nicht, die mehr als andere über die Gewalt klagen, auch wenn Schwarze und Farbige eher deren Opfer sind. Er beklagt, dass viele Weiße sich zwar mit ihrem Machtverlust abgefunden haben, vielleicht auch erkannten, dass sie einem Unrechtssystem dienten: Echte Reue und Bereitschaft zur Buße aber hätten wenige. Dass da auch Versöhner wie Tutu, Mandela und Mbeki bisweilen an die Grenze ihrer Geduld mit weißen Südafrikanern stoßen, ist ebenso verständlich wie traurig. Es mögen Einzelfälle sein, wenn weiße Farmer schwarze Kleinkinder erschießen, weil sie ihr Farmgelände überqueren, oder wenn weiße und schwarze Schüler, weiße und schwarze Eltern in einer Kleinstadt sich um die Öffnung einer Schule für alle balgen. Breytenbach mahnt, dass die überschwängliche Hoffnung auf eine Regenbogennation schwindet. Auch wenn es sie hier und da gibt auf dem Sportfeld, in der Kirche, im Jazzlokal, ist es ein langer Weg, zäher, als viele erhofft hatten. Breytenbach wäre den Weg lieber anders gegangen, mit „einer ganz anderen Gesellschaft", mit einer Revolution des Geistes und des Systems. Er ist Realist genug zu wissen, dass dann noch mehr auseinandergeflossen wäre; aber Breyten Breytenbach ist auch ein Träumer, der anderen den Weg weist, auch wenn sie ihn nicht immer gehen. Und eine Stechmücke.

Südafrika, sagt er, habe keine Kultur der Demokratie; allenfalls beginne sie just. Seine Landleute seien provinziell und leichtgläubig. So sieht Breytenbach nach dem Machtübergang auf den ANC ähnliche Bedrohungen wie bisher, Reglementierung und Orthodoxie. Die „alte" Regierung und der ANC erlägen wie so oft der Gefahr, den anderen spiegelbildlich zu kopieren, sich einander anzupassen. Das Regime, das sich herauszuschälen beginne, versuche, seine Visionen anderen aufzuzwingen. Mit gefühlsbeladenen Begriffen wie Solidarität, Überleben, Kampf werde ein Schuldgefühl ausgenutzt, ein Verhalten moralisch erpresst. (1998/1990)

John M. Coetzee

John M. Coetzees Figuren sind Ausgestoßene mit einem Sinn für Scham, einsam und isoliert, auf der Suche nach Anstand und Gerechtigkeit. Sie finden sie nur selten, geben aber nicht auf in einer Welt, die an Franz Kafka erinnert. Dieser zählt mit Robert Musil, James Joyce und Samuel Beckett zu den Autoren, die John Coetzee geprägt haben. Noch vor der Literaturnobelpreisträgerin Nadine Gordimer und vor André Brink, wie Coetzee Literaturprofessor an der Universität Kapstadt, ist John Maxwell Coetzee Südafrikas bedeutendster Romancier. Anders als seine Kollegen scheut er die Öffentlichkeit. Ihm wird nachgesagt, er sei wie seine Werke: schwierig, gar rätselhaft.

Als erster Autor erhielt Coetzee den Booker-Preis, die renommierteste Auszeichnung der englischsprachigen Literatur, gleich zweimal; beide Male ließ er sich bei der Verleihung vertreten. Seine Privatsphäre ist ihm derart heilig, dass der Sohn eines gescheiterten Provinzanwalts und einer Lehrerin selbst seinen zweiten Vornamen – seine Bücher publiziert er nur unter J.M. Coetzee – nicht mitteilen wollte.

Die meisten seiner Romane spielen in seiner Geburtsstadt Kapstadt oder der kargen Hochsteppe Karoo, sind aber eigentlich zeit- und ortlos. Das gilt auch für „Warten auf die Barbaren", wo ein Magistrat an der Grenze des „Reichs" über Recht und Gesetz wacht, bis Geheimpolizei und Armee kommen, um dem vermeintlichen Aufstand der „Barbaren" zu begegnen. Als er im Namen des Anstands und der Menschlichkeit einer Gefolterten hilft, wird er selber eingekerkert und misshandelt. Nach einem Jahr ziehen die Besetzer, besiegt und feige, ab. Er bleibt und übernimmt seine alte Aufgabe. Das Ende ist ungewiss, wie oft bei Coetzee: Kommen nun die „Barbaren", werden sie Rache nehmen? Deutlich wird jedoch, wen der Autor für die wirklichen Barbaren hält, jene, die im Namen der Zivilisation foltern und morden. Die Novelle entstand im Jahr 1980, nach dem Foltertod des Studentenführers Steve Biko, in einer Zeit des Übergangs, in der das „offizielle" Südafrika in einen Zustand des Verfolgungswahns schlitterte. Die Parabel zeigt das ewige Verhältnis von Unterdrückten und Unterdrückern, von Anpassung und Widerstand, von Terror und Überleben.

Coetzees Gestalten finden sich nicht zurecht, verstehen wenig. Sie irren in einer ihnen fremden oder fremd gewordenen Umwelt umher, stehen als Verfolgte einer undurchschaubaren und anonymen Macht gegenüber, handeln nicht entschlossen, sondern lassen sich treiben. Wie der andere Sprachgewaltige unter Südafrikas Autoren, Breyten Breytenbach, wuchs er im Boland auf, der Weingegend nahe Kapstadt; wie dieser scheut er klare Einordnungen; wie dieser lästert er über Autorität und widersetzt sich dieser; und wie dieser wuchs er zweisprachig auf. Er schreibt auf Englisch, hat aber einen afrikaansen Vater.

Heimatlosigkeit und zerrissene Loyalitäten sind zentrale Themen in diesem Werk, auch wenn der Begriff Heimat kaum einmal fällt. Wie Breytenbach tritt Coetzee für das Überleben des Afrikaans ein. Er sieht sich als Südafrikaner und wird dennoch im Ausland, etwa in den Vereinigten Staaten, stärker beachtet als in seiner Heimat. Neben seinen Romanen haben seine zahlreichen Essays gezeigt, dass er bei aller Distanz zur Politik nicht unpolitisch ist. Südafrika ist reich an bedeutenden Autoren: Fugard, Breytenbach, Gordimer, Brink. Aber noch aus dieser illustren Schar ragt John Coetzee ein wenig heraus.   (2000)

Die Auszeichnung sei eine Ehre für die südafrikanische Nation und den afrikanischen Kontinent: Mit diesen Worten gratulierte der südafrikanische Präsident Thabo Mbeki John Maxwell Coetzee zum zweiten Literaturnobelpreis eines Südafrikaners in gut einem Jahrzehnt. Coetzee, der nie ein einfaches Verhältnis zu seiner Heimat hatte, ist vor zwei Jahren nach Australien übergesiedelt und lebt heute in Adelaide. Schon vor der Auswanderung des Schriftstellers dürften Mbeki und der ANC Coetzee eher distanziert bis ablehnend gegenübergestanden haben. Weniger noch als andere südafrikanische Autoren von internationalem Rang ist Coetzee ein afrikanischer Schriftsteller. Dabei gaben Südafrika, Rassentrennung und Unterdrückung ihm seine zumindest anfangs wichtigsten Themen, vor allem in seiner Allegorie „Warten auf die Barbaren", die ihm vor gut zwei Jahrzehnten zum Durchbruch verhalf.

Nicht nur wegen seiner zurückgezogenen Lebensweise oder seiner anspruchsvollen Sprache ist Coetzee in Südafrika nicht übermäßig bekannt. In einem Land, in dem nur jeder Hundertste Einwohner überhaupt Bücher kauft, haben seine Werke noch geringere Auflagen als die vieler seiner Kollegen. Seine Werke sind von Südafrika geprägt, aber zugleich zeitloser, abgehobener, symbolreicher als die Werke von Nadine Gordimer oder Brink. Diese waren fast immer geprägt von den Beziehungen zwischen Weiß und Schwarz, Arm und Reich sowie dem Leiden an der Heimat. Und die Autoren versuchten, die Politik zu beeinflussen durch ihre Novellen und Erzählungen ebenso wie durch öffentliche Aufrufe und politische Stellungnahmen. Am stärksten dürfte das dem verstorbenen Ur-Liberalen Alan Paton gelungen sein, dessen Buch „Denn sie sollen getröstet werden" („Cry, the Beloved Country") früher und stärker als jedes andere Werk auf die Ungerechtigkeit der Apartheidpolitik aufmerksam machte – just in dem Jahr, in dem sie offiziell zur Regierungspolitik wurde. Kritiker warfen Gordimer und mehr noch Brink immer wieder vor, bisweilen wohlfeil in politische Gefälligkeiten abzugleiten.

Nach drei Jahrhunderten in Afrika und auch nach dem Ende der Apartheid sind Weiße noch immer Fremde – das ist wohl die Botschaft von Coetzees 1999 erschienenen Roman „Schande", eine Botschaft, die die auf Versöhnung setzende Regenbogennation nicht gern hört. Er wählte die innere Emigration des Schreibens und des Lehrens an der Universität Kapstadt, jenem Ort, der weder so recht Afrika noch Europa ist. Er fühlt mit den Unterdrückten, weiß aber, dass er Teil jener Gruppe ist, die er als Sklavenhaltergesellschaft definierte.   (2003)

Athol Fugard

Fast könnte es eine der kleinen Ironien sein, die Athol Fugard so liebt: In den Jahren der Apartheid hatte der bedeutendste Dramatiker Südafrikas sich trotz Druck der Regierung geweigert, ins Exil zu gehen. Heute lebt er je ein Halbjahr in Südafrika und – als Hochschullehrer – in den Vereinigten Staaten, wo er seine größten Erfolge erlebt, in den Achtzigern gar der nach Shakespeare meistgespielte Bühnenautor war. Wie kein anderer war Fugard in den Jahren der Apartheid die Stimme der liberalen weißen Südafrikaner, die mutig zeigten, dass sie auf der Seite der Schwarzen und deren Bürgerrechte standen. In seinem Stück „Mit Haut und Haar" (Blood Knot, 1961) traten zum erstenmal ein schwarzer und ein weißer Schauspieler gemeinsam auf eine südafrikanische Bühne, was dem Dramatiker später einen Pass-

Athol Fugard

entzug für vier Jahre einbrachte, aber auch den Grundstein legte für eine Bühnenform, die dann vor allem dank seiner Stücke zum Protest- und Township-Theater wurde.

Kein anderes Bühnenstück hat dann so sehr die Aufmerksamkeit der Welt auf die Apartheidpolitik gelenkt wie Fugards „Insel" (1973): Darin spielte wie in fast allen neunundzwanzig Dramen Fugards John Kani mit, der zusammen mit Winston Ntshona das bekannteste schwarze Schauspielerduo Südafrikas bildete. In der „Insel" spielten die beiden zwei Häftlinge auf der Gefangeneninsel Robben Island, auf der damals Nelson Mandela inhaftiert war. Dabei ging es mit Witz und Wut und Verstand um ein Spiel im Spiel, um inneren Widerstand und um Zermürbung.

Das mag auch daher kommen, dass Fugard in erster Linie kein Thesenschmied, sondern ein großer Geschichtenerzähler ist. Er zeigt Menschenschicksale. Darin verpackt er, was politisch oder sozial Not tut: In „Master Harold und die Boys" autobiografische Elemente; in „Buschmann und Lena" die Obdachlosenproblematik; in „Hallo und Adieu" die Armut der Weißen; in „Aussagen nach einer Verhaftung aufgrund des Gesetzes gegen Unsittlichkeit" die Liebe über Rassenschranken hinweg; im „Weg nach Mekka" die Psyche der Afrikaaner; in „Sizwe Bansi ist tot" die Ausweglosigkeit der schwarzen Stadtbewohner. Aber selbst im düstersten Ambiente, in der knappsten szenischen Andeutung, die manchmal äußerlich wie von Samuel Beckett entlehnt scheint, im ausweglosesten Welt- und Gesellschaftsabgrund behält und behielt Fugard immer seine Grundhaltung einer unverdrossenen Zuversichtlichkeit.

Der „New Yorker" beschrieb ihn einmal als alttestamentlichen Propheten: Er verkündet Wege des Überlebens, die aus Unterdrückung und Unfreiheit herausführen. Sozusagen ein liberaler literarischer Moses Südafrikas. Die menschlichen Konflikte im alten Apartheid-Südafrika waren der Nährboden seiner Energie und seines dramatischen Schreibens, das sich auch in einigen Romanen und einer mehrbändigen Autobiografie niederschlug.

Seit dem Machtwechsel 1994 sah er sich befreit – auch dazu, sich lyrischen, zart-intimen Werken zuzuwenden, die von der Kritik nicht immer die gleiche Annahme fanden wie seine früheren, politisch brisanteren.

Die unablässige Energie des Mannes, der schon früh mit der Altersmaske seiner zerfurchten Gesichtszüge und seines ergrauenden, nunmehr weißen Bartes kokettierte, und seine funkelnden und lachenden Augen widerlegen alle Müdigkeit. Der Einzelgänger, der in der von ihm so geliebten Karoo-Steppe lebt, wenn er in Südafrika weilt, geht, fernab der Mengen und Moden, mit innerer Stärke und Konsequenz seinen Weg: hin zu den Wurzeln des Theatermachens und Geschichtenerzählens, dorthin, wo Menschen den Menschen etwas vorspielen, was alle Menschen angeht. (2002)

Nadine Gordimer

Es ist ruhiger um sie geworden, indes nicht, weil ihre große Aufgabe, die Unterdrückung Schwarzer in Südafrika in Worte zu fassen und anzuprangern, erfüllt scheint, und wohl auch nicht nur, weil sich derzeit die Aufmerksamkeit mehr auf ihren Landsmann J.M. Coetzee richtet als auf sie. Zwölf Jahre vor Coetzee stand sie auf der Bühne des Stockholmer Konzerthauses, um den Literatur-Nobelpreis zu erhalten – just als Südafrika begann, sich von einer Rassendiktatur zu einer Demokratie zu wandeln – und wurde als „große Dame der Literatur" gefeiert. Dass Südafrika innerhalb so kurzer Zeit zwei Literaturnobelpreisträger hervorgebracht hat, mag die kulturelle Energie des Landes am Kap zeigen, aber auch eine späte Anerkennung der Schwedischen Akademie für jemanden, der schon 1991 als größter Schriftsteller seines Landes galt.

Um fließende Identitäten, kulturelle Unterschiede, Lügen und Moral, Liebe und Freundschaft über Farbgrenzen hinweg, um Unterdrückung und Widerstand kreisen Nadine Gordimers große Werke. Zu ihnen zählen die Romane „Julys Leute" und „Burgers

Nadine Gordimer

Tochter" sowie mehrere Erzählbände. Manche Südafrikaner, die sie eher als politische Aktivistin sahen denn als Schriftstellerin, unkten, nach dem Ende der Apartheid gingen ihr die Themen aus, doch dem war nicht so. Ihre Novellen und Erzählungen spielen jetzt nicht mehr nur in der Gesellschaft, in der sie aufwuchs und an der sie litt. Ihre Energie und ihren Willen, etwas zu bewegen und zu ändern, hat die zierlich-elegante Frau mit den sprühenden Augen und dem entwaffnenden Lachen nicht verloren.

Gordimer wie auch Coetzee waren und sind unerbittliche Gegner der Unterdrückung. Nadine Gordimer aber entschloss sich, im Graubereich von Literatur und Politik zu leben und zu arbeiten, während Coetzee nur über das abstrakte Wort und aus der Distanz wirken will. Sie war und ist in der Öffentlichkeit, auch auf Demonstrationen, präsent. Wie er hält sie indes ihr privates Leben in einem Johannesburger Vorort, umgeben von Büchern und Kunst, fern von der Öffentlichkeit.

Liberal sei ein schmutziges Wort, hat die Tochter eines Flüchtlings aus Lettland und einer Engländerin einmal gesagt. Das hörten manche auf der Linken, der sie sich zuordnet, gerne. Selbst jene, die ihr vorwarfen, einseitig Stellung bezogen zu haben, Gutes und Böses rasch zuzuordnen, müssen zugestehen, dass sie zumal vor 1990 nicht den Weg des geringsten Widerstands ging. Sie setzte sich in hohem Maße dafür ein, jungen Schwarzen den Weg zum Schreiben zu bahnen, etwa über eine Schriftstellergewerkschaft und eine Literaturzeitschrift, die bald nach dem offiziellen Ende der Apartheid unterging. Nicht alle dankten ihr den Einsatz: Viele Weiße hielten sie für allzu gefällig, und Teile der neuen Elite wollten zeitweise eines ihrer Hauptwerke aus Schulen verbannen, weil die Bücher angeblich „rassistisch und überheblich" seien, Vorwürfe, die die Regierung wiederum als „uninformiert und antiintellektuell" zurückwies. Dieser lächerliche Zwist um politische Korrektheit und um die umstrittene Aidspolitik des Präsidenten mag Nadine Gordimers Unterstützung der ANC-Regierung etwas gedämpft haben.   (2003)

Tom Sharpe

Der Irrwitz, über den er schreibe, sei zeitlos, so bedrohlich und absurd wie alles, was die in Südafrika regierende Nationalpartei geschaffen habe. Die einführenden Bemerkungen zielen auf Tom Sharpe, den eine Johannesburger Sonntagszeitung als „der Welt komischsten Schreiber" bezeichnet. Der in Großbritannien geborene Sharpe, der sich als Südafrikaner empfindet, kehrt erstmals seit seiner Ausweisung vom Kap 1961 zurück. Warum er damals nach zehn Jahren Aufenthalt ausgewiesen worden war, weiß er auch heute nicht. Als Sozialarbeiter hatte er den bizarren Gegensatz zwischen dem Leben in den weißen Vororten und den schwarzen Townships erlebt. Er spricht ruhig mit einem Zwinkern in den Augen. Plötzlich aber bricht der Zorn aus ihm heraus: Weiße Südafrikaner hätten eine Erbschaft des Hasses hinterlassen, die noch viele Jahre bleiben werde. Südafrika habe eine erbärmliche Haltung gezeigt, die nur dem Kambodscha Pol Pots und dem nationalsozialistischen Deutschland vergleichbar sei.

Schon vorher hatte Sharpe erklärt, dass er der südafrikanischen Mittelklasse-Weißen überdrüssig sei. Sie hätten gedacht, Apartheid sei falsch, aber nichts dagegen unternommen. Er kritisiert die Amoralität englischsprachiger Südafrikaner. Sie fühlten sich afrikaanssprachigen Weißen überlegen und hätten diese für die Apartheid verantwortlich gemacht, aber am System doch mitgewirkt. In seinen ersten beiden Büchern „Riotous Assembly" („Tohuwabohu") und „Indecent Exposure" („Mohrenwäsche"), die britische Zeitungen als mörderisch komisch und teuflisch erfinderisch beschrieben, schilderte er weiße Südafrikaner. Seine Helden sind normale Menschen, die bürokratische Dummheit und autoritäre Brutalität überwinden.

Heilige Kühe gebe es für ihn nicht, aber auch keine Inquisition. Apartheid sei Farce, Tragödie und Horror zugleich. Südafrika sei zu Recht seit 1948, als die Nationalpartei an die Macht kam und die Apartheid „offiziell" einführte, das „Stinktier der

Welt" gewesen. Er hatte nie geglaubt, dass er wieder nach Johannesburg kommen werde, dass es in dem Land einen Umbruch ohne Krieg werde geben können. Falls Südafrika seinen Weg des Wandels fortsetze und die „GULags" wie Soweto abschaffe, werde Südafrika wieder sanft lachen können und nicht mehr der schonungslosen Satire bedürfen.

Für sanften Humor, der Südafrikaner aller Hautfarben in einem gemeinsamen Lachen vereine, sprach sich in der Podiumsdebatte der Kabarettist, Regisseur und Schauspieler Soli Philander aus. Humoristen sollten in der Übergangsphase Südafrikas Neurosen in der Gesellschaft erfassen und vermitteln, das Denken der Leute widerspiegeln und ihnen ihre eigenen Schwächen und Situation bewusstmachen. Während der Farbige Soli Philander die versöhnende und einigende Kraft des Humors in den Vordergrund stellt, sagt ein weißer Satiriker, eine mitfühlende Satire dürfe es nicht geben, nur giftige Pfeile: Südafrikaner seien Konformisten der trübseligsten Art. (1991)

Alan Paton

Wohl kein anderes Werk hat so sehr die Aufmerksamkeit der Welt auf Südafrika gelenkt wie Ende der Vierziger Alan Patons Roman „Cry, the Beloved Country" („Denn sie sollen getröstet werden"). Der unermüdliche Kämpfer für ein Südafrika ohne Rassendiskriminierung ist im Alter von 85 Jahren gestorben. Viele respektieren ihn als den großen „echten" Liberalen Südafrikas. Sein ganzes Leben, sagte er, sei ein Kampf zwischen dem Schriftsteller und dem Aktivisten gewesen. Seine Dichtung hat der zehnfache Ehrendoktor indes nie seiner politischen Passion untergeordnet; auch nicht seinen Erstling, der ihn 1948 mit einem Schlag in aller Welt berühmt machte. „Denn sie sollen getröstet werden" – der deutsche Titel ist dem Matthäus-Evangelium entnommen – wurde in gut ein Dutzend Sprachen übersetzt, mehrfach verfilmt, dramatisiert. Immer noch werden jährlich 100 000 Exemplare verkauft, sechzehn Millionen waren es bisher.

Die Beziehungen zwischen Schwarz und Weiß sowie zwischen dem ländlichen und städtischen schwarzen Südafrika spiegeln sich in seinem Erstling wieder – wie auch das soziale Elend der farbigen Mehrheit und die schuldhafte Verstrickung von Weiß wie Schwarz in die Apartheidpolitik. Der Romananfang gehört zu den berühmtesten der englischsprachigen Literatur. In der in bildhaft-einfacher Sprache geschriebenen Parabel verlässt ein Landpfarrer seine Zulu-Gemeinde, um nach seinem verschollenen Sohn Absalom zu suchen: „Wer nach Johannesburg geht, kommt nicht wieder." Der Pfarrer findet seine Schwester als Prostituierte, seinen Sohn im Gefängnis. Bei einem Einbruch hat dieser einen Weißen erschossen, just einen Liberalen, der gegen die Apartheid kämpfte. Absalom wird zum Tode verurteilt. Der Pfarrer hat danach eine große Sorge: dass die Weißen, „wenn sie sich zu lieben entschließen, finden werden, dass wir uns zu hassen entschlossen haben". Paton lehnt diesen Weg der Gewalt ab – er hoffte bis zuletzt auf christliche Nächstenliebe. Südafrika sei indes, sagt er, ein Land, in dem man am Montag hoffe und am Dienstag verzweifle.

1968 – damals bezeichnete die „New York Times" Paton als den wohl bekanntesten Südafrikaner – hatte sich die Liberale Partei, die er fast zwanzig Jahre geleitet hatte, „freiwillig" aufgelöst, nachdem Pretoria gemischtrassische Parteien verbot. Sie hatte sich für die Aufhebung aller Rassenschranken eingesetzt. Patons Bemühungen um einen Ausgleich zwischen den Rassen wurden immer schwieriger. Einst galt er als radikal, später manchen als zu moderat. Die Regierung verwehrte ihm zehn Jahre lang jede Ausreise. Junge Schwarze vertrieben ihn 1978 von der Beerdigung eines befreundeten radikalen Politikers – sie sahen Radikalität und Liberalität als unvereinbar. Er ließ sich nicht beirren, wurde aber immer mehr eingezwängt in einer polarisierten Gesellschaft. Seiner Überzeugung blieb Alan Paton bis zuletzt treu, und seiner Liebe für ein Südafrika, das es noch nicht gibt.   (1988)

Wilbur Smith

Der südafrikanische Romancier Wilbur Smith hat die Staatsbürgerschaft der Seychellen beantragt. Er setzte damit seine Warnung um, Südafrika wegen der ausufernden Gewaltkriminalität zu verlassen. Polizei und Gerichte am Kap seien machtlos, es könne dort „wie in Beirut" werden. Smith ist mit einer Gesamtauflage von mehr als siebzig Millionen Büchern und Übersetzungen in alle größeren Sprachen von Bulgarisch über Hebräisch bis zu Japanisch einer der auflagenstärksten Schriftsteller der Welt. Er schließt sich nun einer langen Reihe südafrikanischer Autoren an, die ihr Heimatland verlassen haben.

Der Dichter Breyten Breytenbach blieb im französischen Exil aus Protest gegen die Apartheid und weil seine vietnamesische Frau damals in Südafrika nicht willkommen war. Christopher Hope ging 1975 im Alter von einunddreißig Jahren nach London, nicht nur aus Zorn gegen die Politik, sondern auch, weil Südafrika ihn gelangweilt habe. Roy Campbell und Laurens van der Post – Mentor des britischen Thronfolgers Prinz Charles – verließen in den zwanziger Jahren Südafrika, weil sie sich über das Desinteresse der Kolonialverwaltung an der Kunst ärgerten. Zahlreiche schwarze Schriftsteller, deren Werke in Südafrika als „kommunistisch" verboten waren wie Dennis Brutus, Ezekiel Mphahlele, Alex la Guma und Can Themba, wurden ins Exil vertrieben, andere gingen „freiwillig".

Auch ein Frühwerk von Wilbur Smith wurde wegen rassenübergreifender Liebesszenen verboten. Autor und Verlag verloren einen aufsehenerregenden Prozess gegen die Zensurbehörde. Später galten seine detailliert recherchierten Werke, die oft in Afrika spielten, nicht mehr als politisch. Rezensenten warfen ihm gelegentlich vor, der Weiße sei in seinem Werk tendenziell der Gute, der Schwarze der Primitive. Das störte eine Lesergemeinde nicht, die seine Abenteuerschilderungen aus jenem afrikanischen Busch liebt, den Wilbur Smith und seine Frau – ebenfalls eine Schriftstellerin – gerne aufsuchen. Die Leser schätzen seinen flüssigen Stil, seine Dialoge und seine Bonmots. Zwei Drittel seiner fünfundzwanzig Romane erreichten eine Auflage von jeweils mehr als einer Million: Nicht einmal Ian Fleming, der Erfinder von James Bond, erreichte das. Viele der Bücher von Smith wurden verfilmt. An jedem Flughafenstand sind sie zu finden. (1996)

Heilen oder unterordnen?

Deutlicher konnte es kaum werden: Der Funktionär der Theatergewerkschaft sagte den vier auf dem Podium versammelten Direktoren der staatlichen Bühnen, man binde sie gerne in die neue Ordnung ein, sie seien aber entbehrlich. Starker Beifall der an die Tausend Künstler war ihm gewiss. Sie kamen zum Kulturkongress des Afrikanischen Nationalkongresses auf der Suche nach einer neuen Kulturpolitik. In ein, zwei Jahren dürfte nicht nur die Regierung in Pretoria anders aussehen, auch die Kultur am Kap steht vor einem Umbruch. Der Übergang von einer eurozentrischen staatlichen Kulturpolitik zu einer Kunst in und für Afrika verläuft fließend – sichtbar am Streit um Landessprachen, Staatssymbole und Denkmäler, um die Rolle des Staates in den Künsten, um deren Finanzierung, um die Aufgabe des Künstlers im Wandel. Zumindest einer der vier Leiter der bisher dank ihrer Finanzkraft scheinbar allmächtigen Bühnenräte der Provinzen passte sich in der Podiumsdebatte rasch dem Entbehrlichkeits-Votum des Gewerkschaftlers an: Er sei ja schon seit dreißig Jahren für einen Wandel gewesen, und in der vergangenen Woche habe er das auch jemandem gesagt.

Vielen ANC Politikern gilt die Kultur zuvörderst als „Waffe im Befreiungskampf". Der ANC möchte indes, das hob Mandela zur Kongresseröffnung hervor, nicht die eurozentrische Kunstausrichtung aufheben, sondern sie erweitern. Kraftvolle „einheimische Künste" vom Jazz und afrikanischer Musik bis zum Volkstanz müssten in jenen Mittelpunkt zurückkehren, den die städtischen Kulturen usurpiert hätten. Mandela sagte, die universelle Sprache der Kunst müsse den Weg weisen, Südafrikaner zu heilen. Die reichen Fäden der Kultur müssten das zerrissene Land wiederaufbauen. In all den Jahren des Leidens habe das Theater, der Tanz, Literatur und Gesang dem Schweigen getrotzt, das die Apartheid aufzuzwingen suchte. Die Konferenz müsse die Kluft überbrücken, Meinungsfreiheit ermutigen, eine vereinte und friedliche Gesellschaft schaffen: Schöpferkraft kenne nicht Zäune oder Grenzen. Der ANC besitze nicht die Kultur, beanspruche sie nicht als ihr Revier. Damit ging Mandela auf Kritik ein, auch und gerade aus der intellektuellen Linken. Sie befürchtet, dass der ANC auf dem Wege sei, die Kunst in einem künftigen Südafrika sich einzugliedern. In den vergangenen zwei, drei Jahren hat der ANC viel abgelegt von seinem totalitären Anspruch. Verschwunden ist er nicht. Einige Erfahrungen damit hatte man in den Jahren des Kulturboykotts gemacht, in denen namenlose Kulturkommissare des ANC oder der ihm verbündeten Kunstgewerkschaften darüber befanden, wer (oft gegen „angemessene" hohe Summen) willkommen sei. Der Kulturkongress des ANC zeigte indes, dass Südafrikas Künstler, Tänzer, Musiker selbstbewusst genug sind, sich nicht von ANC-Funktionären gängeln zu lassen. (1993)

Lucky Dube

Wer über die Märkte in Daressalam streift oder auf den Straßen von Dakar spazieren geht, der stößt nahezu überall auf ein Plakat mit dem Bild von Lucky Dube oder hört dessen Musik aus Kassettenrekordern und an Marktständen. Falls es einen afrikanischen Superstar gab, den „das Volk" wirklich liebte, dann war das nicht Miriam Makeba, nicht Abdullah Ibrahim oder Youssou N'Dour, sondern Lucky Dube. Sein Album „Prisoner" verkaufte sich häufiger als jede andere Platte aus Afrika. Kein anderer afrikanischer Künstler war kommerziell oder musikalisch erfolgreicher auf dem Kontinent als der „König des afrikanischen Reggae". Abwechselnd galt Lucky Dube, der selbst in Jamaika, der Heimat des Reggae, gefeiert wurde, als würdiger Nachfolger von Bob Marley oder von Peter Tosh.

Menschen in den Townships trauerten um den 43 Jahre alten Lucky Philip Dube, der vor den Augen seiner Kinder in Johannesburg als Opfer eines versuchten Raubes erschossen wurde. Präsident Thabo Mbeki, der sonst die Kriminalität in Südafrika und die jährlich 20 000 Morde herunterspielt, sagte, das Land müsse nach der „brutalen Ermordung dieses außergewöhnlichen Künstlers" gemeinsam gegen die Kriminalität vorgehen. Der ANC sagte, die „schändlichen ruchlosen Kriminellen" hätten „Südafrika, Afrika und der Welt eine musikalische Ikone aller Zeiten geraubt".

Lucky Dube hatte dem Reggae einen unverwechselbar hypnotischen Klang gegeben, indem er ihn mit afrikanischen Rhythmen verwebte, dem Mbaqanga der Townships, aber auch mit Elementen des Blues, Rock, Soul und Gospel. Beliebt machte er sich in der Karibik nicht, als er auf dem Reggae Sun Splash Festival in Montego Bay sagte, Reggae sei afrikanische Musik, nicht jamaikanische. Bei seinem ersten Auftritt 1991 bei diesem wichtigsten Reggae-Festival der Welt war er der Erste, der zu einer Zugabe gezwungen wurde – und das eine Stunde lang.

Von den Kollegen in der Karibik unterschied er sich dennoch: Während diese den Begriff Einheit nur auf die schwarze Welt bezogen, wünschte Dube sich schwarz-weiße Einigkeit. Anders als Rastafaris aus der Karibik wollte er weder sagen, dass Gott schwarz (oder auch weiß) sei, noch wollte er alle Weißen pauschal verdammen. Seine Unabhängigkeit bewies Lucky Dube schon in den Jahren der Apartheid, in denen seine erste Aufnahme verboten wurde, mit Alben wie „Slave" oder „House of Exile". Es gab kaum ein Thema, das er auf seinen zweiundzwanzig Platten – fast jede mit Platinstatus – nicht besang; von der Unterdrückung und der „Mickey-Maus-Freiheit" sang er, von Rauschgiftsucht, Scheidung, Haft und Hoffnung. Die Titel seiner Alben zeigen den Weg

Südafrikas: Vor dem friedlichen Umbruch „Slave", „Prisoners" und „Victims", nach 1994 „Free at Last" und zuletzt „Respect". So wurde er in seinem Land zum Helden und zur Leitfigur – nicht zuletzt, weil der Erfolg ihm nicht zu Kopf stieg. Mit seinen Texten und seiner Musik wollte er das Leben in seinem Land verbessern. (2007)

Johnny Clegg

Er hoffe, sagt Johnny Clegg auf der Bühne, dies sei einer der letzten Konzerte, bei denen er dies Lied singe. Dabei ist „Asimbonanga" einer seiner größten Erfolge. Und an Erfolgen mangelt es dem südafrikanischen Superstar nicht. Asimbonanga fordert die Freilassung des Nationalistenführers Nelson Mandela aus der Haft. Als überragender Sänger wurde Clegg in seiner Heimat erst anerkannt, nachdem er in Frankreich der meistverkaufte Musiker und gesuchte Berater von Ministerpräsidenten und Minister wurde. Als „weißer Zulu" ist er dort bekannt. Sein Spitzname kommt aus dem Bemühen, in Musik und Text Sprache, Musiktradition und Wesen des Volkes der Zulu zu verbinden, was zu einem eigentümlichen rhythmischen, kraftvollen Hörerlebnis führt. Dazu kommen auf der Bühne Zulu-Tänze. Clegg beherrscht Inhlangwini, den fußstampfenden rituellen Tanz, mit dem sich Zulu über Jahrhunderte auf den Krieg vorbereiteten. Seine Lieder feiern traditionelles afrikanisches Leben oder schildern Arbeitslosigkeit, Stammeskämpfe, Inhaftierungen. Die Sprache wechselt beständig zwischen Englisch und Zulu.

Neben Madonna ist Clegg der einzige Sänger, dessen Langspielplatten gleichzeitig an erster und zweiter Stelle der französischen Hitparade waren. Französische Zeitungen sprechen von einer Clegg-Generation und einer Zulu-Manie. Die Zulus faszinieren schon lange die Franzosen: Im Kampf gegen sie starb der Sohn Napoleons III., womit jede Hoffnung auf ein Fortführen der Dynastie endete.

Johnny Clegg

Wichtiger wohl ist dem Sozialanthropologen mit der rauen Stimme, dass er in Südafrika einer der wenigen sein dürfte, der vom Establishment wie auch von der Opposition respektiert wird. Um Grenzüberschreitungen bemühte sich Clegg von Kindheit an. Als Fünfzehnjähriger wurde er erstmals festgenommen – viele weitere Verhaftungen folgten –, weil er häufig seine Zulu-Freunde in den Townships besuchte, was damals ohne Genehmigung ebenso verboten war wie das gemeinsame Auftreten von Schwarzen und Weißen auf der Bühne. Er fühlte sich stets angezogen von der Straßenmusik der Zulu, den Gitarren der Wanderarbeiter. Er experimentiere in seinen Liedern mit der Musiktradition der Zulu, berichtet er, aber dokumentiere sie nicht, sondern verändere sie. Zunächst bildete er das erste gemischtrassische Duo des Landes, Juluka. Seine spätere Band Savuka brachte dann die Erfolge. Ursprünglichkeit, politischer Einsatz, Interesse an Kultur und Denken Schwarzer sind beim früheren Dozenten der Völkerkunde nicht aufgesetzt.

Die angloamerikanische Musik, berichtet Clegg, habe Kraft und Ideen verloren. Manche kehrten zu afrikanischen Wurzeln zurück: Afrika habe die Welt auf vielen verborgenen Wegen beeinflusst. Die Jugend suche nach spontaner, natürlicherer Musik, die ohne den „kulturellen Zynismus" des Rock ’n’ Roll sei. Durch das „Crossover" zwischen Schwarz und Weiß, zwischen Zulu und Englisch bringe er der jüngeren Generation der Weißen Kultur und Denken ihrer schwarzen Landsleute näher. Mit der reinigenden Kraft der Musik würden Grenzen verschoben. Weiße Jugendliche wüchsen auf ohne Sinn für Geschichte, ohne Perspektive, wo sie herkämen und hingingen: „Wir leben in Südafrika auf dem Mars." Er hofft, Weißen zu helfen, Afrikaner zu werden. Seine Musik sieht Clegg trotz politischer Texte und seiner Überzeugung nicht als Protestmusik: Jeder müsse für sich selber entscheiden. Er hoffe aber, sagt er, dass sie zu Zorn, Schuld, auch Humor führe und so die Zuhörer dazu bewege, die „unmoralische und zukunftslose" Apartheidpolitik zu bekämpfen. (1990)

Hugh Masekela

Plötzlich steht der unverkennbare, untersetzte Mann mit seiner schwarzen Kappe auf dem Podium und spielt. Hugh Masekela ist neben dem Pianisten Abdullah Ibrahim (Dollar Brand) und der Sängerin Miriam Makeba der bekannteste Jazzmusiker Südafrikas. Am späten Abend im Kippie's, der stimmungsreichsten Jazzkneipe Südafrikas, steht er ohne jegliche Ankündigung auf und ergreift die Trompete – sein erster Auftritt in seiner Heimat nach einem Vierteljahrhundert im Exil. Wie häufig trifft sich dort, neben dem Markttheater, dem Zentrum nichtrassischer Kultur der Goldmetropole, ein Querschnitt der musisch-intellektuell interessierten Elite, des Öfteren nach Rassen „gemischte" Paare: Schauspieler, Musiker, der (weiße) Verleger einer Zeitschrift, die schwarzes Unternehmertum fördern will, ein Diplomat, arrivierte Schwarze, etwa die juristische Beraterin eines Computerkonzerns, aber auch ein geläuterter Anführer der Schülerrevolte 1976, der nun Konzerte organisiert und selber musiziert und tanzt.

Wie selbstverständlich bewegt sich Masekela innerhalb dieser kleinen Gruppe. Südafrika, berichtet er dort dem Besucher bereitwillig, sei stets eine der großen Jazznationen gewesen, das aber sei ein wohlbehütetes Geheimnis geblieben. Der Standard des Jazz sei, seitdem er das Land verließ, noch gestiegen. Das Talent in Südafrika, glaubt Masekela, sei enorm, nicht nur in der Kunst. Er sei überall in der Welt gewesen, aber

Saxophonist McCoy Mrubata im Jazzclub Bassline, Johannesburg

nirgends sei es „so süß und schön". Das Aroma des Umbruchs sei da, aber Südafrikaner müssten es nun zum guten Land gestalten anstatt Zuschauer zu bleiben.

Masekela studierte in London und New York; Harry Belafonte hatte ihn – wie Miriam Makeba, mit der Masekela verheiratet war – gefördert. Der anglikanische Priester, spätere Erzbischof Trevor Huddleston, eine der legendären Gestalten des frühen Anti-Apartheid-Kampfes, hatte den Schüler Hugh „entdeckt" und ihm eine Trompete geschenkt. Nachdem Huddleston aus Südafrika ausgewiesen wurde, lernte er in New York Louis Armstrong kennen. Er erzählte ihm von dem begabten Jungen: „Satchmo" war gerührt und schickte Masekela seine eigene Trompete.

Masekela gilt als einer der ersten Musiker, der die afrikanischen Wurzeln mit dem amerikanischen Jazz verband. Zeitweise verlor er diese Wurzeln, wandte sich zur Popmusik mit politischer Lyrik und zum Rock. In den Siebzigern kehrte er zu seinen Ursprüngen zurück und behielt dabei den unverkennbaren südafrikanischen Stil – abgehoben vom europäischen Jazz, den viele südafrikanische Musiker als zu formal empfinden. Geformt hat den südafrikanischen Jazz die Generation um den Namensgeber des Kippie's: Kippie Moeketsi war der geistige Vater von Musikern wie Masekela und Abdullah Ibrahim. Sie vermischten traditionellen Jazz mit Elementen der Township-Musik, mit Kwela, gespielt von Slumkindern mit Flöten (Pennywhistles), und dem rhythmisch-wiederholenden Marabi, die zum Mbaqanga (Township-Jazz) zusammenflossen. Erst Anfang der Neunziger widmen sich Plattenfirmen wieder stärker dem südafrikanischen Jazz – und das, obwohl in Südafrika angeblich pro Kopf mehr Jazzplatten verkauft wurden als in jedem anderen Land der Welt. Unter den wiederaufgelegten Platten waren neben Big Bands und anderen lange „verschollenen" Stücken auch die Jazzoper „King Kong", an deren erster Aufführung 1961 in London fast alle damaligen Größen des südafrikanischen Jazz mitwirkten – unter ihnen Kippie Moeketsi, Makeba und Masekela. Die südafrikanische Fassung der „West Side Story" oder von „Porgy und Bess" harrt weiterhin einer Wiederaufführung. (1991)

Yehudi Menuhin

Dies sei der richtige Platz für den „Messias": Yehudi Menuhin weist auf das löchrige Dach der Ngakane-Halle im Township KwaThema, eine knappe Stunde außerhalb Johannesburgs. Während er das Litauische Kammerorchester dirigiert – seine Anweisungen gibt er auf deutsch – und die beiden Chöre aus KwaThema, tröpfelt heftiger Regen durch das Dach auf den verfaulenden Holzboden, durch zerbrochene Scheiben zieht Kälte hinein.

Lord Menuhin meint es ernst. Vor sechzig Jahren war er erstmals in Südafrika mit seinen Eltern. 39 Jahre lang hatte er Südafrika boykottiert, nachdem er nach seinem Konzert in Sophiatown, dem später zerstörten Zentrum schwarzer Kultur und Lebensart, Schwierigkeiten erfuhr. Damals habe er, berichtet er, das einzige Mal in seinem Leben eine Tür – eines weißen Kon-

Yehudi Menuhin in KwaThema mit dem Autor

185

zertorganisators, der den Township-Besuch kritisiert hatte – laut hinter sich zugeschlagen. Das habe gewirkt, meint er verschmitzt, er müsse es mal wieder versuchen. Damit hatte er sich einen seiner beiden Träume erfüllt, einmal „auszurasten" – den anderen, die Notbremse eines fahrenden Zuges zu ziehen, nicht.

Bei seinen Auftritten in KwaThema, Johannesburg und Kapstadt stieß der siebenundzwanzigfache Ehrendoktor wie überall auf Ehrerbietung. Schon am Flughafen wurde er von einem traditionellen Preissänger der Xhosa begrüßt, eine hohe Ehrung. Ein hartgesottener südafrikanischer Erfolgsfotograf, der ihn eine Woche lang begleitete, sagte nachher, selten habe ihn ein Mensch und eine Musik so angerührt. Der Maestro habe KwaThema gesegnet, meint der Chorleiter, er habe seine bescheidenen Anfänge nicht vergessen. In Johannesburg und Kapstadt kamen Minister und Bürgermeister zuhauf zu seinen Konzerten, im abgelegenen KwaThema waren es Bewohner aus der ärmlichen Umgebung. Sie spürten den Geist des „Messias" vielleicht stärker. Als der Chor das „Hallelujah" anstimmte, standen alle auf, ohne dass es, wie in Johannesburg, eines diskreten Hinweises zur Eröffnung bedurfte. Viele, Alt und Jung, kannten den Text und sangen spontan mit.

Dies sei für ihn ein Pilgerzug, sagt Menuhin. Menuhin zieht die Musik nach Südafrika, aber auch die hervorgehobene Rolle, die dies Land für den Humanisten und Menschenrechtskämpfer hat. Schon bei seinem letzten Besuch 1956 hatte ihn Alan Patons Roman „Denn sie sollen getröstet werden" bewegt. Jetzt sieht er Südafrika als den einzigen Platz in der Welt, in dem man zuversichtlich sein könne. Dank der Mischung von Schwarz, Weiß, Farbig und Indisch könne Südafrika zu einer der „interessantesten Zivilisationen" werden, das Verständnis für alle Künste vertiefen. „Sie haben gelernt zu integrieren, wir zu analysieren und zu teilen." Er komme mit einem Gefühl der Bescheidenheit, des Respekts, der Hoffnung. Was in Südafrika derzeit geschehe, sei für die Welt wichtig.

„Das ist Rhythmus", ruft der Achtundsiebzigjährige, der mal zerbrechlich wirkt, dann wieder voller Energie von der Bühne springt. Er sei alt geboren und werde immer jünger, sagt er mit blitzenden Augen. Afrika habe, meint Menuhin, der Welt viel gebracht, neben der Musik, besonders Jazz und Spirituals, ein gutes Herz, Leidensfähigkeit und Geduld. Nachdem er das Soweto Streichquartett gehört hatte, sagte er, es sei wunderbar zu sehen, dass Musiker sich beim Spielen freuten: Europäer schauten traurig drein, wenn sie Musik spielten oder erlernten. Südafrikanische Musiker sollten europäischen Orchestern beibringen, wie man sich zur Musik wiege, tanze. Schwarze hätten der Welt Musik gebracht, Tanz, Spontaneität, das Band zur Natur, Weiße dagegen, sagt Lord Menuhin, sich die Natur zum Feind gemacht. Hier im Township sei die Musik warm und reich mit religiösem Gefühl. Er habe Musik einer afrikanischen Beerdigungsfeier nie vergessen, die er vor fünfzehn Jahren bei einem Festival in Berlin hörte.

Der Amateurchor von KwaThema mag technisch nicht den höchsten Stand vertreten, sagte er, sie aber zeigten den Geist religiöser Wahrheit. Welche Wahrheit? Menuhin sagt, man brauche eine Synthese von animistischen Gedanken – sie hätten ihn gelehrt, nicht Baumzweige abzubrechen – und einer monotheistischen Religion. Er meint wohl vor allem den Geist der Versöhnung und Vergebung. Nelson Mandela, ein „wirklicher Führer", habe Jahrzehnte der Haft mit einem Geist der Vergebung beantwortet. Er sei einigen Juden begegnet, berichtet Menuhin, die trotz ihrer Erfahrungen in Auschwitz ähnlich gefühlt hätten. Als er 1947 als erster international bekannter Musiker im Nachkriegsdeutschland auftrat, habe er es getan, weil Deutsche „einen Juden brauchten", um ihre Schuld auszudrücken und ihre Haltung gegenüber Juden neu zu bedenken. Deutsche hätten gelernt. (1995)

Miriam Makeba

Hoffnung, Entschlossenheit, Gesang: Diese drei Dinge, so beginnt „Mama Afrika" ihre Autobiografie, werde sie bis zu ihrem

Tod behalten. Nichts wünsche sie sich mehr, sagte Miriam Makeba bei ihrer Heimkehr aus dem Exil, als vor Südafrikanern zu singen, denen sie ihre Lieder nicht zu übersetzen brauche. Zunächst aber überreichte sie vor 70 000 ANC-Anhängern eine ein Meter lange Kerze, die ostdeutsche Jugendliche ihr vor sechzehn Jahren gegeben hatten, damit sie sie an die Jugend ihres Landes weitergebe. Umschwärmt wurde sie seit ihrer Ankunft. Auf den Straßen Sowetos umgaben sie Hunderte singende und tanzende Begleiter.

Miriam Makeba ist die berühmteste einer wachsenden Zahl von Rückkehrern aus dem Exil. Sie habe, sagt sie, immer heimkommen wollen, ihre Nabelschnur sei in heimatlicher Erde vergraben. Ihr erster Weg war zum Grab ihrer Mutter. Zu deren Beerdigung 1960 hatte Südafrika ihr die Einreise verweigert. Ein Jahr zuvor war sie, ohne Auswanderungsabsicht, als Sängerin in der Jazzoper „King Kong" nach London gegangen. Nach ihrem Auftritt in einem regierungskritischen Musikfilm zog Pretoria ihren Pass ein.

Heimweh und Bindung zur Mutter haben ihre Musik und ihr Leben geprägt. Ihr Leben, ihr beruflicher Werdegang, jedes Lied sei verwoben mit der Not „ihrer" Menschen, schrieb sie in ihrer Autobiografie. Sie erschien 1988, als sie nach langer Pause in den Vereinigten Staaten wieder eine Platte mit Liedern aus ihrer Kindheit herausgab. Das könne sich, hieß es damals, nur ein Weltstar leisten – eine nicht von einer Band begleitete Platte mit Kinderliedern in einer afrikanischen Sprache. Nun ist das tansanische Wiegenlied „Malaika" eines der eindrücklichsten und international bekanntesten Lieder. Der Kinderliederplatte gab sie den Titel „Sangoma". Miriam Makebas Mutter war eine Sangoma: jemand, der von Geistern der Vorfahren besessen ist und als Heiler und Wahrsager in seiner Gemeinschaft respektiert wird. In ihrer afrikanischen Gesellschaft lebe der Mensch, schreibt sie, auch nach dem Tod im Geiste fort. Miriam Makebas starke Bindung an Mutter und Heimat dürfte zusammenhängen mit ihrem harten Schicksal. Zwar sprach sie als Sonderbotschafterin vor der Generalversammlung der Vereinten Nationen, sang vor vielen Präsidenten und fehlte bei kaum einer afrikanischen Unabhängigkeitsfeier. Zwischen diesen Auftritten kam sie indes immer wieder in Notlagen.

Miriam Makeba ist eine unerbittliche Kämpferin gegen die Apartheid. Nicht zuletzt dank ihrer Selbständigkeit war sie vielen südafrikanischen Frauen eine Leitfigur. Sie ist aber nicht eine militante politische Aktivistin: Immer blieb sie Künstlerin. Lieder mit politischen Aussagen stehen neben Liebesliedern, angesiedelt zwischen Folk und Jazz. Einige ihrer Titel durften noch kurz vor dem Umbruch, im September 1989, nicht im südafrikanischen Rundfunk gespielt werden – eines der letzten Verbote, bevor auch der staatsgesteuerte Rundfunk sich wandelte. Sie habe auf den Tag hin gelebt, an dem sie in ihre Heimat zurückkehren könne. Falls sie darauf nicht mehr hätte hoffen können, sagt sie, hätte sie sich wohl einfach zum Sterben hingelegt. (1990, Miriam Makeba starb am 10. November 2008)

Satire und Zensur

Pieter-Dirk Uys

Als wäre eine Lebensleistung nicht genug, hat Pieter-Dirk Uys seinem Land Südafrika dreimal in herausragender Weise gedient. Mit doppelbödiger Satire gab er die Apartheidideologie und ihre Politiker der Lächerlichkeit preis und untergrub so ihre Autorität; den neuen Herrschern zeigte er Gefährdungen durch Machtmissbrauch und Korruption; und er wies viele Zehntausende auf die Gefahren durch das HI-Virus hin. So dürfte er mehr Menschenleben gerettet haben als Pretoria mit seiner verfehlten Aidspolitik. Wenn Uys und sein Alter ego Evita Bezuidenhout in Schulen der Townships auftaucht, auf Eigeninitiative und eigene Kosten, hören die Schüler zu – kaum ein anderer weißer Südafrikaner verfügt über ein ähnlich hohes Ansehen.

Kein anderes Land der Welt dürfte denn auch einen Freigeist und Satiriker, verkleidet als Frau, vom Parlament einladen lassen, um im gleichen Raum, in dem einst Apartheidgesetze verabschiedet wurden, Minister und Abgeordnete liebevoll zu verspotten. So geschah es 1994 im ersten frei gewählten Parlament in der Geschichte Südafrikas. Um Uys' Kunstfigur Evita Bezuidenhout, „Botschafterin" im fiktiven Homeland Bapetikosweti, spinnt sich, niedergelegt in Büchern und Fernsehserien, eine Neuschreibung der südafrikanischen Geschichte. Eine dreißig Kilometer lange Straße nach Darling, wo er in einem stillgelegten Bahnhof eine eigene Bühne hat, wurde benannt in „Evita Bezuidenhout Boulevard". Uys' Sorge, in der Demokratie werde ihm der Stoff fehlen, war unbegründet: Politiker lieferten ihm beständig neue Pointen frei Haus, sagt er.

Pieter-Dirk Uys verbindet Scharfsinn, Witz und Weitsicht mit dem Bedürfnis, Menschen zu helfen. Wenige haben mehr für das Ansehen Weißer unter ihren schwarzen Landsleuten getan, und kaum ein anderer ist unter ANC-Funktionären ebenso beliebt und bewundert wie unter beharrenden Afrikaanern. Durch seine subversive Form des Widerstands spürten viele, dass unter Weißen in den Jahren der Unterdrückung Anstand verblieben war. Die großen Gestalten Südafrikas nach dem Wandel von Nelson Mandela bis Desmond Tutu respektieren ihn, besuchen seine Vorstellungen auch, um über sich selber – Uys schlüpft auf der Bühne von einer Rolle in die nächste – zu lachen. Mandela hatte ein Foto von Evita auf seinem Schreibtisch im Präsidentenamt.

Mit seiner stets aufbauenden, nicht zersetzenden Kritik nahm der Kapstädter in den Jahren der Rassendiskriminierung Gefahren auf sich. Sein Ansehen und sein Schalk bewahrten ihn vor Verfolgungen. Das einzige Mal, dass er wegen seiner Haltung physisch bedrängt wurde, war nicht in Südafrika, sondern in Hamburg. Immer wieder wusste er, Angst durch Humor zu überwinden und der Zensur zu begegnen. Da seine Auftritte, oft im Dialog mit den Zuschauern, keinem Manuskript folgten, konnte die Zensur sie auch nicht verbieten – anders als seine Theaterstücke, angesiedelt zwischen Melodram, Wehmut und Gelächter. Als politischer Kabarettist sprüht er von Energie und Sprachwitz. Inzwischen betrachtet er die Aufklärung in den Schulen als seine wichtigste Aufgabe: Aids habe mit sechshundert Toten täglich Erfolg, wo Apartheid fehlschlug. Uys will die Zukunft und das Leben junger Südafrikaner wahren helfen, indem er sie ermutigt, an sich selber zu glauben und sich vor Ansteckung zu schützen.   (2005)

Als er die vielen Luxuswagen deutscher Herkunft sah, habe er gewusst, dass er am richtigen Veranstaltungsort sei, beim Kongress des ANC. Diese Narrenfreiheit kann in Südafrika sich nur einer leisten: Pieter-Dirk Uys. Dass der ANC ihn einlud, die Regierenden bei ihrer „Siegesfeier" auf ihrem Parteikongress in Bloemfontein zu verspotten, zeigte Bereitschaft zur Selbstkritik und Selbstsicherheit nur wenige Monate nach dem Regierungs- antritt: Denn was Uys jeweils bietet, ist nicht vorauszusagen. Präsident Mandela sagte, eine fiktive Biografie der berühmtesten Gestalt, die Uys erfand, der Botschafterin Evita Bezuidenhout, werde im „neuen Südafrika" das einzige Pflichtwerk an Schulen sein. Jene Evita, die „berühmteste weiße Südafrikanerin", hat Mandela für eine Fernsehsendung am Neujahrstag befragt: Beide schauten einander tief in die Augen, und jeder sagte dem ande- ren, man sei des anderen Held und Liebling. Evita (Uys) habe, so Mandela, eine wundervolle Arbeit getan, auf die alle Südafri- kaner stolz sein könnten, und er meine es ernst. So emotional geht es selten zu bei Mandela wie auch bei Uys. Jener schätzt die gütige Kühle, dieser liebt den messerscharfen Spott.

Den Mut verlor er auch beim ANC-Kongress nicht: Der Ver- wandlungskünstler zeigte dort einige seiner bekannten Gestalten, die er mit wenigen Handbewegungen und Requisiten und einer trefflichen Anpassung von Mimik und Stimmlage schafft, von der britischen Königin über den früheren Präsidenten Pieter Willem Botha und Erzbischof Tutu bis zu Winnie und Nelson Mandela. Kaum einer der Teilnehmer hatte mit seiner Courage gerechnet, dass er auch Winnie vor dem ANC-Kongress auftreten lassen werde: Sie sei die frühere Mutter der Nation, hörten sie dort, das ungelenkte Geschoss der schwarzen Politik. Auf ihrem weißen Mercedes habe sie einen Aufkleber „Zur Hölle mit dem Kapitalismus". Uys beschreitet immer eine heikle Linie, und ge- legentlich überschreitet er sie. Dem ANC scheint das zu gefallen: Die Minister lachen ausgelassen. Anders als ihre weißen Vorgän- ger pflegen sie bisher eine Kultur der Offenheit, empfänglich für Kritik. Ein Delegierter beim Kongress sagt, der Auftritt schaffe eine neue und wichtige Tradition. Der ANC und Afrikaner seien traditionelle Lobsänger gewohnt, die die jeweiligen Herrscher singend preisen, nicht Spötter. Uys kündigte an, spätestens vom ersten Jahrestag ihres Machtantritts an auch ANC-Politiker nicht zu schonen. Vorerst erfüllt er eine andere wichtige Aufgabe: In Fernsehgesprächen zeigt Evita die „menschliche Seite" der neuen Machthaber und baut so die Angst vieler Weißer vor dem Unbekannten ab. Mit dem ANC-Generalsekretär Cyril Ramaphosa ging Evita Forellen fangen, den Kommunistenführer Joe Slovo begleitete sie ins Schwimmbad, mit dem früheren Außenminister Pik Botha spielte sie Scrabble.

Seine Spitzen teilt Pieter-Dirk Uys gerade gegen die aus, die er liebt, und damit auch gegen Deutschland: Seine Mutter, eine Berlinerin, hatte als Jüdin im Dritten Reich nach Südafrika fliehen müssen. Seine Schwester Tessa Uys, eine Konzertpianistin, hat den Blüthner-Flügel, den ihre Mutter 1936 aus Berlin nach Kapstadt mitnahm, dem Jüdischen Museum in Berlin gestiftet. Noch hat Uys ein Berliner Telefonbuch von 1937 aus der Erbschaft seiner Mutter. Als Zwölfjährigem hatte ihm eine Freundin seiner Mutter von ihrer „klarsten Erinnerung" an ihre KZ-Zeit berichtet: „Wie wir gelacht haben, schreckliche, schockierende Witze über schreckliche, unaussprechliche Dinge: Die schrecklichen Witze haben uns Mut verliehen." Das war wohl ein Wegweiser zu der Art von Uys, mit der Apartheid fertig zu werden, sie zu überwinden, indem er sie lächerlich machte. Uys sieht Parallelen zwischen seinen beiden Heimaten Südafrika und Deutschland: 1945 sei „niemand" mehr Nazi gewesen, 1989 „niemand" Kommunist; und heute habe „niemand" jemals die Apartheid gestützt.   (1994)

Politischer Frühling und die Zensur

Die Zensur in Südafrika war die strikteste in der westlichen Welt gewesen, geben auch ehemalige Zensoren zu. Sie ist weitgehend gefallen im „Prager Frühling" Südafrikas. Eine Woche lang berieten Zensoren und Satiriker, Journalisten und Juristen über Grenzen der Freiheit – ein Thema, das die südafrikanische Seele ebenso wie das südafrikanische Geistesleben der vergangenen

Jahrzehnte nachhaltig trübte. Zensur, Kulturboykott und das unzureichende Bildungssystem hätten Südafrika, sagt der Satiriker Pieter-Dirk Uys, verkrüppelt. Die Zeitung „Business Day" meinte, Jahre der Bigotterie, Zensur und Nichtbeachtung des Rechtsstaats hätten Südafrikaner zu den am schlechtesten informierten Menschen der Welt gemacht. Viele Jahre hatte die Unterdrückung des offenen Wortes die Herrschaft der Diktatur gesichert.

Mehr als Tausend Publikationen wurden um 1980 herum noch jährlich im Namen von Patriotismus, Christentum und Zivilisation für unerwünscht erklärt: von Büchern von Lothar-Günther Buchheim und Niko Kazantzakis über die Zeitschrift „Stern", das Plattenalbum „The Wall" von Pink Floyd und Liedern von Bob Dylan bis zu Schriften von Mandela und Karl Marx. Wöchentlich erweiterte sich die Liste. Der Staatsrundfunk spielte etwa Tausend Lieder nicht, obwohl sie nicht formell verboten waren. Bei Filmen gab es Vorzensur, bei Büchern handelte der Publikationsrat auf Antrag. Grundlegend änderte sich das Vorgehen erst seit dem Amtsantritt Präsident de Klerks 1989. Auch die Sexualmoral weitete sich. Zuvor mussten Brustwarzen auf Magazinfotos noch mit einem „Sternchen" überdeckt werden. Jetzt ist an jeder Ecke eine südafrikanische Ausgabe von „Playboy", „Penthouse" oder „Hustler" zu kaufen. Die Johannesburger Innenstadt ist übersät mit „Escort Agenturen", in denen abendliche Begleitung in allen Variationen erkauft werden kann.

Uys zählte zu den Autoren, deren Werke im „alten Südafrika" am häufigsten Ziel von Bannverfügungen waren. Er fand Auswege, die Zensur zu überlisten. Er schleuste seinen Vater in den Berufungsrat ein, der ihm so Informationen zukommen ließ. Er las Verordnungen und Gesetze sorgfältiger als die Zensoren. Er stellte ständig Verbotsanträge gegen seine eigenen Stücke unter erfundenen Namen, so einem Landpfarrer aus De Aar oder einer alternden Jungfer aus Alberton, und ließ die Zensur – seinem „besten Öffentlichkeitswerber" – diskret wissen, dass einer der Antragsteller er selber sei; die Zensoren aber wollten sich nicht weiter blamieren, indem sie eines seiner Stücke aufgrund von des-

sen eigenem Antrag verboten. Dann wieder veränderte Uys seine
Stücke leicht, die so wieder neu hätten gebannt werden müssen.
Die Zensurbehörde, sagte Uys auf dem Podium, sei die große
Liebe seines Lebens gewesen. (1993)

Tanz

Zwei jährliche Treffpunkte gibt es, die Wegweiser sind für Tendenzen in der südafrikanischen Bühnenkunst: das Kunstfestival
in Grahamstown im Ostkap und das „Dance Umbrella" in Johannesburg. Der zeitgenössische Tanz ging in den letzten fünfzehn
Jahren, nach dem Ende des Kulturboykotts gegen Südafrika,
einen weiten Weg. Er war neben Jazz und Theater die einzige
Kunstform, in der Schwarz und Weiß gemeinsam nach neuen
Ausdrucksformen suchten – anfangs noch isoliert und freundlich-
unbeholfen, dann als der gehätschelte und aufregende Star vieler
Festivals in Europa. Nun aber gibt es eine neue Kluft: zwischen
einigen Tänzern und Choreografen, die auf internationalen

Soweto Dance Project in der Bapedi Hall, Soweto

Bühnen umjubelt werden, und den vielen Truppen, die in die Mittelmäßigkeit des Althergebrachten zurückfallen.

Das „Dance Umbrella" zeigte diese Diskrepanz überdeutlich. Drei Schwerpunkte prägten in seinem sechzehnten Jahr viele der nahezu zweihundert Stücke in fünfunddreißig Aufführungen: nationale Identitäten, Mythen und Hintergründiges. Oder auch: Mauern, Abgründe und Brücken, sie zu überwinden. Dabei trennen die Mauern nicht nur. Sie schützen auch vor Eindringen und Gewalt. Und sie bewahren das Eigene, Charakteristische. Wie kein anderer verbindet Vincent Mantsoe in seinem Tanz Mauern, Mythen, Identitäten. Jede seiner Uraufführungen wird mittlerweile mit Spannung erwartet. Ausgezeichnet mit allen internationalen Tanzpreisen, die Afrika zu vergeben hat, und gefeiert von Japan bis Stockholm, blieb Mantsoe Soweto und dem ländlichen Südafrika verwurzelt, auch wenn er jetzt in Paris lebt. Mit seinem in Montreal entwickelten halbstündigen Solo „Ndaa" („Grüße" in der Venda-Sprache) kehrt Mantsoe zurück zu seinen frühen Werken. Der Tänzer ist der Tradition seiner Vorfahren (seine Mutter und seine Großmutter waren Sangoma, rituelle Heiler) mit traditioneller Medizin, Besessenheit, Schamanen und Stimmen aus dem Jenseits verbunden. Begleitet wird sein Solo von traditioneller Musik mit Rasseln und Trommeln aus vielen Teilen Afrikas. Mantsoes anspruchsvolles Werk, in dem vom sprühenden Witz und der scheinbaren Leichtigkeit seiner frühen Stücke nur noch wenig blieb, ist für Außenstehende fast nur zu erahnen, kaum wirklich zu verstehen.

Die Geschichte des Johannesburger Tanzfestivals spiegelt das Auf und Ab der gesamten Bühnenkunst im Südafrika nach der Befreiung. Zur Gründung 1989 kamen vierzehn Choreografen, ein knappes Jahrzehnt danach brachte man schon mehr als zweihundert neue Werke auf die Bühne. Dazu gab es – mittlerweile wegen Geldmangels wieder eingestellte – regionale Ableger in Kapstadt, Durban und Bloemfontein. Beim „Dance Umbrella" 2004 warf der Vorsitzende der Südafrikanischen Bühnenvereinigung, der Tänzer und künstlerische Leiter David Thatanelo April, in einer für südafrikanische Künstler ungewohnten Schärfe der Regierung, dem Präsidenten und vor allem dem Kultusministerium in Pretoria unzureichende Unterstützung vor. Die Unterschiede im Niveau zwischen den besten Künstlern und dem Rest der Ensembles werden immer größer, weil Gelder ebenso fehlten wie eine künstlerische Infrastruktur. Die Tanzfabrik, ein Zentrum für zeitgenössischen und afrikanischen Tanz in der Innenstadt – früher die wichtigste Tanzbühne – steht meistens leer. Viele der besten Tänzer und Choreografen wie Mantsoe und Robyn Orlin sind nach Europa abgewandert, weil Südafrika ihnen weder genügend Zuspruch noch finanzielle Sicherheit bietet. Einer der einflussreichsten Choreografen und Lehrer wurde Opfer eines Raubmordes in Soweto. Tänzer finden ihr Auskommen vielfach nur in Kasinos, auf Kreuzfahrtschiffen oder in Musicalinszenierungen. Die südafrikanische Bühnenkunst, so Thatanelo April, sei in einer politischen und wirtschaftlichen Krise, auch weil Politiker die Kunst nicht als Teil des alltäglichen Lebens akzeptieren, ihre Bedeutung für das Selbstwertgefühl einer Nation nicht zur Kenntnis nehmen.   (2004)

Spiegelbild der Seele

Der zeitgenössische Tanz ist zurzeit, vielleicht stärker noch als das Theater, ein Spiegelbild des Seelenzustandes der Nation. Bei dem „Dance Umbrella" in Johannesburg kurz vor den Wahlen hatte weiße Untergangsstimmung manches Stück beherrscht, wenige Monate später war das kaum mehr zu spüren. Bei schwarzen Gruppen ist eine „Rückkehr zu den Ursprüngen" festzustellen. Sichtbar wird das besonders bei der Gruppe „Moving Into Dance": In ihrem „Stein-Form-Ritual" wiederholen die Tänzer archaische Bewegungen leicht abgewandelt, Steine in ihren Händen aneinanderklopfend, voller hypnotischer Kraft. „Moving Into Dance" hat viele Talente entdeckt, auch junge schwarze Choreografen wie Vincent Mantsoe, die als Tänzer aufgefallen

Tänzer Archie Matabane – ein Eisschrank
in der Wellblechhütte als Schrank

waren. Spürbar wirkt die Veränderung auch bei „Jazzart" aus Kapstadt, die bisher als die „politischste" aller Tanzgruppen galt. Die „Jazzart"-Tänzer bewegen in einem ihrer Stücke ihre Hände heftig aufeinander zu: zum Schlag oder zum Händereichen? Kurz vor dem Angriff oder der Verbrüderung stocken sie und lassen die Hände sinken: Apathie, Rückzug, Versöhnungsgeste? Das Werk „Laphum Ilanga" beschreibt den kurzen Moment zwischen Konflikt und Lösung, Zerstörung und Wiederaufbau, kurz: den Schwebezustand, in dem sich Südafrika in den Wochen vor und nach der ersten freien Wahl seiner Geschichte befand. Tanz will zum Heilungsprozess der Gesellschaft beitragen: Er ist weniger politisiert als andere Kunstformen und überschreitet leichter Schranken von Hautfarbe und Stammesdenken.

Südafrikanisches Theater und Literatur hatten als erste international Aufmerksamkeit gefunden, dann kam der Jazz und jetzt der zeitgenössische Tanz – spät, aber kraftvoll. 1992 gingen erstmals zwei südafrikanische Truppen ins Ausland, die Free Flight Dance Company und das Soweto Dance Theatre nach Köln. Vor einem Jahr gab es zwei Tanzfestivals, in diesem Jahr waren es fünf. Die kürzlich eröffnete Tanzfabrik in Johannesburg bietet künftig mehreren Gruppen Heimstatt und Studios und dem zeitgenössischen Tanz eine ständige Bühne. Damit will sie dem Mangel an Übungsstätten abhelfen. In der Millionenstadt Soweto etwa gibt es erst seit Kurzem, mit Hilfe des Goethe-Instituts und deutscher Unternehmen, in der Bapedi Hall die erste Tanzbühne. Bis dahin mussten alle auf Betonfußböden oder Hinterhöfen üben. Allein in Soweto gibt es 300 bis 400 Tanzgruppen. Trotz äußerer Schwierigkeiten, von denen die meisten, ebenfalls nicht staatlich subventionierten „weißen" Gruppen nichts ahnen – fehlendes Geld etwa für Fahrten zu Proben und Aufführungen sowie für Kostüme –, zeigen sie Enthusiasmus. (1994)

Theater

Die „Befreiungsbewegung" übernimmt die Macht von der weißen Minderheit: Seitdem geht es bergab. Es kommt zum Streit zwischen den Guerrillakämpfern, die aus dem Exil heimkehren, und jenen, die im Lande ausharrten. Opposition und Kirche werden eingeschüchtert, der schwarze Militärdiktator wird immer selbstherrlicher. Der eigene Stamm wird bevorzugt. Die Wirtschaft ist marode, ausländische Firmen ziehen sich aus der „Volksrepublik" zurück. Immer mehr Menschen verlieren ihren Arbeitsplatz. Und immer wieder ertönt der Schlachtruf „Wir sind eins!"

Das ist nicht etwa ein Propagandaszenario gegen Schwarzafrika, sondern ein Theaterstück, das einer der Gründungsväter des südafrikanischen schwarzen Protesttheaters schrieb. Gibson Kente erfuhr mit seinem Stück „Sekunjalo" („Die nackte Stunde") Widerspruch in den Wohnorten Schwarzer. Im Theater aber ist gut die Hälfte der Zuschauer schwarz und geht mit, klatscht und lacht immer wieder. Ein Farbiger, der „Sekunjalo" zum zweiten Mal sieht und die frühen Stücke Kentes kennt, sagt, er fürchte, es werde genauso kommen. „Sekunjalo" ist das erste schwarze Bühnenstück von Rang, das Selbstkritik in den Mittelpunkt stellt und damit vielleicht eine neue Phase einläutet. Bisher verlor sich das Theater der Schwarzen im Protest, oft auch in der Verzerrung. Stücke, in dem die Ironie sich gegen alle Seiten richtete, blieben Ausnahmen. Das Protesttheater wirkte in den ersten Jahren stark, besonders im Johannesburger Markttheater. Dieses war und ist aber auch Mittelpunkt einer neuen Welle mit Werken wie

Laboratory des Markttheaters, Johannesburg

„Bopha!" und „Sophiatown", die auch in Europa und Amerika gespielt wurden.

„Sophiatown" schildert die Zwangsumsiedlung der Schwarzen, die im Johannesburger Stadtteil Sophiatown lebten, der in den Fünfzigern ein kultureller Mittelpunkt des schwarzen Südafrika war. Die Häuser wurden abgerissen, ein öder weißer Vorort entstand, dem die Verwaltung – fast glaubte man, sie sei zu Ironie fähig – den Namen „Triumph" gab. Vitalität, Charme, Lebensfreude, Schwung kennzeichnen Aufführungen wie Sophiatown eher als schauspielerische Feinarbeit. Das Theater ist einer der wenigen Bereiche, in die sich die Regierung wenig einmischt, wenn es auch gelegentlich drohende Äußerungen gegen „Widerstandskunst" gab. Städtischen schwarzen Intellektuellen bietet es Gelegenheit zum friedlichen Protest. Gespielt wird es indes eher in den „weißen Teilen" der Stadt oder in New York als in Townships. Ein schwarzer Theaterkritiker sagt, die meisten Stücke seien traurig, weil die Situation und die Autoren traurig seien. Die Botschaft bleibe meist die gleiche, und es werde allmählich langweilig, immer nur den Schlachtruf „Amandla", Freiheit, zu hören.   (1988)

Junge Experimente

Die beiden Jugendlichen, der eine mit einem Messer, der andere mit einer Pistole, zerren die junge Frau hinter sich her, zerreißen ihre Kleidung, schleppen sie hinter einen Vorhang. Das Drama einer Vergewaltigung beginnt: „Die Betrachtungen", eines von vielen Dutzend Theaterstücken auf den Bühnen der Townships, berührt Themen, die viele berühren: Freundlichkeit, die ohne Anlass in Brutalität umschlägt; die Erziehungskrise in der schwarzen Gemeinschaft; Vergewaltigungen. Alle 83 Sekunden wird in Südafrika eine Frau vergewaltigt, das Land hält in der internationalen Statistik einen traurigen Rekord. Fast alle Opfer sind schwarz. Vergewaltigungen in Townships durch Jugendbanden sind fast zu einem Kult geworden. Joe sagt in dem Stück, es sei nicht einfach, ein „gutes Kind" zu sein, wenn es nichts zu essen gebe.

Die Zuschauer im „Laboratorium" des Markttheaters erkennen im Stück ihre eigenen Erfahrungen wieder. Auf der Experimentalbühne spielen einmal wöchentlich junge Gruppen aus den Townships. Sie sprechen im Township-Slang, einem Gemisch von Englisch, Zulu, Sotho, den Ausdrücken der Tsotsi, der Straßengangster. Ist das nun Straßentheater, Volkstheater, Protesttheater, Jugendtheater? Oft ist es mit Tanz und Musik untermalt, und es ist schwer einzuordnen. Sichtbar wird der Hunger zu lernen beim jährlichen Festival des Laboratoriums. In dem mit amerikanischer Hilfe finanzierten „Lab" unterrichten bekannte Darsteller die jungen Schauspielschüler in Stimmausbildung, Mimik, Bewegung, Textdeutung. Siebenundzwanzig Gruppen treten auf. Kaum ein Weißer schaut zu. Bis vor drei Jahren waren die Themen vorhersehbar: Der böse Weiße, meist eine Polizistenkarikatur, gegen den edlen Schwarzen. Dazwischen die geballte Faust. In der nächsten Phase folgte der Aufruf zur Versöhnung und Liebe zwischen den Rassen, und zum Spielende war alles gut. Das hat sich nun geändert: Die Themen werden breiter, die Guten und die Bösewichte sind nicht mehr an ihrer Hautfarbe zu erkennen. Beim Stück „Unser Morgen" der Gruppe „Das ist Gut" werden die Lehrer kritisiert, die allenfalls ein- oder zweimal wöchentlich im Klassenzimmer auftauchen, der Vandalismus in den Schulen, das Fehlen von Lehrbüchern und Unterrichtsmaterialien. Die größere Bandbreite wurde beim Festival sichtbar im Drama „Papuchi", gespielt von einer Soweto-Schülergruppe mit dem ungewöhnlichen Namen „Thesele Schöpferische Gesellschaft". Ein Häuptling hat Zwillingssöhne, das gilt als schlechtes Omen. Man könne nicht, sagt eine Frau, zwei Häuptlinge in einem Zelt haben, das spalte nur. Ein Sohn wird im Urwald ausgesetzt, aber wundersam vor Hyänen gerettet und von Ordensschwestern aufgezogen. Als er aufwächst, berichten sie ihm von seiner Herkunft. Er zieht in sein Dorf hinter dem Wald just rechtzeitig, um seine Mutter und seinen Zwillingsbruder vor dem bösen Sangoma, dem Zauberdoktor, zu retten; und alles wird gut.

Eher ungewöhnlich – die Christen sind die Guten, obwohl immer mehr junge Schwarze sich auf ihre Wurzeln, Traditionen und Werte berufen und dabei den scheinbar aufgesetzten christlichen Glauben ablehnen. Auch dieses Stück ist nicht unkritisch. Die Schlussszene, in der Massenhysterie und Volkszorn in Sekunden gegen den Sangoma aufwallen mit dem Ruf, ihn zu verbrennen, erinnert an Township-Unruhen: Der von irgendjemand geäußerte Verdacht, ein Verräter zu sein, kann ausreichen, spontan in Brand gesteckt zu werden. Zuschauer konnten in dem Zwillingsbruder, dem heimgekehrten Retter, ein Bild des ANC-Führers Mandela sehen. (1993)

Verwirrung nach Versöhnung

Vier junge Südafrikaner treffen sich in einem leeren Apartment, um mit sich ins Reine zu kommen, um den Übergang vom Grenzkrieg ins „normale Leben" zu schaffen. Eine Schale nach der anderen bröckelt ab von der gespielten Selbstsicherheit. „Die Mauern von Jericho" waren vor acht Jahren geschrieben worden, eine Aufführung war aber erst nach dem Umbruch am

Kap möglich. Es ist eines von einem halben Dutzend Stücken, das Südafrikas Vietnam-Syndrom, den Krieg in Angola und im Norden Namibias, in den Mittelpunkt stellt. Nur auf der Bühne und in einigen kritischen Romanen wird die Erinnerung an Ereignisse wach gehalten, die eine Generation männlicher weißer Südafrikaner prägten. Sie sprechen selten über ihr Trauma. Tun sie es doch, so wird sichtbar, wie nachhaltig die Erlebnisse im Buschkrieg waren. Die meisten Autoren können auf eigene Erfahrungen zurückgreifen. Damals hätten sich alle, berichtet Nico Luwes, der Autor von „Mauern von Jericho", wie Rambo gefühlt, später dann als Narren. Die Militärzensur und verfälschte Berichterstattung ließ erst spät das Ausmaß des Krieges erkennen, in dem südafrikanische Soldaten den Unita-Rebellen gegen die damals marxistische Regierung in Luanda beistanden und Swapo-Guerrilleros im Norden Namibias bekämpften. Heute ist die Swapo an der Regierung, gibt sich gemäßigt, pflegt eine freundliche Haltung zu ihrem einstigen Kriegsgegner und Kolonialherrn. Die Unita hingegen hat ihre internationale Stütze verloren und wird von Pretoria gemieden. Wofür sie damals ihr Leben riskiert haben, fragen sich nicht wenige. Der Zweifel kam spät und wiegt schwer.

Ihre Blüte erlebten die Angola-Stücke während des Krieges Mitte der achtziger Jahre. Ein Autor, der neunzehn Jahre lang im Exil lebte, brachte sein Stück zunächst in den Niederlanden zur Aufführung, ein anderer erlebte, dass die Schauspieler anschließend auf der Straße bedrängt wurden. Innerhalb eines Jahres wurden nun wieder zwei Angola-Stücke uraufgeführt. Athol Fugards Meisterwerk „Playland" stellt Schuld und Vergebung in den Mittelpunkt. Luwes konzentriert sich auf den Verfall der Werte und eine scheinbare Selbstgewissheit, auf den Zusammenbruch von Glauben und Vertrauen. Die Überfülle von Tabus, mit der junge Afrikaaner in konservativen Elternhäusern aufwachsen, die beherrschende Rolle calvinistischer Denkweisen äußern sich in einem stets schlechten Gewissen, das nicht selten mit Alkohol überspielt wird: Nicht ohne Grund ist Alkoholismus im Süden Afrikas im Übermaß verbreitet. Luwes, er leitet die Drama-Abteilung der Universität des Oranje-Freistaates, hätte sein Stück vor Kurzem noch nicht aufführen können. Das wäre, meint er, politischer Selbstmord gewesen. Die staatliche Bühne hatte es abgelehnt, die Universität wiederum ist von staatlichen Zuschüssen abhängig. Luwes hatte Tötungsmethoden im Buschkrieg zu wirklichkeitsnah beschrieben. Seit etwa zwei Jahren ist aber auch die Provinzbühne im Zentrum des konservativen Farmerlandes wagemutiger. Das Studentenstück wurde beim zehntägigen Nationalen Kunstfestival in Grahamstown uraufgeführt, durch das eine verschlafene Universitätsstadt in der östlichen Kap-Provinz, neun Autostunden von Johannesburg entfernt, alljährlich zum Mittelpunkt von Kunst und Kultur in Südafrika wird. Die Zahl der Bühnenwerke, Jazzkonzerte, Opern, Tanzvorführungen – 1993 waren es 440 Produktionen mit zweitausend Aufführungen und einige Dutzend Ausstellungen – wird nur vom Edinburgher Festival übertroffen. Das Theater bot in diesem Jahr wenig Aufregendes – im Sprechtheater nimmt die Zahl der Komödien zu: Wollen Südafrikaner so ihrem düsteren politischen Umfeld entfliehen? Auch die Experimentalstücke aus den Townships brachten eine neue Tendenz: Den Jahren erhobener Faust im Protesttheater gegen die Apartheid folgten Aufrufe zur Versöhnung und zum Frieden. Jetzt aber wiederholte sich ein neues Schlüsselwort: Verwirrung. Ein Zeichen für Südafrika oder nur für dessen Theater?   (1993)

Was gilt, was bleibt?

Hochstimmung und Ineffizienz

Der südafrikanische Präsident Mandela zieht im Parlament in Kapstadt Bilanz über die ersten hundert Tage seit seinem Amtsantritt. Die Fronten scheinen sich verkehrt zu haben, seit vor der Wahl bei den Weißen Untergangsstimmung herrschte und bei den Schwarzen die hochgespannte Erwartung, nun werde sich sofort alles ändern. Mandela wird gelobt von vielen jener Rechten, die in ihm noch unlängst einen Wegbereiter des Kommunismus sahen. Für die Mehrheit der Bevölkerung, die ihn in sein Amt wählte, hat sich bisher wenig geändert.

Mandela gelang es, ein Klima der Versöhnung, Hoffnung, gar Hochstimmung zu schaffen, auch des Vertrauens, geschehen aber ist wenig. In Regierung und Verwaltung ist Zögern und Zaudern zu spüren, Krisenmanagement statt großer Würfe. Die Zuversicht von Unternehmern erreichte einen Höchststand wie zuletzt vor mehr als sechs Jahren, erhoffte Investitionen aber kommen nicht, das Wirtschaftswachstum bleibt deutlich unter den Voraussagen. Nicht nur Mandela preist das überraschend gute Einvernehmen in der Regierung Nationaler Einheit; in den Fraktionen des ANC und der Nationalpartei aber mehren sich, aus entgegengesetzten Motiven, Rufe, die Koalition aufzugeben. Die Regierung geht vorsichtig um mit ihrer Möglichkeit, Vertraute in Schlüsselstellungen der Beamtenschaft zu heben, und sichert dieser Arbeitsplätze und Pensionen zu; Beamte aber haben Angst vor ihrer Zukunft, es gibt Hinweise auf gezielte Sabotage der alten Verwaltung. Mandela gelang, seine Magie einzusetzen, um eine Nation zu formen, als Landesvater anerkannt zu werden, der unpopuläre Entscheidungen treffen könnte – falls er entschiede. Dazu kamen weitere Erfolge. Er vereinte alle Parteien hinter dem von ihm betriebenen Wiederaufbau- und Entwicklungsprogramm des ANC und gewann außenpolitisch in kurzer Zeit Anerkennung und Einfluss.

Mandela hat in den hundert Tagen die vorderhand wohl größte Gefahr neutralisiert: weiße Rechte, die mit Wirtschaftssabotage oder Bomben Angst und Hoffnungslosigkeit hätten verbreiten können. Damit wiederholt er wohl unbewusst eine Taktik, die sein Vorgänger de Klerk nach seinem Machtantritt 1989 einschlug. Zunächst beschnitt de Klerk die Macht der Polizei und Armee, die seine Reformvorhaben hätten verhindern können, bevor er den Abbau der Apartheid in Angriff nahm. Auch Mandela gelang es schnell, sich die Loyalität der Armee und Polizei zu sichern. Deutlicher als im Leitartikel des konservativen „Citizen" konnte der Wechsel nicht werden. Die Zeitung, die zuvor alles verwarf, was aus der Richtung des ANC kam, schrieb, Mandela könne mit seinen ersten hundert Tagen zufrieden sein. Ein Aufstand wie in Bosnien sei vermieden worden, weißer Widerstand gegen die ANC-Herrschaft werde „nicht mehr als Möglichkeit betrachtet", Erwägungen einer Wirtschaftssabotage rechter Weißer seien „verflogen". Das Land sei, abgesehen von Streiks, weit entspannter, als es vor der Wahl „irgendjemand für möglich" gehalten habe.

Südafrika ist tiefer zerklüftet als andere konfliktbesessene Gesellschaften: in Hautfarbe, Ideologie, Klassen, Sprachen, Religionen, Geschichte, Werte; Mandela gelang es, diese zu überwölben. Er schuf ein Klima des Wiederaufbaus. Während er damit Kräfte einband, die für ein Gelingen unerlässlich sind – die Wirtschaft, Beamte, Armee und Polizei und rechte weiße Industriearbeiter –, muss er Arbeitslosen, ungeduldigen Jugendlichen, den Gewerkschaften noch zeigen, was ihnen der Wechsel bringt außer dem Gefühl, nun ihr eigener Herr zu sein und ihre Würde wiederhergestellt zu haben. Wichtiger ist den Millionen Landarbeitern, Slumbewohnern, Jugendlichen ohne Schulbildung und Hoffnung, dass sie Arbeit, Unterkunft, Ausbildung finden. Zu

Mandelas ersten Maßnahmen in der Wirtschafts- und Sozialpolitik, dem Kernstück seines politischen Strebens, gehörte die Einführung einer kostenlosen Gesundheitsversorgung für Kinder bis zu sechs Jahren und schwangere Mütter. Dabei bedachte er die Details nicht: die Praxis, Kosten, negativen Nebenfolgen. Vom kommenden Monat an sollen bedürftige Schüler eine kostenlose Schulspeisung erhalten.

Schwieriger wird es bei „großen Themen", die kostenträchtiger sind. Im Häuserbau preschte der Premierminister der wirtschaftsstärksten Provinz um Johannesburg herum voran mit seiner Vision, binnen eines Jahres 150000 Häuser in der Provinz zu bauen. Er musste davon rasch abrücken. Visionen waren nicht gefragt, erst kam das Zählflüssige. Alle waren sich einig: Arbeitslosigkeit könne nur durch Wirtschaftsaufschwung und Investitionen gemildert werden. Erforderlich aber ist dafür, dass die südafrikanische und ausländische Wirtschaft wieder investiert, Fluchtkapital zurückkehrt, und zunächst, dass die künftige Wirtschaftspolitik berechenbar ist. Die neue Regierung hat Unternehmer überzeugt, dass sie entgegen früheren Bekundungen nicht an Verstaatlichungen denkt, eine solide Finanzpolitik fortsetzen, die Steuerlast beschränken wolle. Entscheidungen aber bleiben aus: weise und förderlich für die Befindlichkeit der Nation, schädlich für die Wirtschaft und den Ablauf des Staatswesens. In den zwei Jahren vor der Wahl waren Entscheidungen teils verzögert, teils verhindert worden unter dem Druck des ANC und der Gewerkschaften, die die neue Regierung nicht vor vollendete Tatsachen gestellt sehen wollte. Jetzt fallen sie, trotz erheblichen Nachholbedarfs, aus anderen Gründen nicht. Provinzregierungen können nicht entscheiden, weil Pretoria entgegen der Verfassung ihnen bisher kaum Befugnisse oder Haushaltsgelder gab.

Der Wechsel in Pretoria und Kapstadt war nicht der einer gut eingeübten Beamtenmaschinerie, die nur ihre Richtung neu bestimmt sah. Drei Viertel aller neuen Minister fehlte bisher jede Erfahrung mit Verwaltungstätigkeit und mit parlamentarischen Gepflogenheiten. Beamte, jahrzehntelang gewöhnt, dass alles in starren Bahnen verlief, mussten von Grund auf umdenken. Viele scheint das verschreckt zu haben. Wer eine Auskunft oder Entscheidung begehrt, braucht Beharrungskraft, oft ohne Erfolg. Meist bleiben Anrufe oder Besuche in Ministerien – mit offenen Türen und herumliegenden Akten ohne ihre beamteten Hüter – erfolglos. Freiheit, so will es scheinen, hat zumindest zunächst den Preis der Entscheidungsscheu. Die Regierung habe, befindet der frühere Oppositionsführer Frederick Van Zyl Slabbert, in den hundert Tagen immerhin die Krise der Legitimität gemeistert. (1994)

Ein anderes Land

Vor einem Jahr waren Kerzen und Konservendosen ausverkauft. Allerorten horteten Haushalte weißer Südafrikaner sie, um für den befürchteten Augenblick der Rache und des Zusammenbruchs gerüstet zu sein. Zum Zusammenstoß junger kämpferischer Schwarzer mit rechtsradikal-militanten Weißen kam es aber nicht. Stattdessen berät der Anführer der Rechtsradikalen, der vor einem Jahr noch der „kommunistischen und terroristischen Regierung" unter dem ANC den kompromisslosen „Krieg" angesagt hatte, friedlich mit einem schwarzen Minister über Details der Regierungspolitik. Südafrika, so glaubt der große Musiker und Humanist Yehudi Menuhin, sei derzeit der einzige Platz in der Welt, in dem man zuversichtlich sein könne.

Südafrika ist im ersten Jahr seiner „Regenbogendemokratie" einen weiten Weg gegangen. Auch wenn 300 Jahre des Rassendenkens und Jahrzehnte der Unterdrückung nicht in einem Jahr ungeschehen gemacht werden können: Dies ist ein anderes Land. Nelson Mandela sprach am Vorabend des Freiheitstages von einer demokratischen Revolution und meint damit auch Umwälzungen, die noch bevorstehen. Auch Frederik Willem de Klerk, Mandelas Vorgänger und Stellvertreter als Präsident, sprach von überraschendem und erfreulichem Fortschritt. Das bezweifeln auch Kritiker nicht: Die Atmosphäre im Land, auf den Straßen ist kaum wiederzuerkennen. Nicht wenige glauben, Rassenbeziehungen seien in den Vereinigten Staaten weit komplizierter als in Südafrika. Viele Besucher berichten, als erstes sei ihnen das Lachen in den Augen der Südafrikaner aufgefallen, der Gruß auf der Straße, der auch dem Fremden gilt. Der Umgang der meisten Südafrikaner miteinander ist trotz aller Belastungen der Vergangenheit gezeichnet von Lebensfreude und Versöhnungsbereitschaft, deren Ausmaß angesichts der Vergangenheit schwer begreiflich ist.

In den Townships hat sich der Kosename Mandelas seit der Wahl verändert. Auch der Hotelaufzugführer spricht ihn nicht mehr „Madiba" (sein Clanname) an, sondern „Tata", Vater, in einer Mischung von Vertrautheit und respektvoller Distanz, die auch Mandela im Umgang mit anderen eigen ist. De Klerk berichtet, im Kabinett seien die Linien der Debatte und Abstimmung nur bei einigen Kernfragen nach der Parteizugehörigkeit zu messen, sonst bildeten sich die Meinungen quer durch die Parteien hindurch. Gesichert ist das Einvernehmen indes nicht. Ohne die stete Bereitschaft des würdevollen, weißhaarigen Patriarchen Mandela, allen zuzuhören und sich um Ausgleich zu bemühen, treu dem Vorbild traditioneller Häuptlinge in dörflichen Gemeinschaften Afrikas, wäre die Bombenserie fortgesetzt worden, die die Tage bis zur Wahl am 27. April 1994 gekennzeichnet hatte. Mandela hat geschafft, was Generationen weißer Herrscher verwehrt blieb: Er leitet eine allseits als legitim anerkannte Regierung. Noch ist Südafrika nicht eine „normale" Nation, aber der Weg zur Heilung ist sichtbar.

Das Erreichte hat indes seinen Preis, den manche Kritiker für zu hoch halten: Die Regierung habe sich im ersten Jahr zu sehr auf die Ängste Weißer und Reformunwilliger konzentriert statt auf die Hilfe für die Armen, die den ANC an die Macht gebracht hatten. So spürten Schwarze in Elendssiedlungen kaum Besserung. Der neue Geist der Freiheit bedeute ihnen wenig, solange ihnen sauberes Trinkwasser, Strom oder Unterkunft fehlten, heißt es. Dem begegnet Mandela mit zwei Argumenten. Ohne eine Einbindung derjenigen, die vor Kurzem noch als Reformgegner galten, besonders der Polizei und der Armee, hätte die Regierung wenig tun können. Jetzt aber seien beide loyal dem neuen Staat gegenüber. Lohnversprechen und befristete Arbeitsplatzgarantien seien ein hoher Preis, sagte Mandela, aber unerlässlich für die politische Stabilität. Und: Einen Umbruch ohne eine neue Infrastruktur könne es nicht geben. Allmählich, so scheint es, ist die Verwaltung in den neun neugeschaffenen Provinzen aktionsbereit. Beamte haben sich erstaunlich rasch an ihre neuen Herren gewöhnt.

Im ersten Jahr wurden Grundlagen gelegt, änderte sich die Atmosphäre. Politische Gewalt schwand ebenso wie die Bürgerkriegsgefahr. Townships östlich von Johannesburg, vor einem Jahr als Kriegszone auch in gepanzerten Fahrzeugen unbegehbar, sind wieder friedlich. Die früher verhasste Polizei gewinnt an Vertrauen. Abgeordnete vom ANC bis hin zur rechten Freiheitsfront sind einander in Respekt und Scherz verbunden. Fast unbemerkt blieb der Wandel auf wichtigen Gebieten: in den Schulen, die sich ohne die erwarteten Aufstände allen Rassen öffneten, im Wohnungsbau, im Gesundheitswesen, in der Erziehung, im Arbeitsrecht, in der Landreform. Überall legte die Regierung Vorschläge für eine grundlegende Umgestaltung vor. Dabei widerstand sie der Versuchung des Populismus, bekannte sich immer wieder zu strikter Haushaltsdisziplin. Die Zeit der Programmentwürfe neigt sich dem Ende zu, jetzt steht überall der Vollzug bevor.

Der einzelne kann sich erstmals in der Geschichte Südafrikas auf verbriefte und durchsetzbare Grundrechte berufen. Vor wenigen Jahren war man am Telefon noch vorsichtig, Ansätze von Kritik zu äußern oder gar den Namen Mandela zu murmeln. Nicht der Staat bedroht jetzt den neugefundenen Geist der Freiheit. Es ist vielmehr das besonders bei „Neukonvertierten" und in der Wirtschaft verbreitete Gefühl, man müsse politisch korrekt sein. Kritik am Präsidenten oder am Wiederaufbau- und Entwicklungsprogramm der Regierung ist verpönt – nicht weil der

ANC das nicht duldete, sondern „weil man so etwas nicht tut". Hausbesetzer berufen sich ebenso wie Waffenhändler auf die Abkürzung, die gleichsam als Zauberzeichen das Wiederaufbau- und Entwicklungsprogramm bezeichnet: „RDP". Herausforderungen aber bleiben: Unfähigkeit und Korruption der aufgeblähten Verwaltung; Mangel an Respekt vor dem Recht, zumal im öffentlichen Dienst, in Armee und Polizei. Und Mandela zeigt sich verwundert und amüsiert: Er könne nicht recht verstehen, warum weiße, konservative Stadträte ihm jetzt Marmorbüsten errichteten. (1995)

Mandarine und Kostgänger

Eigentlich müsste die Stimmung gut sein. Der vor fünf Jahren befürchtete Bürgerkrieg blieb aus. Der südafrikanische Präsident Mandela wie auch sein designierter Nachfolger Mbeki sind herausragende Gestalten, die in Afrika wie im Westen bewundert oder zumindest geachtet werden. Vor knapp einem Jahrzehnt hatte der ANC noch eine Verstaatlichung von Minen und teils von Boden angestrebt; jetzt loben Unternehmer die vernünftige makroökonomische Politik, die Südafrika erstmals eine unter weißer Herrschaft verhinderte freie Marktwirtschaft brachte, und weisen auf die strikte und erfolgreiche Fiskaldisziplin. Das bisher benachteiligte ländliche Südafrika hat besseren Zugang als früher zu Trinkwasser, Strom und Telefonen. Staatlich gelenkte politische Morde wie vor einem Jahrzehnt gibt es nicht mehr. Kaum ein anderes Land in Afrika achtet Menschenrechte besser als Südafrika. Südafrika ist ein Rechtsstaat. Die einst unterdrückten und inhaftierten Herrschenden rufen beständig zur Versöhnung auf. Sie haben der Bevölkerungsmehrheit ihre Würde gebracht.

Dennoch ist die Stimmung schlecht, vor allem, aber nicht nur, unter den Minderheiten, den Weißen, Farbigen und Indern. Die Zahl der Auswanderer hat sich zwischen der letzten Wahl vor fünf Jahren und der zweiten demokratischen Wahl in der Geschichte Südafrikas fast verfünffacht. Kaum ein Gespräch mehr ist möglich, bei dem man nicht von neuen Überfällen, Schießereien und Entführungen hört. Wer vor fünf oder zehn Jahren auf Veränderung drang und vielleicht naiv hoffte, damit werde „alles" besser, ist ernüchtert, oft bedrückt. Der Begriff Regenbogennation, der vor zwei, drei Jahren immer wieder genannt wurde, ist kaum mehr zu hören. Warum?

An der Oberfläche sind es Korruption, Ineffektivität und vor allem Gewaltkriminalität, die das tägliche Leben belasten. Dazu kommen andere Momente, die Unbehagen schaffen: eine Tendenz zur Autokratie, zum Anspruchsdenken ohne entsprechende Leistung oder angemessenen Einsatz, und zum Rassismus, diesmal von schwarzer Seite. Die liberale Demokratie, die durch Verfassung und Geisteshaltung in den Monaten des Überschwangs 1994 gesichert und gefestigt schien, ist gefährdet, weniger durch gezielte Regierungspolitik denn durch Missbrauch der Mandarine und Kostgänger.

Dabei geht es manchmal mehr um Perzeptionen denn um wirklichen Niedergang. Über Korruption unter Beamten und Provinzpolitikern ist fast täglich etwas zu lesen oder zu hören. Korruption gab es aber zuvor unter den weißen Machthabern ebenso, in der Führungsspitze und unter leitenden Beamten im großen Stil vermutlich zu Zeiten der Apartheid mehr als heute; nur wagten damals weder die Zeitungen etwas zu schreiben, noch wurden sie dazu wie jetzt vom Präsidenten und seinem Stellvertreter ermutigt. Auch die Ineffizienz der Verwaltung war früher ebenso gewaltig. Jetzt ist diese meist zugänglicher und freundlicher, aber überlastet. Wem Telefon oder Strom abgestellt wird durch Verwaltungsfehler, obwohl alle Rechnungen bezahlt sind, und erst nach drei Tagen und zwei Dutzend Anrufen wieder angeschlossen wird, kann das wenig trösten.

Die schlechte Stimmung ist wegen der ausufernden Gewaltkriminalität vor allem in Johannesburg verständlich. Andere Städte wie Kapstadt und Pretoria sind zwar auch belastet, aber unvergleichlich geringer beim Ausmaß brutaler Gewalt. Fast täglich werden ein Polizist und ein Landwirt ermordet. Nicht nur die Polizei und deren politische Führung versagen, auch die Justiz und die Gefängnisverwaltung. Im ersten Halbjahr des vergangenen Jahres wurden vor allem in Johannesburg mehr als 7 000 Autos an der Ampel oder der Garageneinfahrt gewaltsam entführt, fast immer mit Schusswaffen; aber nur 145 Täter wurden verurteilt, das sind zwei Prozent. Nur bei Morden wird immerhin jede sechste Tat aufgeklärt und der Täter verurteilt. Kaum ein Tag vergeht, an dem nicht die ersten Seiten der Zeitungen und die Hauptmeldungen im Rundfunk neue Schauertaten berichten. Bisweilen scheinen sie die Ironie zu genießen: Zehn der 30 Häuser in der kurzen Straße, in der der phlegmatische Polizeiminister in Johannesburg wohnt, wurden im letzten Jahr beraubt. Einen Tag später wird nachgeschoben: Nun seien es elf, allein in der vergangenen Woche zwei. Als ein Kapstädter Journalist in seinem Haus vermutlich von einem jugendlichen Einbrecher erstochen wurde, schrieb ein britischer Korrespondent, es komme eine Zeit, in der zivilisierte Männer und Frauen sich vom Barbarismus abwenden und – wenn sie es könnten – das Tollhaus verlassen müssten; in Südafrika sei diese Zeit fast gekommen. Gewaltkriminalität, Armut und Chaos sind auch nach Ansicht des angesehenen Internationalen Instituts für Strategische Studien in London Gründe, warum aus Südafrika „ein gescheiterter Staat" werden könne.

Neben diesen eher offenkundigen Sorgen werden andere übersehen, die schwerer noch zu beheben sind und ebenso nachhaltig die Stabilität des Landes auszuhöhlen vermögen. Dazu zählt die schleichende Tendenz zur Autokratie in einem Staat, dessen Verfassung und Verfassungspraxis manchen – auch einigen europäischen – Staaten als Muster gelten könnten. Zum einen kommt sie „von oben", etwa beim Bestreben Mandelas und Mbekis nach einer Zweidrittelmehrheit für den ANC im Parlament, die dann etwa die Unabhängigkeit der Notenbank, der Gerichte und der die Regierung kontrollierenden Menschenrechtsorgane verwässern könnte. Wer kann zusichern, dass nach Mbeki ein weiterer Präsident kommt, der vom Rechtsstaatsgedanken und von Menschenrechten überzeugt ist und in einer Krisensituation populistischem Drängen nicht nachgibt?

Sichtbar wird das noch nicht in der Regierungsführung, bisweilen aber im vorauseilenden Gehorsam im öffentlich-rechtlichen Rundfunksender SABC. Innerhalb kurzer Zeit wurden sechs unabhängige angesehene Journalisten – drei von ihnen Weiße – ohne Begründung entlassen, oder sie gingen freiwillig. Dafür blieb und schob sich an die Spitze eine Troika (schwarzer) Journalisten, von denen nur einer, ein ehemaliger Buschkämpfer des ANC, auf gewisse Unabhängigkeit auch vom ANC und auf Kompetenz Wert legt. Der schwarze Chefredakteur einer Wochenzeitung kritisierte das als Mandarinentum und Machtmissbrauch, ein anderer schwarzer Journalist schreibt von nun eisigem Schweigen beim SABC. Einer der Entlassenen, der indischstämmige frühere Rundfunkchef, warf dem SABC Rassismus vor. Der international angesehene Journalist Max du Preez, einst der meistgehasste und verfolgte journalistische Gegner des Apartheidregimes, wurde ohne Begründung entlassen: Er sagte, der SABC übernehme wieder die einstige Kultur geheimer Lenkung. Wenig beruhigt Mandelas Äußerung, er wolle eine starke unabhängige Presse, aber die Konzentration des Medieneigentums in Südafrika in den „Händen einer winzigen Minderheit" sei „unbefriedigend, ja unakzeptabel". Dabei hatten die früheren Eigentümer schon einen Großteil der Zeitungen zu günstigen Konditionen im vorauseilenden Gehorsam ANC-nahen Konsortien veräußert.

Die Äußerung Mandelas und das Streben des SABC nach politischer Korrektheit auch im Hinblick auf die Hautfarbe deuten auf das wachsende Rassenbewusstsein. Nach ein, zwei Jahren des Überschwanges gibt es noch viele Nischen, in denen die Hautfarbe kaum oder nicht beachtet wird, in Jazzlokalen und Theatern etwa, in Kirchen, oft auch auf dem Sportfeld. Wer aber durch eine Universität geht, sieht kaum Weiße und Schwarze zusammenstehen. Das Aufeinanderzugehen aus Neugier, Schuldgefühl, Hoffen scheint zu schwinden, wird von Ernüchterung und Distanz abgelöst. Krude weiße Rassisten gibt es nur noch wenige, oder sie wagen ihren Rassismus nicht mehr zu zeigen; dafür scheinen viele Schwarze diese Scheu zu verlieren. Der (schwarze) Präsident des Südafrikanischen Instituts für Rassenbeziehungen, Themba Sono, berichtet, Rassenbeziehungen seien gespannter als vor fünf Jahren. Das führt er darauf zurück, dass unter Schwarzen, auch in der Elite, es gängig werde, die Rassenkarte zum eigenen Wohle zu spielen und jede Kritik als „rassistisch" abzuwerten, jeden Einwand damit wegschiebend. So haben sich angesehene Liberale und Regierungsgegner der Apartheidära – etwa der ehemalige Rektor der größten Fernuniversität der Welt in Pretoria – resigniert aus Amt und Öffentlichkeit zurückgezogen. Die neue Elite, so Sono, suche nicht mehr nach sozialer und wirtschaftlicher Gleichheit, geprägt von westlich-liberalen Vorstellungen, sondern nach dem „afrikanischen Primat".   (1999)

Am Ende des Regenbogens

Südafrika ist eine von Hautfarbe und Rassenpolitik besessene Nation. Dennoch wird das Thema in Gesprächen weitgehend gemieden. Sechs Jahre nachdem Südafrika zumindest in seiner Verfassung die in den vergangenen Jahrzehnten schlimmste Form institutionalisierter Rassendiskriminierung überwunden und eine nichtrassische Gesellschaft festgeschrieben hat, will eine Rassismuskonferenz in Johannesburg dieses Schweigen beenden. Präsident Mbeki, der deutlicher als sein Vorgänger Mandela auf Brüche und Versäumnisse hinweist, kritisiert weiße Südafrikaner, die sich an „alte Haltungen" klammerten. Verantwortung für die Überwindung fortbestehender rassistischer Einstellungen und Verhaltensweisen, so Mbeki, trügen vor allem Weiße und nicht die (schwarzen) Opfer des Rassismus. In den vergangenen Monaten wurde deutlich, dass die Bemühung um vermeintliche Rassenharmonie, die im Überschwang des friedlichen Machtwechsels 1994 in zunächst erstaunlichem Maße spürbar wurde, oft nur oberflächlich war.

Fast auf jeder Zeitungsseite gibt es Hinweise auf tief verwurzelten Rassismus, der sich überall äußert: in den Schulen, in der Armee, in der Wirtschaft, in den Medien und in der öffentlichen Verwaltung. Auf dem Lande dürften Überbleibsel des Rassismus stärker noch als in den Städten sein. Auf den Höfen häufen sich Berichte über brutale Angriffe weißer Landwirte auf ihre Arbeiter, die mal verprügelt, mal auch mit Farbe beschmiert oder gar ermordet werden im Glauben, die Farmer stünden über dem Gesetz. Das scheint auch manchmal so, wenn weiße Polizisten, mit den Tätern in kleinen ländlichen Gemeinschaften oft befreundet oder verwandt, nicht ermitteln oder aber weiße Richter milde urteilen. Als ein Landwirt eine Frau erschoss, weil diese beim Überqueren seines Geländes zu laut redete, erhielt dieser nur sechs Jahre Haft auf Bewährung. Ein anderer Landwirt wurde freigesprochen nach drei Schüssen auf einen Arbeiter, weil er behauptete, er habe geglaubt, auf einen Hund zu schießen. Einen anderen Landwirt, der seinen Hund auf einen zwölf Jahre alten Jungen hetzte, ließ die Polizei frei. So liegt nahe, dass die Ermordung weißer Landwirte – allein sechs in den vergangenen Wochen – auch rassische Motive hat. Mehrfach erschossen schwarze Soldaten weiße Offiziere in Armeelagern, offenbar verbittert über ihre Behandlung. In Universitäten sieht man auf dem Campus seltener noch als vor wenigen Jahren Weiße und Schwarze gemeinsam.

Erbittert ist ein Zwist zwischen Mbeki und dem liberalen Oppositionsführer Tony Leon, die sich nicht zu einem Gespräch trafen, seitdem Mbeki vor gut einem Jahr Präsident wurde – zuvor hatte Mandela als Präsident den Oppositionsführer regelmäßig empfangen. Leon, Vorsitzender der Demokratischen Allianz, der weitaus größten Oppositionspartei im Parlament, beklagt, die Regierung nutze den Rassismusvorwurf, um unter dessen Deckmantel die Opposition „totzuschlagen". Und Mbeki nutzt Shakespeare-Zitate, Leon der vaterlandslosen Perfidie zu bezichtigen. Hervorgerufen hatte den mit Reden und Zeitungsartikeln geführten Streit der kämpferische Leon. Dieser sagte, Mbeki dringe bei der Aids-Katastrophe besessen auf afrikanische Lösungen, auch wenn das heiße, für „Quacksalberei und Schlangenöl-Mittel" zu werben. Mbeki warf Leon daraufhin Arroganz, Rassismus und Verachtung für afrikanische Wege vor. Die vom Friedensnobelpreisträger Tutu beschworene Regenbogennation Südafrika erlebt derzeit möglicherweise ihren Niedergang. (2000)

Trübsal und Pläne

In die Tagung der südafrikanischen Regierung, auf der sie sieben Jahre nach dem Machtwechsel und nach zwei Jahren unter Präsident Mbeki Bilanz gezogen hatte, mischten sich ungewohnte Worte der Selbstkritik, vor allem an der Geschwindigkeit, mit der Pläne in praktische Projekte verwandelt werden. Das trifft die Stimmung vieler Südafrikaner, keineswegs nur Weißer, die immer stärker sorgenvolle, ja, düstere Prognosen abgeben.

Weithin unbestritten ist, dass die Regierung, ob man sie nun an der weißen Vorgängerregierung oder an den Befürchtungen beim Machtwechsel misst, erhebliche Erfolge vorweisen kann: in der Außenpolitik, in der Wirtschaft bei makroökonomischen Zielen wie Inflation und Haushaltsdefizit (beide niedrig), weniger bei der Arbeitsplatzschaffung oder dem Anlocken ausländischer Investitionen. Das gilt auch bei der Stabilität, die in den ersten beiden Jahren des Umbruchs von einer nun schwindenden Versöhnungsbereitschaft von Schwarz und Weiß begleitet war. Dennoch wird geklagt. Nicht nur weiße Fachkräfte – Ingenieure, Ärzte, Krankenschwestern, Computerfachleute – verlassen ihre Heimat, was die Wirtschaft schädigt. Sie führen oft die Kriminalität an, mehr noch unzureichende Aussichten für ihre Kinder wegen der Neigung, wichtige Aufgaben in Wirtschaft und Verwaltung mit Schwarzen zu besetzen, um alte Diskriminierungen auszugleichen. Bisweilen ist auch unter freundlich gestimmten Weißen zu hören, die Zeit der Weißen im Süden Afrikas, damit in Afrika, neige sich dem Ende zu. Für die Gesamtstimmung vielleicht besorgniserregender ist, dass auch junge Schwarze, Künstler etwa, die Zugang zu Europa hatten, sagen, wenn sie eine Chance hätten, gingen sie sofort ins Ausland.

Neben der fehlenden Sicherheit hängt diese Trübsal mit einem scheinbaren oder wirklichen Niedergang der Gemeindeverwaltung zusammen – sicher lässt sich das erst feststellen, wenn die Welle regionaler und personeller Umschichtungen durch die Zusammenlegung von „weißen" Gemeinden und Townships sowie die Neubesetzung vieler Aufgaben abgeschlossen ist – sowie mit der innenpolitischen Bilanz im Gesundheitswesen, in Schulen und Universitäten, bei der Armutsbekämpfung, im Justizwesen. Die Regierung weist in einem Bericht über Veränderungen zwischen 1995 und 1999 auf eine langsame Verbesserung – zu Recht etwa beim Zugang zur Grundversorgung im dörflichen Gesundheitswesen, zu sauberem Trinkwasser oder zu Strom und Telefon. Die offizielle Zahl der Arbeitslosen aber stieg in den letzten vier Jahren von 1,8 auf 3,2 Millionen.

Punktuellen Verbesserungen vor allem auf dem Land steht eine schon im Straßenbild sichtbare weitere Verarmung städtischer Südafrikaner entgegen. Nur diese prägt das Bild der Elite, der Weißen, der Ausländer, auch der Journalisten. Mehr als die Hälfte der 43 Millionen Südafrikaner lebt in Städten. Neben der Verelendung, die nicht durch ein Sozialsystem aufgefangen wird, sondern „Abhilfe" nur in Familiensolidarität oder in Kriminalität findet, gibt es eine rasch wachsende neue Mittelschicht, die ihren Wohlstand zur Schau trägt. Zu den Hoffnungsträgern der Regierung zählen Fremdenverkehr und Auslandsinvestitionen. Im Index menschlicher Entwicklung, den die Vereinten Nationen jährlich herausgibt, sank Südafrika auf Platz 94 von 162 Ländern – die niedrigste Ziffer seit 1985. Begründet wurde das vor allem mit der wegen Aids rasch sinkenden Lebenserwartung. Einige Meldungen scheinen Zweifler zu bestätigen. In vier Jahren werde es in Südafrika eine Million Aids-Waisen geben, die vom Staat oder den Familien aufgefangen werden müssten oder zu Straßenkindern würden. Allein die Provinz Freistaat werde mittelfristig 18 Schulen weniger brauchen, da neben den Eltern (und Lehrern) auch die Kinder wegstürben. Vom Jahr 2015 an werde die Bevölkerungszahl sinken.

Selbst im Erziehungswesen häufen sich negative Meldungen. Zumindest eine Universität für vorwiegend schwarze Studenten steht vor der Schließung wegen Überschuldung und sinkender Studentenzahlen. Ein Drittel bis ein Fünftel erwachsener Südafrikaner kann nicht lesen oder schreiben, eine der unheilvollsten Erbschaften der Apartheid-Jahre, in denen der weißen Minderheitsregierung an einer soliden Ausbildung der Bevölkerungsmehrheit nichts lag. Der Minister bezeichnet die Alphabetisierung als vorrangig, ein Programm und eine entsprechende Bürokratie wurden aufgebaut: Zur Lesefähigkeit neu ausgebildet worden sei aber bisher, so ein Kenner, „niemand". Auch im Justiz- und Polizeiwesen häufen sich trotz Bemühungen, das einzudämmen, Berichte über verschwundene Gerichtsakten oder Korruption, die zu ungesetzlichen Freilassungen oder zu von Wärtern begünstigter Flucht führen, zudem endlose Verzögerungen und Verschiebungen von Verfahren. „Erleichtert" wird der „Verlust" von Anklageschriften durch Drohungen gegen Polizisten. Wer nicht bereit ist, belastende Papiere zu unterschlagen, oder wer gar gegen Angeklagte aussagen will, wird mit dem Tod bedroht. Psychologen sprechen von einer schweren Belastung der Polizisten: Monatlich werden in Südafrika fünfzehn Polizisten ermordet, etwa die Hälfte beim Versuch, Tatverdächtige festzunehmen.

Auf fast allen Gebieten der Innen- und Sozialpolitik verabschiedete Pretoria umfangreiche Entwürfe und Pläne, um eine diskriminierungsfreie Gesellschaft zu begründen und Benachteiligungen auszugleichen. Das verlief demokratisch, aber auch zäh, zumal es immer wieder Ministerwechsel und damit eine Neuauflage von Weißbüchern und Vorhaben gab, die zumindest in der Wohnungsbaupolitik eher der Profilierung der Amtsinhaber als der Sache dienten. Eine leidende Bevölkerung hatte dafür wenig Verständnis; sie erwartete Früchte der Demokratie, bei der nun

„ihre" Politiker an der Macht waren. Statt dessen sah sie aber vorerst nur, wie in Politik und Wirtschaft eine neue Elite entstand, die sich, die alte kopierend, zu bereichern wusste: ein Nährboden für populistische Politiker, was sich in einer Welle von Landbesetzungen und in Absetzbewegungen der mit dem ANC verbundenen Linken, den Gewerkschaften und den Kommunisten, zu zeigen begann. Der pragmatische, entscheidungsfreudige Macher – so war Mbekis Bild. Aber er verlor sich in Details und wusste nicht zu delegieren, konzentrierte sich auf Felder, die er als Chefsache betrachtet, die Wirtschafts- und die Außenpolitik. In der Innen-, Sozial- und Arbeitsmarktpolitik dagegen kommt die Politik seiner Jahre einem Scheitern nahe.   (2001)

Bilanz – Was ist, was gilt?

Die Wahl des vierten frei gewählten Präsidenten Südafrikas im Mai 2009 hat Politikanalysten zu einem Feuerwerk schöpferischer Begriffe angeregt. Südafrika habe nun seine Unschuld verloren, sagt der eine, dies sei der Beginn des zweiten Übergangs der südafrikanischen Gesellschaft nach jener zwischen 1989 und 1994, meint ein anderer, verbunden mit Befürchtungen wie Hoffnungen. Der eine spricht von einem „beeindruckenden Panoptikum des politischen Niedergangs am Kap", der andere weist auf Erfolge beim Aufbau eines Sozialstaats.

In der Tat kann man für beide Sichtweisen Belege finden. Das gilt für die Bilanz der ersten eineinhalb Jahrzehnte Südafrikas unter schwarzer Herrschaft ebenso wie für die Zukunftsaussichten unter Präsident Jacob Zuma. Nach dem großen Versöhner Nelson Mandela, dem intellektuellen, aber zunehmend abgehobenen Thabo Mbeki und den wenigen Monaten des pragmatischen Übergangspräsidenten Kgalema Motlanthe folgt ein als „Chamäleon" geltender Populist mit fragwürdiger Ethik. Bei ihm weiß niemand so recht, woran er glaubt. Er kann stärker als Mbeki zuhören und einbinden – er polarisiert aber auch Südafrikaner stärker als seine Vorgänger. Der Zulu-Patriarch spricht die Sprache der „einfachen Leute" und wird so zum neuen Hoffnungsträger derjenigen, die sich abgehängt und von früheren Hoffnungsträgern enttäuscht fühlen.

Die „großen" Probleme, die schon 1994 den Übergang belasteten, bleiben, teils heftiger als zuvor: HIV/Aids, Kriminalität und Brutalisierung, Armut und Arbeitslosigkeit. Auf der Habenseite

Jacob Zuma

gilt weiterhin: Südafrika ist trotz mancher Einbrüche und Sorgen eine Demokratie und ein Rechtsstaat mit einer nicht nur im Afrikavergleich vorbildlichen Verfassung, der Achtung von Menschenrechten, einer weitgehenden Pressefreiheit. Die Unabhängigkeit der Justiz wird geachtet, auch wenn die Art der Einstellung des Korruptionsverfahrens gegen Zuma eine ungute Delle darstellt und Zuma über Richter den für Rechtsstaatsbewusste beunruhigenden Satz sagte, man solle nicht in einer Demokratie Menschen haben, die fast wie Gott seien, da müsse man sich etwas überlegen. Die Zivilgesellschaft ist tief verankert, breit und rührig, und oft frech. Für Dinge, die Politiker, Journalisten und „normale" Bürger über die Obrigen und deren Politik sagen, wären sie in den meisten Ländern Afrikas und vielen Asiens und Osteuropas längst in Haft. Die Bürgerkriegsgefahr, zumindest die Gefahr politischer Zusammenstöße, die manche für fast unausweichlich hielten angesichts der Vorgeschichte, hat sich verflüchtigt. Diese Erfolge geben Zuversicht.

Dazu kommt eine solide Wirtschafts- und Geldpolitik, die auch aus dem Ausland Investitionszuflüsse brachte und damit Arbeitsplätze schuf – neue etwa beim Fremdenverkehr. Vierzehn Jahre lang wuchs die Wirtschaft beständig, deutlich stärker als in den Industrieländern. Das kommt eher dem neuen Mittelstand und der Oberschicht zugute als der armen Mehrheit. Manches der Infrastruktur, die im Eiltempo nach dem nicht nur für Südafrika typischen schleppenden Anlauf vor der und für die Fußball-Weltmeisterschaft geschaffen wurde, bleibt. So der Ausbau des öffentlichen Nahverkehrs etwa in der Region Johannesburg und Pretoria. In den Monaten vor der WM ist die Innenstadt von Johannesburg eine einzige Baustelle. Zuma ist gesprächsbereit in alle Richtungen. So hebt er sich wohltuend ab von seinem zunehmend in sich gekehrten Vorvorgänger Mbeki. Damit und mit seiner Kabinettsbildung hat er die Zuversicht der Wirtschaft und des Auslandes gefestigt, entgegen allen Unkenrufen. Der Aufschwung ebbte seit Ende 2008 ab, das ging einher mit der internationalen Finanz- und Wirtschaftskrise – aber anfangs weniger stark als anderswo. 2009 brachte Südafrika seine erste Rezession seit fast zwei Jahrzehnten. Der Bergbau erlebte bei Gold, Platin und Diamanten ebenso einen schweren Einbruch wie die Autoindustrie, jeweils mit hohen Arbeitsplatzverlusten.

Wenig bemerkt wurde der vielleicht größte Erfolg der Mbeki-Jahre: Mit einem sozialen Umverteilungsprogramm erhält in einem Land, in dem bis vor fünfzehn Jahren der Begriff Sozialpolitik oder staatliche Hilfe an die Armen weitgehend unbekannt waren, ein Viertel der Bevölkerung staatliche Unterstützung. Dazu zählen Kindergeld für acht Millionen Mädchen und Jungen unter 15 Jahren sowie Behindertenbeihilfen und Pensionsansprüche, eine steuerfinanzierte Rente für Frauen über 65 und Männer über 60 Jahren. Für viele ist dies das einzige Einkommen einer Groß-familie – wiewohl eine spärliche Summe. Damit nahm die Armuts-rate seit 1999 ab, nachdem sie in den ersten Jahren des Umbruchs noch stieg: Der Anteil von Haushalten ohne statistisch erfassbares Einkommen halbierte sich in den sechs Jahren bis 2005 von zwei Fünftel auf ein Fünftel. 1995 erhielten 2,5 Millionen Südafrikaner Sozialhilfe, Ende 2008 waren es fast dreizehn Millionen, gut jeder vierte Südafrikaner. Südafrika habe, wird weithin gesagt, das umfangreichste soziale Netz aller Entwicklungsländer – und das wurde innerhalb von eineinhalb Jahrzehnten aufgebaut. Dafür gibt der Staat jährlich sechs Milliarden Euro aus, einschließlich der Verwaltungskosten, drei Prozent des Bruttoinlandsprodukts. Wichtige Gruppen sind von dem Netz ausgeschlossen – nicht nur alle arbeitsfähigen Menschen zwischen 15 und 59 Jahren, sondern auch mit HIV/Aids Infizierte – sie können nicht die Behinderten-rente in Anspruch nehmen.

Nicht nur linke Sozialreformer glauben, eine Erhöhung der Einkommenssteuern – seit 1994 sanken sie für Wohlhabende beständig – sollte verstärkt der Finanzierung eines Grundeinkom-mens dienen in einem Land mit einem der statistisch größten so-zialen Ungleichheiten der Welt, auch im Interesse sozialer Stabili-tät und damit aller. Daten weisen darauf, dass weiße Südafrikaner vom Aufschwung nach dem Ende der Apartheid stärker profitiert haben als die schwarze Mehrheit. Laut einer Regierungsstudie verfügen Weiße, 9,2 Prozent der Bevölkerung, weiterhin über 45,3 Prozent des Einkommens – ganz abgesehen von der vermutlich noch deutlich ungleicheren Verteilung des Vermögens. Die Arbeitslosigkeit liegt bei oft mangelhaft ausgebildeten Schwarzen (nur jeder fünfte Südafrikaner verfügt über eine abgeschlossene Grundschulausbildung) bei mehr als 30 Prozent, bei Weißen bei fünf Prozent.

Noch lange dürfte ungewiss bleiben, ob es Jacob Zuma und seiner Regierung gelingt, grundlegende Sorgen zu lindern: Wie geht der ANC um mit der schleichenden Korruption; dem „umgekehrten Rassismus", der jetzt nicht nur Weiße, sondern auch Farbige und Inder benachteiligt; der Neigung zu Vetternwirtschaft und unangebrachten Begünstigungen; der aufreibenden Ineffizienz in der Verwaltung. Der vierte Präsident muss nicht nur den Mittelstand festigen, sondern auch der armen Bevölkerungsmehrheit rascher als bisher sauberes Trinkwasser, Strom, eine Grundversorgung bieten, falls er die Welle fast wöchentlicher, bisweilen gewaltsamer Proteste in den Townships eindämmen will. Auch hier gibt es nennenswerte Verbesserungen – so zumindest offizielle Regierungsangaben. Gesichert ist vieles nicht – auch Fachleute streiten sich über statistische Angaben, Zuordnungen und damit Trends. 95 Prozent der Bevölkerung erreichen nun Gesundheitsstationen innerhalb von fünf Kilometern von ihrem Wohnort entfernt. Zwei Drittel aller Fünfjährigen sind in einer Schule eingeschrieben – gerade in den letzten Jahren haben sich die Bildungschancen verbessert. Seit der ersten demokratischen Wahl 1994 wurden nahezu drei Millionen Sozialbauten errichtet. Vier Fünftel aller Häuser – oft „Matchboxes", Streichholzschachteln, genannt wegen ihrer geringen Größe und uniformen Bauweise – sind nun an das Stromnetz angeschlossen. Auch der Zugang zu sanitären Anlagen wie Spültoiletten und Leitungswasser wurde stark ausgeweitet. Der unter Mandela rasch verbesserte Zuwachs aber hat sich in den Mbeki-Jahren abgeschwächt: Verbessert wurde in den letzten Jahren der Zugang zu Mobiltelefonen, also wieder eher eine Festigung des Mittelstandes als der ganz Armen.

Die Lage der großen Mehrheit der Bevölkerung auf dem Lande wie in den Townships ist weiterhin desolat. Noch immer leben 43 Prozent der 48 Millionen Südafrikaner unter der Armutsschwelle mit Einkünften von täglich weniger als eineinhalb Euro. Wenn sich das nicht sichtbar und rascher als bisher ändert, verschärfen sich soziale Konflikte weiter, auch der unerfüllte Erwartungsdruck, die Beschaffungskriminalität, die Fremdenfeindlichkeit in den Townships gegenüber den mittlerweile Millionen illegalen Zuwanderern aus den Nachbarländern.

Diese kommen nicht nur, weil es schwarzen Südafrikanern, zumindest vermeintlich, materiell besser geht als jenen in Moçambique oder in Zimbabwe. Sie kommen aus Zimbabwe vor allem, um der Unterdrückung der Opposition und dem Zusammenbruch der Wirtschaft in Zimbabwe zu entgehen. Die, die kommen, sind oft besser ausgebildet als Südafrikaner, finden aber keine angemessene Arbeit. Eine innere Befriedung kann Südafrika nur finden, wenn Zimbabwe wieder auf seinen Weg einer geachteten, demokratischen und aufstrebenden Entwicklung zurückfindet und nicht in seinem Sog auch Südafrika destabilisiert. Dafür ist eine, wenn auch nicht die einzige, Voraussetzung, dass sich Pretoria vom Weg unter Mbeki abkehrt, Übergriffe durch die alte Machtelite um Robert Mugabe herum zu dulden. Zuma scheint das bewusst. Er findet insofern klare Worte. Eine verlässliche und solide Regionalpolitik ist für Südafrika Voraussetzung eines neuen Aufschwungs. Nur dann kann zudem Südafrika weiterhin eine herausgehobene außenpolitische Rolle spielen, die seine Wirtschaftskraft und Größe allein nicht rechtfertigen. Denn: aus dem Blickwinkel des Westens wie auch der Schwellenländer und Afrikas ist Südafrika nicht mehr das gehätschelte Wunderkind, dem man dank der friedlichen Revolution und der Leuchtgestalt eines Nelson Mandela vieles nachsieht.

Was geschieht und was geschehen müsste oder könnte, mag an sechs Beispielen gezeigt werden – der Wirtschaftpolitik, der Verkehrspolitik, der Landreform, dem Kampf gegen HIV/Aids, der Kriminalität und am Umgang mit Kritik und Opposition. Der Kampf um die wirtschaftliche Seele des ANC ist heftig. Zuma wird anders als Mbeki, der als Bewahrer der Marktwirtschaft galt, als schwankend eingeschätzt. Dass er Mbeki von der Macht verdrängen konnte, verdankt er der Unterstützung der Parteilinken sowie den mit dem ANC in einem „historischen Pakt" verbundenen Gruppen – dem Gewerkschaftsdachverband und der Südafrikanischen Kommunistischen Partei. Das heißt nicht, dass er ihnen in der konkreten Tagespolitik folgt und ihrem Druck nachgibt. Seine Kabinettsbildung wurde weithin als klug gepriesen, vor allem aus der Wirtschaft.

Statt der nach Sprüchen des ANC in dessen Exiljahren erwarteten Verstaatlichung betrieb die ANC-Regierung nach dem Machtwechsel 1994 eher eine Privatisierung. In den Apartheidjahren war die burische Mentalität auf Staatskontrolle ausgerichtet, auch die der Wirtschaft, schon um den „armen Buren" Teilhabe zu gewähren am Wohlstand und den Pfründen der „reichen Englischsprachigen". Das ging nur durch staatlich gelenkte Umverteilung und Staatsbetriebe, die die Wirtschaft der Apartheidjahre prägten. Zuma wird weithin die marktwirtschaftliche Politik fortführen, die der ANC seit 1994 betreibt. Verschiebungen gibt es aber in beide Richtungen. Einerseits ermahnt er Bergbaukonzerne, nun sei es Zeit, ihre (ohnehin in jüngerer Zeit schmalen) Gewinne „der Gemeinschaft zurückzugeben". Andersseits aber wird es Nationalisierungen in absehbarer Zeit nicht geben. Der neue Präsident und sein Finanzminister setzen eine strikte Fiskalpolitik fort.

In einem Punkt, der die Wirtschaft wie auch das Bild der neuen Herrscher belastet, dürfte die Regierung Zuma gar zurücksteuern: beim „Black Economic Empowerment". Diese schreibt eine Quotenbeteiligung schwarzer Südafrikaner an großen Unternehmen (meist ohne angemessene Gegenleistung) vor, falls diese an

Staatsaufträgen hängen. Spötter sprechen schon von der Schaffung von „black gold", schwarzem Gold. Das führte zumindest in den Anfangsjahren zu Unternehmensbeteiligungen Schwarzer mit enger Verbindung zum ANC. Einige ANC-Politiker gingen in die Wirtschaft und wurden rasch Multimillionäre. Das verbitterte arme Schwarze ebenso wie wohlhabende Weiße und schuf böses Blut. Es gab dem Geruch von Korruption und Nepotismus reichlich Nahrung. Die Literaturnobelpreisträgerin Nadine Gordimer, die lange stärker als andere hinter dem ANC stand, sagt ernüchtert, die Parasiten von heute seien oft die Helden von einst. Hier haben die Regierenden erkannt, dass das ein erhebliches Hindernis ist nicht nur für Investitionen, sondern auch für einen breiter verankerten Wirtschaftsaufschwung – ein Gegensteuern dürfte bevorstehen mit mehr Ausnahmeregeln.

Im Nahverkehr zeigt sich stärker noch als anderswo die Zweiteilung der Gesellschaft. Weiße fahren fast ausschließlich mit Privatautos, Schwarze, zumal in der Region Johannesburg, überwiegend mit Sammeltaxis. Vorortzüge wurden zunehmend zum Brennpunkt der Gewalt durch Jugendbanden. So wurden Züge von Weißen fast durchgehend und von Schwarzen nach Möglichkeit gemieden. Investitionen gab es kaum mehr – Züge wurden nicht nur schäbig, sondern auch verkehrsuntüchtig, was weithin auch für Sammeltaxis galt. Sammeltaxis waren indes zugleich einer der wenigen Wege für tatkräftige Schwarze zu Arbeit, Geld und einem bescheidenen Wohlstand. Fahrrouten waren begehrt. Wer dort einzudringen suchte, geriet oft in blutige „Taxikriege" zwischen rivalisierenden Verbänden oder auch Banden. Ebenso scheiterten Versuche des Staates, das Taxigewerbe stärker zu regulieren – ihm werden teils mafiöse Strukturen nachgesagt. Minibusse werden überladen, Reifen oder Bremsen sind marode, ein großer Teil der Führerscheine ist gefälscht. Die Zahl der Verkehrstoten liegt so in Südafrika weit über dem Anteil in westlichen Ländern. „Reguläre" Taxis gibt es wenige, sie sind relativ teuer, Fahrer oft des Weges unkundig und straßenkartenlos. Das mangelhafte öffentliche Verkehrswesen gilt als eines der wichtigsten Sorgenkinder nicht nur der Bevölkerung, sondern auch der Organisatoren der Fußball-WM. Ein individueller Transport von Besuchern vom Flughafen zum Hotel und dann zum Stadion ist eine logistische Herausforderung. Südafrika wäre zumindest bis vor Kurzem für eine Massennachfrage wie bei großen internationalen Sportveranstaltungen nicht gerüstet gewesen.

Hier hat Südafrika seit 2004 Änderungen eingeleitet, die indes noch nicht ausreichen: An der Infrastruktur von Eisenbahnanlagen und Waggons war viele Jahre, teils Jahrzehnte lang nichts getan worden. So halbierte sich die Zahl der Fahrgäste auf Nahverkehrszügen innerhalb weniger Jahre nahezu. Hier wurden Strukturen der Zugbetreiber verändert und Milliarden in die Infrastruktur investiert. Die Kehrtwende im Zugverkehr gelang, er wurde berechenbarer und sicherer. Noch zäher war der Wandel bei Sammeltaxis. Vorgaben, die gesamte Flotte mit verkehrstüchtigen Autos zu erneuern, verzögerten sich immer wieder durch Widerstand, auch durch Korruption: Mitarbeiter in Straßenverkehrsbehörden und der Polizei verdienten an der ungeregelten Lage mit oder wurden eingeschüchtert. Auch 2009 wehrten sich in Johannesburg und Soweto tausende Sammeltaxifahrer gegen ein neues Bussystem. Sie beschossen Busfahrer und Passagiere auf Pendelzügen oder bewarfen sie mit Steinen. Anders als früher aber gaben Verwaltung und Polizei dem Druck nicht nach – die Polizei löste den Taxistreik mit Gummigeschossen auf.

Als Nelson Mandela 1994 an die Macht kam, nannte der ANC als Ziel, innerhalb von fünf Jahren dreißig Prozent des Agrarlandes umzuverteilen von weiß auf schwarz. Damit sollte nicht nur die soziale Stabilität gefestigt und die Armut der ländlichen Bevölkerung gelindert, sondern auch eine Ungerechtigkeit abgebaut werden: Seit dem siebzehnten Jahrhundert, und besonders seit 1913 bis in die Achtziger wurden Millionen Schwarze von ihrem angestammten Land vertrieben und in oft weniger ertragreiche abgelegene Gebiete, den „Heimatländern", umgesiedelt. Die kleinbäuerliche Landwirtschaft, die der ANC nun wieder aufbauen will, wurde geschwächt zugunsten von Großfarmen. Pächter und Landarbeiter waren ungesichert – verloren sie Arbeit oder Pacht, verloren sie auch ihr Wohnrecht.

Die Landreform in ländlichen Gebieten aber verläuft schleppend. Schon die Zahl der Anträge war geringer als erwartet – nur jeder sechste der bis zu zehn Millionen Menschen, die nach 1913 vertrieben wurden, wollte Land zurück. Zweimal wurde die Antragsfrist verlängert, nun bis zum Jahr 2011. Dabei geht es nicht um Zwangsenteignungen wie im benachbarten Zimbabwe, wiewohl das im Einzelfall möglich wäre, sondern um den Kauf von Farmen durch „willige Verkäufer" und Weitergabe. Auch Pläne der Pachtreform werden zögerlich vorangetrieben. Dazu kam eine Zersplitterung der Befugnisse bei Entscheidungen und der Umsetzung. Die drei damit betrauten Ministerien – für Landreform, Landwirtschaft und Wasser – sind unzureichend ausgestattet. Die meisten Anträge auf Landreform in ländlichen Gebieten sind noch nicht bearbeitet. Bis 2008 wurden 5,8 Millionen Hektar, fünf Prozent der kommerziell bewirtschafteten Agrarfläche, zurückerstattet. Erfolge oder Misserfolge der bisherigen Rückerstattungen sind unterschiedlich. Die traditionsreiche Zebediela Farm konnte den Anbau von Orangen und Zitronen, ihren Export, die Beschäftigtenzahl seit der Übergabe an 27 Dorfgemeinschaften deutlich steigern. Auf einer anderen ähnlich großen Farm, ebenfalls im Norden Südafrikas, ging es durch Streit unter den Begünstigten bergab – seitdem wird nur ein winziger Bruchteil bebaut, der Rest wurde zum Weide- oder Brachland, mehrere hundert Farmarbeiter verloren ihre Arbeit.

Einiges spricht dafür, dass in den fünf Zuma-Jahren ländliche Entwicklung vorangetrieben wird. Zuma ist – gemessen vor allem an Mbeki, der vom Exil und von Städten und „westlichem Denken" geprägt ist – der erste Präsident, der seine Herkunft und sein Denken im Ländlichen findet. Der ehemalige Ziegenhirte aus ärmlichen Verhältnissen begann seine „höhere" Ausbildung erst in der Haft auf Robben Island. Neben Bildung, Gesundheit, dem

Kampf gegen Kriminalität und der Schaffung von Arbeitsplätzen will er ländliche Entwicklung in den Mittelpunkt seiner Arbeit stellen. Das zeigt sich an der Benennung des Ministers für Landreform und dessen Stellvertreterin. Beide gelten anders als ihre Vorgänger als erfahren und tatkräftig. Dass sie zudem von „oben" unterstützt und angetrieben werden, wird ermöglicht durch eine Änderung der Regierungsstruktur. Zuma schuf ein Ministerium sowie in seinem Präsidentenbüro einen Ausschuss, die die Umsetzung von Plänen zeitnah und kraftvoll kontrollieren sollen.

Beim Kampf gegen HIV/Aids – der Anteil Infizierter an der Bevölkerung ist in Südafrika und seinen Nachbarländern Swaziland und Botswana höher als in jedem anderen Land der Welt – geschah lange wenig. Nach 1994 hatte die Regierung andere Schwerpunkte und Sorgen. Mandela wurde erst nach seinem Amtsende neben Tutu zum Vorkämpfer gegen die Plage. Sein Nachfolger Mbeki und dessen Gesundheitsministerin lauschten auf Quacksalber und betrieben Verdrängungspolitik. So wird die Zahl Aidsinfizierter am Kap auf 5,5 Millionen geschätzt, die der Aids-Waisen auf mehr als zwei Millionen. Nach Schätzungen des Weltkinderhilfswerkes UNICEF könnten es 2010 im Jahre der Fußball-WM mehr als drei Millionen Waisen sein, deren Eltern an Aids starben, jedes fünfte Kind unter 17 Jahren. Aids, zumindest aber die Unfähigkeit, die Infektion zu bekämpfen, trifft vor allem Arme und verstärkt so deren Entbehrungen. Die wirkliche Wende kam spät, erst 2008 mit der neuen Gesundheitsministerin, die der Bekämpfung der Immunschwächepandemie oberste Priorität gab. Infizierte werdende Mütter werden nun medizinisch versorgt, um Neugeborene vor der Ansteckung zu bewahren. Aufklärungskampagnen und die Versorgung mit lebensverlängernden Medikamenten beginnen zu greifen. Die Position Zumas ist hier geteilt. Einerseits setzte er die Wende unter Motlanthe fort und mahnt; andererseits sind sein persönlicher Lebensstil und von Unkenntnis zeugende Äußerungen Zeichen, dass er an ländlichtraditionellen Grundmustern haftet.

Schwerer vorhersehbar ist, wie es in Südafrika unter Zuma mit dem Bekenntnis zu einer freiheitlichen Gesellschaft steht oder mit der Bekämpfung von Kriminalität. Dass der zuständige Minister nun wieder Polizeiminister heißt, mag als Zeichen für Klarheit und Entschlossenheit gedeutet werden. Hier werde die Regierung „Unsinn" nicht dulden, sagt Zuma. Statistiken besagen, dass die Gewaltkriminalität in den letzten ein, zwei Jahren leicht sinkt in einem Land, das selbst der vormalige Sicherheitsminister „Killing field" nennt. Prozentual werden am Kap zwölfmal so viele Menschen je Kopf der Bevölkerung ermordet wie in Deutschland. Eindrücke positiver Änderungen beruhen auch auf Schönungen und auf Resignation, da viele Gewalttaten nicht mehr gemeldet werden. Wenn aber Township-Bewohner berichten, es sei sicherer geworden, die Zahl der Autoentführungen mit vorgehaltener Pistole sinke, wird das bestätigt von einem Anblick, den es früher kaum gab: Sichtbare Polizeipräsenz auf den Straßen. Die Benennung der neuen Minister für Polizei und Sicherheit und deren Stellvertreter ist zwiespältig: Sie zeichnet vor allem Loyalität aus zum Präsidenten, weniger Erfahrung.

Ebenso zwiespältig ist die Aussicht auf eine Gesellschaft, die den Nimbus der Freiheitlichkeit und der Achtung von Minderheiten und freier Debatte, für die Mandela und Tutu stehen, mit gleicher Energie fortführt. In seiner Antrittsrede begegnete Zuma Befürchtungen, die sein bisheriges Auftreten und Einstellungen nährten. Er ging auf die Opposition zu und warb für einen sanfteren Umgang mit ihr. Seine Worte, er strebe ein neues Kapitel an im Verhältnis von Regierung und Opposition, dürften sich eher an junge Eiferer in den eigenen Reihen gerichtet haben denn an politische Gegner. Für eine gewisse Offenheit spricht, dass er eine Ministerin in seinem Kabinett beließ, die zuvor die Weigerung, dem Dalai Lama ein Visum für Südafrika zu geben, öffentlich als Beispiel einer Regierung bezeichnete, die Menschenrechte abschätzig behandele.

Mit einer starken Opposition wird Zuma eher zu tun haben als seine Vorgänger. Er hat nun mit dem vom ANC abgespaltenen „Kongress des Volkes" (Cope) und der in der Aprilwahl 2009 gestärkten liberalen Demokratischen Allianz (DA) unter der Kapstädter Bürgermeisterin Helen Zille zwei wortstarke Oppositionsparteien im Parlament, während die den ANC begünstigende Zersplitterung der kleinen Parteien im Parlament auszulaufen scheint. Die Wahlen 2009 waren die ersten seit 1994, die dem ANC einen Rückschlag brachten, wiewohl geringer als von manchen erwartet. Beides dürfte ein stärkeres Warnzeichen bieten als bisher gegen Tendenzen einer Einparteienherrschaft, der schleichenden Vermischung von ANC und Staat, der „Partokratie"; und dem gefährlichen gängigen Anspruch, dass, wer gegen den ANC sei, auch gegen den Staat sei und damit unpatriotisch.

Für eine Fortführung der Südafrika prägenden Toleranz spricht manches in der Grundhaltung und dem Vorgehen Zumas. Er geht auf Menschen zu, ist eher ein Versöhner denn ein Spalter. Während Mbeki gen Ende seiner Amtszeit immer abgehobener und misstrauischer wurde und allerorten Verschwörungen witterte, spricht Zuma gezielt mit Unternehmern und selbst mit der burischen Rechten. Einen ihrer (mittlerweile überangepassten) Sprecher berief er als Geste der Einbindung in sein Kabinett. Bei seinem Werben um Weiße geht es nicht nur um befriedende Wirkung, sondern auch um Kalkül: Mit der möglichen Aufhebung eines faktischen Einstellungsstopps Weißer in der Verwaltung will er ihre Effektivität erhöhen. Auch wenn Zuma bisweilen gegen Zeitungen Verleumdungsklagen anstrengte, wandte er sich gegen Versuche Mbekis, seinen Machtanspruch auszuweiten und „alles" zu kontrollieren zu Lasten von Freiheitsnischen. Zum Amtsantritt berief sich Zuma auf die Versöhnungspolitik Nelson Mandelas, die er wiederbeleben wolle. Seinen Sprecher ließ er sagen, es werde in seiner Amtszeit keine „heiligen Kühe" geben, jeder könne alles ansprechen.

Ein Teil seiner Macht aber beruht auf wenig toleranten Kräften – ob er diese einbinden und zügeln kann, wird er noch beweisen müssen. Dazu zählt neben der orthodoxen Kommunistischen Partei und dem Gewerkschaftsdachverband Cosatu vor allem die Jugendliga des ANC. Deren Sprecher treten mit martialischen Sprüchen auf, sie wollten für Zuma „kämpfen und töten". Sie nannten Zuma den „schwarzen Jesus". Der ließ sich das gefallen, sagte auch mal zu Religionsvertretern unter Berufung auf die Bibel ebenso anmaßend: „Wenn Gott für uns (den ANC) ist, wer kann da gegen uns sein." Bisher hat sich Zuma als geschickter Stratege bewährt, der Angriffe auf sich – es ging um vermeintliche Korruption, um Vergewaltigung, um Vielehe – abgleiten ließ. Er sucht den Konsens und hat sich als Vermittler bewährt – innenpolitisch Ende der Achtziger, Anfang der Neunziger beim Entschärfen des blutigen Konflikts in seiner Heimat KwaZulu zwischen den Anhängern des ANC und der traditionellen Inkatha-Partei.

Über die Grenzen Südafrikas hinaus vermittelte Zuma im Friedensprozess im ostafrikanischen Burundi. Er ist indes der erste „Vollpräsident" Südafrikas nach dem Wandel, der vermutlich international nicht mehr ein gefragter Staatsmann sein wird (und sich daher stärker auf innenpolitische Tagesgeschäfte konzentrieren kann) – nach dem auch bei Vermittlungen teils erfolgreichen Mandela und nach Mbeki, dessen zaghafte und parteiische Schlichtungsversuche in Zimbabwe und im Kongo scheiterten. Gerade in Zimbabwe zeigt sich, dass Zuma entschlossener und meinungsfreudiger herangeht als Mbeki: Gegen dessen Despoten Robert Mugabe äußerte Zuma sich beständig kritisch, derweil Mbeki samtpfotig und erfolglos blieb. So zählte die zimbabwische Opposition zu den ersten Gratulanten nach der Wahl Zumas.

Umfragen lassen nicht nur Gutes erwarten. Wähler wurden befragt, ob die Regierung ihre Aufgabe gut erfülle gemessen an zwei Dutzend Kriterien zur Verbesserung ihres Lebens. In zehn Befragungen zwischen Mai 2004 und November 2008 sank in Schritten fast durchgängig die Zustimmungsrate von 75 auf 52 Prozent. In dem Wahlergebnis Ende April 2009, bei dem der ANC die Zweidrittelmehrheit nur knapp verfehlte, spiegelt sich das nicht wieder. Ein Umschwung der Stimmung und der Zustimmung kann aber umso heftiger werden, wenn auch der Populist Jacob Zuma die Erwartungen nicht erfüllen kann, die er zu wecken suchte. Immer stärker wird das Gefühl in der Bevölkerung, dass die Herrschenden, die Eliten, in einer Parallelwelt leben, abgehoben von der Lebenswirklichkeit der Bevölkerungsmehrheit.

Wie zwiespältig die Zukunft Südafrikas einzuschätzen ist, bei Erfolgen und beim Scheitern, ist fast überall spürbar. Das gilt für Hoffnungen für die Zukunft wie bei der Frage, ob und wann die sozial und wirtschaftlich gespaltene Bevölkerung zusammenwachsen kann. Südafrika ist nicht mehr „dort", wo es in den Jahren der Unterdrückung, der Diskriminierung und der Unfreiheit war. Aber es ist, zumindest noch, auch nicht „hier", im Land des Regenbogens, das sich so viele voreilig 1994 erträumten. Auch hier vermögen Künstler Wegweisungen zu geben für den Seelenzustand und für Einschätzungen: etwa Kay Hassan mit seinen Bildcollagen. Er schuf als Symbol für seine Heimat eine Installation, bei der Uhren stehen bleiben, und eine andere, bei der die Zeiger wild umherspringen, unberechenbar mal nach vorne, mal zurück. Ist dies schon eine gescheiterte Revolution, wie Hassan unter Berufung auf die bleibende und teils sich verschärfende soziale Kluft glaubt, oder nur ein Momentzustand? Wer dann immer wieder mal zweifeln oder verzweifeln mag am „vergifteten Paradies", kann sich ja am Licht und an der Sonne wärmen und an den Worten der Sängerin Zolani Mahola – die Sonne sei in Südafrika nicht heiß, sondern warm: Das trage dazu bei, dass es in Südafrika eine „besondere, großartige Energie" gebe zwischen den Menschen, die man nicht beschreiben, nur erleben könne.   (Juni 2009)

Quellenverzeichnis

Die Beiträge erschienen in der Frankfurter Allgemeinen Zeitung, im F.A.Z. Magazin, in der Frankfurter Allgemeinen Sonntagszeitung und in der Afrikapost mit folgendem Erscheinungsdatum oder wurden für diesen Band geschrieben:

Südafrika – Kern und Hülle: Mai 2009
Verloren für immer? F.A.Z. Magazin, 29.4.1994
Ungewohntes Miteinander 24.7.1993
Schwarze Schuhcreme und Umzüge: 4.1.1991
Hier sind wir alle Gangster: 21.9.1996/7.4.1998
Achterbahn: 23.4.1994
Samstags werden die Toten begraben: 29.11.2004
Jede zweite wird vergewaltigt: 27.10.1999
Big Brother in Afrika: 14.10.2003
Satansinstrument für die WM: 20.12.2007
Mystische Insel: 3.12.1999
Brachland unter dem Tafelberg: 28.11.2000
Taverne der Meere: F.A.Z. Magazin 25.11.1994
Shebeens und Hirsebier: 10.4.2001
Frontstadt: 8.10.1996
Weder Kranzler noch Alt-Heidelberg: 30.08.2000
Buddhistentempel im Overberg: 20.12.2007
Der Wahrheitsausschuss: 16.4.1996
Chemische Kriegsführung: 7.7.1998
Einzelschicksale oder System: 29.10.1998
Weise, aber nicht still: 18.7.2003
Legende zum Anfassen: 17.7.1993

Autobiografie – Kind und Vater Afrikas: 16.12.1994
Blockfreie: 8.9.1998
Der Bedrängte: FAS 9.7.2006
Charmeur: 17.12.1997
Wahrheitssucher: 5.12.1995
Reformer: 18.3.2006
Lehrt das Fürchten: Afrikapost 03/2009
Elf Druckzeilen beenden die Apartheid: 11.4.1991
Flaggenwechsel: 28.4.1994
Lobsinger im Parlament: 10.5.1994
Das erlösende Wort: 9.5.1996
Schuldbekenntnis und Versöhnungswille: 8.11.1990
Die Theologen ziehen sich zurück: 1.8.1993
Ostern in Moria: 27.3.1991
Kette des Segens: 7.4.1994
Südafrikas Muslime erwachen: 6.4.1994
Jüdische Diaspora: 26.5.1999
Holocaust-Museum: 18.10.1999
Barbaren vor den Türen: 31.7.2000
Marlene Dumas: 5.1.2008
Gerard Sekoto: 11.1.2000/23.3.1993
Azaria Mbatha: 29.1.1996
Marc Chagall: 9.12.2000
Township-Kunst: 1.4.2004
Jürgen Schadeberg: Vortrag Fachhochschule Hannover 8.4.2009
Glasperlen: 8.4.1994
Breyten Breytenbach: FAS 1.9.1998/F.A.Z. 3.9.1990
John Coetzee: 9.2.2000/4.10.2003
Athol Fugard: 11.6.2002
Nadine Gordimer: 20.10.2003
Tom Sharpe: 6.9.1991
Alan Paton: 13.4.1988
Wilbur Smith: 18.7.1996
Heilen oder unterordnen?: 1.6.1993

Lucky Dube: 22.10.2007
Johnny Clegg: 22.1.1990
Hugh Masekela: 7.1.1991
Yehudi Menuhin: 6.4.1995
Miriam Makeba: 27.6.1990
Pieter-Dirk Uys: 28.9.2005/24.12.1994
Politischer Frühling und die Zensur: 2.8.1993
Tanz: 3.4.2004
Spiegelbild der Seele: 15.12.1994
Theater: 30.11.1988
Junge Experimente: 16.7.1993
Verwirrung nach Versöhnung: 21.8.1993
Hochstimmung und Ineffizienz: 18.8.1994
Ein anderes Land: 27.4.1995
Mandarine und Kostgänger: 31.5.1999
Am Ende des Regenbogens: 1.9.2000
Trübsal und Pläne: 7.8.2001
Bilanz: Juni 2009

Bibliografische Information der Deutschen Nationalbibliothek
Die Deutsche Nationalbibliothek verzeichnet diese Publikation in der Deutschen
Nationalbibliografie; detaillierte bibliografische Daten sind im Internet über
http://d-nb.de abrufbar.

Fotografien:
© Jürgen Schadeberg (zwei eingefügte Bildtafelteile, Umschlag)
© Robert von Lucius (im Textteil integrierte Bilder)

2009
© mdv Mitteldeutscher Verlag GmbH, Halle (Saale)
www.mitteldeutscherverlag.de

Gesamtherstellung: Mitteldeutscher Verlag, Halle (Saale)

ISBN 978-3-89812-644-1

Printed in the EU